Günter W. Kienitz

Der Internet-Guide für Schüler

Das Wissen der Welt und wo du es findest

Illustrationen von
Ralf Butschkow

moses.

Einbandgestaltung: Jürgen Pankarz
Layout, Typografie & Satz: Dusan Senkerik
Redaktion: Raimund Kommer

Printed in Germany

© 2004 moses. Verlag GmbH
Vollständig aktualisierte Ausgabe

moses. Verlag GmbH
Arnoldstr. 13d
47906 Kempen
Telefon 02152 - 209850
Telefax 02152 - 209860
E-Mail info@moses-verlag.de
www.moses-verlag.de

ISBN 3-89777-183-7

S Y M B O L E

In diesem Buch findest du bei den Links die folgenden Symbole.
Sie bedeuten im Einzelnen:

Ⓓ Site oder Seite in deutscher Sprache

Ⓔ Site oder Seite in englischer Sprache

Ⓕ Site oder Seite in französischer Sprache

Ⓘ Site oder Seite in italienischer Sprache

Ⓛ Site oder Seite in lateinischer Sprache

ⓃⓁ Site oder Seite in niederländischer Sprache

Ⓢ Site oder Seite in spanischer Sprache

  besonders gut gemachte und empfehlenswerte Site oder Seite

Inhalt

Von Biologie bis Wirtschaft/Recht: Nützliche Links für alle Schulfächer

Biologie

Chemie

Deutsch

Englisch

Erdkunde

Allgemeine Infos, Rat und Hilfe: Wie dir das Internet sonst noch nützen kann

Nach getaner Arbeit: Ein bisschen Spaß muss sein!

Bevor du lossurfst

Erst einmal: Glückwunsch

zum Kauf der neuesten Ausgabe unseres Internet-Guide für Schüler. Was du in deinen Händen hältst, ist ein Buch mit Geschichte. Die erste Ausgabe landete bereits im vergangenen Jahrhundert in den Regalen der Buchläden. Genauer gesagt: im Herbst 1999. Damals war von PISA-Studie und von Mängeln des deutschen Schulwesens noch keine Rede. Als ich mit der Idee für ein Buch, das Schülern zeigt, wo das Wissen der Welt im Internet zu finden ist, bei einer Reihe von Verlagen hausieren ging, stieß ich monatelang nur auf Ablehnung mit dem Grundton: interessiert kein Schwein.

Natürlich hatten die betreffenden Verlage völlig Recht: Bis heute hat meines Wissens noch kein Schwein das Buch gelesen und benutzt – aber rund eine Viertelmillion Schüler und Lehrer.

Schließlich fand ich doch noch einen Verleger mit Weitblick, der sich für meine Idee begeistern konnte und beschloss, sie zwischen Buchdeckel zu pressen. Und der sich, als das Buch nach monatelangen Recherchen endlich fertig war, wie verrückt ins Zeug legte, um es unter die Leute zu bringen.

Nach der Veröffentlichung des fertigen Buches dauerte es nicht lange, bis der Erfolg einer Idee, die kein Schwein interessiert, so offensichtlich war, dass andere Verlage auf den fahrenden Zug aufsprangen. Und so gab es bereits ein Jahr nach der ersten Ausgabe unseres Internet-Guide für Schüler rund ein Dutzend ähnlicher Bücher im Handel, was zur Folge hatte, dass das Original zeitweise ein bisschen zwischen all den nachgemachten unterging.

Nun ist er wieder da – topaktuell und besser (dazu komme ich gleich) denn je. Günstiger ist er obendrein geworden, schließlich soll Bildung doch nicht am Geld scheitern!

Viel Lob und ein bisschen Kritik

Wir haben für unseren Internet-Guide für Schüler von den verschiedensten Seiten eine Menge Lob bekommen, aber auch ein bisschen Kritik. Gemeckert wurde im Wesentlichen über zwei Punkte:

1. Das Internet ändert sich ununterbrochen. Seiten kommen und gehen oder ziehen um. Das hat zur Folge, dass manche der Links, die in einem Buch gelistet sind, im Laufe der Zeit ungültig werden und nirgends mehr hin oder auf falsche Seiten führen. Dieser Vorwurf ist zwar richtig, aber nicht ganz fair, denn auch Suchmaschinen und Linksammlungen im Internet sind nie zu hundert Prozent aktuell und listen häufig ebenfalls Links auf Seiten, die es nicht mehr gibt. Das liegt in der Natur der Sache. Eines stimmt natürlich: tote Links sind ärgerlich. Weil sie sich nie vermeiden lassen, bleibt uns nichts anderes übrig, als damit zu leben. Im Grunde ist das Problem kein neues. Regt sich irgendjemand über alte Telefonbücher auf, die nicht mehr existente Nummern verzeichnen? Natürlich nicht. Wozu auch: Dinge ändern sich eben. Leute ziehen um – genauso wie Seiten im Internet. Aus diesem Grund gibt es jedes Jahr

eine neue Ausgabe des Telefonbuches. Und deshalb wird der Internet-Guide für Schüler bei jeder neuen Auflage überarbeitet und auf den neuesten Stand gebracht.

2. Manche Webadressen sind lang und/oder kryptisch. Solche Adressen abzuschreiben und einzutippen, kostet Zeit und kann ganz schön nerven. Aber leider habe ich auf die Länge und Form von Webadressen keinen Einfluss, solange sie nicht meine eigenen sind.

Deshalb habe ich mir einen simplen Trick einfallen lassen, mit dem sich lange Links erheblich verkürzen lassen. Und damit kommen wir zu den angekündigten Verbesserungen.

Kürzere Links

Viele Links in dieser Ausgabe des *Internet-Guide für Schüler* führen nun zu Weiterleitungsseiten. Diese Webadressen sind kurz und haben die Form webwise.de/0000.htm. So wird beispielsweise aus der Bandwurmwebadresse *http://fr.dir.yahoo.com/Exploration_geographique/Pays/Canada/Provinces_et_territoires/Quebec/Actualites_et_medias/Journaux_et_magazines/* eine kurze und griffige URL: *http://webwise.de/1049.htm.* Übrigens: Das „http://", das am Anfang jeder Webadresse steht, brauchst du nicht miteinzutippen. Das übernimmt der Browser automatisch für dich; *webwise.de/1049.htm* genügt also voll und ganz.

In der Praxis funktioniert die Umleitungsgschichte so: Du tippst die Kurz-URL ins Adressfeld deines Browsers, die Weiterleitungsseite öffnet sich und leitet dich automatisch zur eigentlichen Webadresse um. Das geht normalerweise so schnell, dass du von der Weiterschaltung gar nichts merkst.

Der Trick mit der Weiterleitungsadresse erspart dir eine Menge Zeit und Tipperei. Wir haben weit über 1.000 solcher Weiterleitungsseiten für diese (und spätere) Ausgabe(n) eingerichtet. Damit sind die Endlosadressen, die nur mit Mühe abzutippen sind, für die Nutzer des Internet-Guide für Schüler Schnee von gestern.

Mehr Links

Neben der Weiterleitung erfüllen viele der Kurzlinks (*webwise.de/xxxx.htm*) einen anderen Zweck. Sie leiten nicht automatisch weiter, sondern führen zu Seiten mit Links, die von uns eingerichtet wurden. Durch dieses Auslagern von Links ins Internet hat der Internet-Guide für Schüler heute viel mehr Webadressen zu bieten, als frühere Ausgaben, ohne deshalb umfangreicher und damit teurer zu werden.

Ein Beispiel: Georg Friedrich Hegel war in früheren Ausgaben mit drei Links vertreten, die im Buch sieben Zeilen einnahmen. Heute steht unter dem Hegel-Eintrag nur noch eine einzige Webadresse: *http://webwise.de/1735.htm*, die gerade mal zwei Zeilen belegt, was Platz für zusätzliche Einträge im Buch schafft. Diese Adresse führt zu einer Webseite mit derzeit 16 Links zu Hegel.

Die Linkseiten haben aber noch einen weiteren Vorteil: sie können erweitert und Adressen können korrigiert werden, ohne dass deshalb im Buch etwas geändert werden müsste.

Kurz gesagt: Obwohl die aktuelle Ausgabe unseres *Internet-Guide für Schüler* den gleichen Umfang hat wie alle früheren, liefert sie erheblich mehr fürs Geld. Und dabei kostet sie auch noch weniger!

Internet-Guide für Schüler

Bevor wir damit begannen, Links für die erste Ausgabe des *Internet-Guide für Schüler* zu sammeln, haben wir uns mit Schülerinnen und Schülern unterhalten und bei Lehrern informiert. Anschließend haben wir uns die Lehrpläne vorgenommen. Und schließlich haben wir uns monatelang gründlich im Internet umgesehen und eine Fülle interessanter Links für Schüler zusammengetragen. Vor jeder neuen Auflage überprüfen wir alle Links, tauschen aus und ergänzen. Das Ergebnis unserer neuesten Überarbeitung hältst du in der Hand.

Ganz nebenbei haben wir bei unserer Recherche altes Wissen aufgefrischt und neues dazugewonnen. Ein Effekt, der sich beim Surfen durch so viel geballtes Wissen ganz automatisch und ohne Mühe einstellte.

Die Handhabung des Internet-Guides für Schüler ist denkbar einfach. Die Einteilung der Kapitel erfolgte nach den Schulfächern von Biologie bis Wirtschaft/Recht. Sie machen den Hauptteil des Buches aus. Ein weiteres Kapitel verweist unter der Überschrift „Sonstiges" auf Webseiten, die nicht unter den Fächerkanon fallen, aber trotzdem von Interesse sind: Suchmaschinen, Webkataloge und einiges mehr. Das letzte Kapitel zeigt schließlich, dass im Web auch Spaß und Unterhaltung nicht zu kurz kommen. Nur für den Fall, dass du das nicht sowieso schon wusstest ... ☺

Die Rubriken innerhalb der Kapitel erklären sich selbst. Das ausführliche Stichwortverzeichnis am Ende des Buches erleichtert das Auffinden von Links zu bestimmten Inhalten. Mit seiner Hilfe kannst du den Internet-Guide für Schüler wie ein Lexikon benutzen.

Schulfächer überlappen sich inhaltlich oft. Wenn du unter einem bestimmten Kapitel nicht fündig wirst, bist du deshalb gut beraten, in einem verwandten Kapitel nach dem Gesuchten zu stöbern. Beispiele: Informatik – Mathematik, Deutsch – Geschichte, Sozialkunde – Recht, etc.

Was du vom *Internet-Guide für Schüler* nicht erwarten darfst, ist Vollständigkeit. Diesen anfänglichen Anspruch haben wir uns schon nach wenigen Tagen Recherche als praktisch nicht machbar abgeschminkt. Oder würdest du das Buch gerne mit dem LKW nach Hause fahren?

Was du aber erwarten kannst, ist eine Vielzahl ausgewählter Links zu Themen, auf die du im Lauf deiner Schulzeit mit hoher Wahrscheinlichkeit stößt. Wir haben viel mehr interessante Webressourcen aufgestöbert, als im Internet-Guide Platz hatten. Deshalb haben wir Link für Link erwogen und nur die besten in den Guide übernommen. Sollten sie dich im einen oder anderen Fall nicht direkt zum Ziel führen, bringen sie dich jedenfalls auf den Weg dorthin.

Bei der Auswahl haben wir deutschsprachige Sites vorrangig behandelt. Da die englische Sprache im Internet viel weiter verbreitet ist als die deutsche, haben wir aber auch Links zu englischsprachigen Webadressen aufgenommen. Ganz ohne Englisch geht es nicht, wenn du Zugang zum Wissen der Welt bekommen willst.

In den Kapiteln „Französisch" und „Latein" gibt es darüberhinaus auch Links zu Sites und Seiten in den betreffenden Sprachen.

Auf den meisten der gelisteten Webangeboten findest du Verweise auf verwandte Ressourcen. Solche Hyperlinks helfen dir dabei, dir einen umfassenden Überblick über einen bestimmten Themenbereich zu verschaffen.

Alle Webadressen, die wir im Internet-Guide aufführen, wurden mehrfach angesurft um sicherzustellen, dass sie auf zuverlässig zugänglichen Servern liegen. Trotzdem kann es passieren, dass der eine oder andere angegebene Link eines Tages in Nichts führt. Eine Ursache dafür kann ein vorübergehend abgeschalteter Server sein. Die Adresse ist dann nach kurzer Zeit wieder erreichbar. Ein zeitlich versetzter zweiter Versuch sie anzuwählen, ist deshalb sicher keine schlechte Idee.

Es kann aber auch sein, dass sich die Webadresse geändert hat. Oft lässt sich eine verschwundene Seite wieder finden, wenn man die Webadresse von hinten angefangen Stück für Stück kürzt, um auf einer übergeordneten Seite einen neuen Link dazu zu finden. Gekürzt wird jeweils bis zum nächsten Schrägstrich „/", der ein darüberliegendes Unterverzeichnis repräsentiert. Beispiel:

http://www.muster.de/ebene1/ebene2/ebene3/datei.htm
http://www.muster.de/ebene1/ebene2/ebene3
http://www.muster.de/ebene1/ebene2
http://www.muster.de/ebene1
http://www.muster.de

Genauso gut kann eine Webseite oder gar eine ganze Site aber auch deshalb von heute auf morgen verschwinden, weil der Betreiber sie vom Netz genommen hat. Das mag ärgerlich und bedauerlich sein, liegt aber am Prinzip der Einrichtung, denn

Das Internet ist dynamisch

Es lebt ausschließlich von den freiwilligen Aktivitäten der Webgemeinde und unterliegt kontinuierlich Veränderungen. Jeder, der möchte, kann Seiten ins Web stellen, sie aber auch genauso gut wieder aus dem Verkehr ziehen. Deshalb können wir nicht garantieren, dass Webangebote, die im Internet-Guide für Schüler gelistet sind, nicht irgendwann einmal aus dem Web verschwunden sein werden.

Ähnliches gilt auch für den Inhalt einzelner Seiten: er kann sich jederzeit ändern, trotz gleichbleibender URL (=Webadresse). Auch darauf haben wir keinerlei Einfluss.

Wir können dir aber zwei Services anbieten, die den dynamischen Veränderungen des Internets Rechnung tragen:

1. Die zahlreichen interaktiven Linklisten auf der Site webwise.de, die von uns und den Nutzern kontinuierlich erweitert werden.

2. Den WebWise-Newsletter, den wir sporadisch versenden, wenn wir im Web auf etwas stoßen, was dich als Schüler interessieren könnte. Dazu anmelden kannst du dich unter: ***http://webwise.de/news.htm***.

Nun wünschen wir dir: viel Erfolg bei der Webrecherche, in der Schule die besten Noten und viel Spaß beim Surfen!

Günter W. Kienitz und das moses.-Team

Weitere Links zu Wissen im Web findest du auf unserer Website ***webwise.de***.
Auf Fragen, Kritik, Anregungen und Lob freuen wir uns unter der E-Mail-Adresse ***ig-schueler@webwise.de***. Erwarte aber, wenn du uns schreibst, aber bitte nicht, dass du auf jeden Fall eine Antwort bekommst. Wir lesen zwar alle
E-Mails, die wir bekommen, können auf Grund der Menge aber längst nicht mehr alle beantworten.

P.S.: Noch was zur Informationsquelle Internet
Dem Internet wird immer wieder mal vorgeworfen, die angebotenen Informationen wären nicht verlässlich. Damit wird der Eindruck erweckt, man dürfe gar nichts glauben, was man im World Wide Web zu lesen und zu sehen bekommt. Das ist, so pauschal geurteilt, natürlich blanker Unsinn. Das Internet ist lediglich eine Plattform. Darauf kann jeder veröffentlichen, was er will, sofern er damit nicht gegen geltendes Recht verstößt. Und zu schwindeln, aufzuschneiden oder Fehlinformationen zu liefern, ist nun mal nicht gesetzlich verboten. Richtig ist aber: nicht alles, was übers Internet verkündet wird, ist wahr.

Deshalb ist es wichtig, Informationen, die du dir aus dem Internet holst, kritisch zu hinterfragen: Kann das stimmen? Sind die Fakten plausibel? Wer liefert die Informationen? Könnte der Betreffende ein Interesse haben, falsch oder einseitig zu informieren? Was sagen andere dazu?

Wenn du beispielsweise Informationen über die Umweltsünden eines Unternehmens suchst, wirst du diese kaum auf dessen Site finden. Dort erwarten dich mit hoher Wahrscheinlichkeit geschönte Informationen; schließlich möchte sich jedes Unternehmen, jede Behörde, jedes Land und jede Interessensgruppe in einem möglichst positiven Licht darstellen.

Informationen zu überprüfen macht aber auch außerhalb des Internet Sinn. Nicht alles, was in der Zeitung steht oder im Fernsehen gesendet wird, stimmt. Die Medien bauschen gerne auf und machen aus Mücken Elefanten, um mit zugkräftigen Schlagzeilen Käufer oder Zuschauer zu locken. Sie verschweigen, um sich - zum Beispiel bei Anzeigenkunden – nicht unbeliebt zu machen. Manchmal sind sie auch selbst schlecht oder falsch informiert. Und wenn auf die Schnelle Lücken im Programm gefüllt werden müssen, wird nicht selten frei erfunden. Kurz gesagt: Wer alles für bare Münze nimmt, was die Medien berichten, hat selbst Schuld, wenn er verschaukelt wird.

Um sicher zu gehen, dass du richtig informiert bist, zapfst du deshalb am besten immer mehrere Quellen mit unterschiedlichen Interessenslagen an, wenn du dich zu einem Thema schlau machen willst. Das kostet zwar mehr Zeit, schützt dich aber davor, auf Fehlinformationen hereinzufallen und schult nebenbei das, was man gesunden Menschenverstand nennt. Der Mehraufwand lohnt sich auf jeden Fall. Das gilt - wie gesagt - nicht nur im Internet, sondern für alle Informationsangebote, die dir im täglichen Leben begegnen.

Von Biologie bis Wirtschaft/Recht: Nützliche Links für alle Schulfächer

Biologie allgemein

Unter dieser Rubrik findest du Links zu Sites, die sich umfassend mit Themen rund um den Biologieunterricht befassen.

learn:line – Biologie

Ⓓ Eigene Angebote zur Biologie auf dem learn:line-Server sowie Links zu relevanten Webressourcen
http://webwise.de/0678.htm

Webwise.de: Biologie

Ⓓ Interaktive Linksammlung, die von den Nutzern erweitert wird.
http://webwise.de/0690.htm

Biologie.de

Ⓓ Portalsite mit einer Fülle von Infos und Links zur Biologie
http://www.biologie.de

The Biology Project

Ⓔ Das interaktive „Biology Project" wurde an der Universität von Arizona (USA) entwickelt. Es soll Schülern fachspezifisches Wissen vermitteln. Es richtet sich vornehmlich an Schüler(innen) der Oberstufe, ist aber auch für Biologie- und Medizin-Student(inn)en geeignet. Die einzelnen Bausteine des Projekts sind reich illustriert und decken ein breites Wissensspektrum ab.
http://www.biology.arizona.edu/

MIT Biology Hypertextbook

Ⓔ Eine hervorragende Sammlung von Online-Kursen der Experimental Study Group am Massachusetts Institute of Technology (USA), die verschiedene Themenbereiche der Biologie (zum Beispiel die Mendelschen Regeln) ausführlich und unter Einsatz von Illustrationen abhandeln. Die Website wurde mehrfach ausgezeichnet.
http://web.mit.edu/esgbio/www

Referate und Schülerarbeiten

Auf den nachfolgend aufgelisteten Servern findest du eine Vielzahl von Referaten, Facharbeiten und Hausaufgaben, die du dir herunterladen kannst, um dich davon inspirieren(!) zu lassen. Klar reizt die Idee, die eine oder andere Vorlage einfach abzuschreiben und als eigenes Werk auszugeben. Doch das hat einen Haken: Lehrer kennen diese Archive natürlich längst ebenfalls.

Hausarbeiten.de: Biologie

Ⓓ   Weit über 700 Texte aus dem Biologie-Unterricht liegen auf dem Hausarbeiten-Server übersichtlich nach Sachgebieten sortiert zum Download bereit. Praktisch: Die Nutzerwertungen helfen dabei, die Qualität eines Referats einzuschätzen.
http://webwise.de/0684.htm

Young.de – Biologie

Ⓓ Umfangreiche Sammlung von Schülerarbeiten, übersichtlich nach Sachbereichen geordnet. Mit Hilfe der Suchmaschine auf der Eingangsseite *(http://webwise.de/0676.htm)* kannst du den gesamten Bestand des Young.de-Servers nach Stichwörtern durchsuchen. Alle Bio-Themen im Überblick gibt es unter:
http://webwise.de/0677.htm

ReferateHeim.at: Biologie

Ⓓ Alphabetisch nach dem Titel sortiert stehen hier weit über 400 Referate und Schülerarbeiten aus dem Biologieunterricht wahlweise im HTML- oder im PDF-Format zum Download bereit.
http://webwise.de/0682.htm

People.de: Biologie

Ⓓ Als Deutsch bei uns noch die übliche Landessprache war, hieß diese Site Referate online. Der Name wurde mittlerweile in People.de abgeändert. Nicht geändert hat sich der Umfang des Angebots in Sachen Biologie: Gut 500 Texte stehen in diversen Dateiformaten zum Download bereit.
http://www.referate.de

Schuelerweb.de: Biologie

Ⓓ Auch der Schuelerweb-Server ist zum Thema Biologie ausgeprochen gut bestückt. Die Referate sind nach Sachbereichen geordnet und liegen im HTML-Format vor.
http://webwise.de/0680.htm

Krefelder Referate-Homepage: Biologie

Ⓓ Auf diesem Referate-Server gibt es zum Fach Biologie eine überschaubare AUswahl von rund 70 Arbeiten. Die Texte liegen im HTML-Format vor.
http://webwise.de/1833.htm

Michaels Referatesammlung: Biologie

Ⓓ Die Arbeiten dieser kleinen Bioreferate-Sammlung liegen teils als DOC-Dateien, teils in gezippter Form zum Download bereit.
http://webwise.de/0683.htm

Biologie Leistungskurs: Referate

Ⓓ Überschaubare Sammlung von Referaten zur Humanbiologie im HTML-Format
http://webwise.de/0685.htm

BIOLOGIE

Referate.cc: Biologie

Ⓓ   Kleine Sammlung von Referaten. Weil die Texte nur als gezippte Word-Dateien
angeboten werden, können sie erst nach dem Download gelesen werden. Eine
gute Einrichtung hingegen ist die angeschlossene Linksammlung zum Fach.
http://webwise.de/0686.htm

Die Facharbeiten im Netz: Biologie

Ⓓ   Eine kleine Sammlung von Facharbeiten für den Biologieunterricht findest du
hier, wenn du in die Suchmaske „Biologie" eingibst und danach „Start" anklickst.
http://webwise.de/0687.htm

Abi Power Tools: Biologie

Ⓓ   Auf dieser Site gibt es keine Referate, sondern Multiple-Choice-Fragebögen und
Übungsaufgaben, die dir dabei helfen, dich fürs Bio-Abi fit zu machen.
http://webwise.de/0688.htm

Ernst-Georg Becks Biologiekurse

Ⓓ   Auch auf dieser Site gibt es keine Schülerarbeiten, dafür aber hervorragend
gemacht Biologiekurse für Schüler(innen) der Oberstufe.
- Für die 11. Klasse: Zellbiologie, Proteine, Enzymatik, Transportvorgänge, Ökologie, Glossare, etwa 200 Übungsfragen und mehr:
  http://webwise.de/0691.htm
- Für die 12. Klasse: Funktionelle Pflanzenanatomie, Photosynthese, Dissimilati-
on, Nerven und Sinne, Hormone, Immunologie, Glossare, etwa 300 Übungsfragen
und mehr:
  http://webwise.de/0692.htm
- Für die 13. Klasse: Molekulargenetik, Klassische Genetik, Evolution, Glossare,
etwa 100 Übungsfragen und mehr:
  http://webwise.de/0693.htm

Biologie direkt/interaktiv

Du kommst mit dem Lernstoff nicht klar? Kein Grund zur Verzweiflung. Unter
nachfolgenden Adressen kannst du andere fragen, die dir weiterhelfen können.

Hotbox – Biologie

Ⓓ   In der Hotbox – Biologie auf dem Hausaufgaben.de-Server kannst du dich mit
deinen Fragen zur Biologie an „Experten" wenden – das sind Schüler, Studenten
und Lehrer, die unentgeltlich Hilfe leisten – und per E-Mail kompetente Antworten bekommen.
http://webwise.de/0694.htm

IG-Community Biologie

🖵 Probleme mit Bio? In dieser Community, die wir für die Nutzer/innen des *Internet-Guide für Schüler* eingerichtet haben, wirst du per eMail oder online deine Fragen los, kannst mit anderen Schüler(inn)en diskutieren und Antworten bekommen. Wäre schön, wenn da mal ein bisschen Leben reinkommen würde!
http://webwise.de/0695.htm

Hausaufgabenforum Biologie

🖵 Gut besuchtes Diskussionsforum für Schüler/innen im Biologie-Leistungskurs
http://webwise.de/0696.htm

Diskussionsforum Biotechnologie

🖵 Überschaubares Forum mit interessanten Fragestellungen aus dem Themenbereich Biotechnologie auf dem ZUM-Server
http://www.zum.de/Foren/biotech/cgi/forum.cgi

Usenet – Newsgroups rund um die Biologie

Newsgroups sind ein wesentlicher Bestandteil des Internets und dienen der öffentlichen Diskussion. Biologie ist im Usenet ausgesprochen stark vertreten. Eine kleine Auswahl von Newsgroups:

🖵 - Aquaristik: *http://webwise.de/0697.htm* (de.rec.tiere.aquaristik)
🖵 - Biologie allgemein: *http://webwise.de/0698.htm* (de.sci.biologie)
🇪 - Biophysik: *http://webwise.de/0699.htm* (bionet.biophysics)
🇪 - Botanik: *http://webwise.de/0700.htm* (sci.bio.botany)
🖵 - Evolution: *http://webwise.de/0701.htm* (sci.bio.evolution)
🖵 - Hunde: *http://webwise.de/0702.htm* (de.rec.tiere.hunde)
🖵 - Katzen: *http://webwise.de/0703.htm* (de.rec.tiere.katzen)
🇪 - Mikrobiologie: *http://webwise.de/0704.htm* (bionet.microbiology)
🇪 - Ökologie: *http://webwise.de/0705.htm* (sci.bio.ecology)
🖵 - Pferde: *http://webwise.de/0706.htm* (de.rec.tiere.pferde)
🖵 - Ratten: *http://webwise.de/0707.htm* (de.rec.tiere.ratten)
🖵 - Terrarienkunde: *http://webwise.de/0708.htm* (de.rec.tiere.terraristik)
🖵 - Tiere allgemein: *http://webwise.de/0709.htm* (de.rec.tiere.misc)
🖵 - Vögel: *http://webwise.de/0710.htm* (de.rec.tiere.voegel)
🇪 - Zellbiologie: *http://webwise.de/0711.htm* (bionet.cellbiol)

Botanik

So viele Pflanzen wie im World Wide Web gibt es in keinem botanischen Garten der Welt.

Botanik online – The Internet Hypertextbook

🖵🇪 Ausführliche und übersichtliche Einführung in die Botanik mit weiterführenden Links, einer integrierten Suchmaschine, einem Register und einem lexikalischen Wörterbuch Deutsch-Englisch.
http://webwise.de/0712.htm

Yahoo.de: Botanik

ⅅ ⅇ   Umfangreicher Linkkatalog zu praktisch allen Bereichen der Botanik
http://webwise.de/0010.htm

The Tele-Garden

ⅇ   Der Tele-Garden befindet sich, nachdem er 1995 an der University of Southern
California eingerichtet worden war, zur Zeit in Linz (Österreich). Doch ganz egal,
wo du auch wohnst, kannst du den Tele-Garden nicht nur jederzeit besuchen,
sondern sogar daran mitarbeiten: Samen säen und Pflanzen gießen! Möglich
macht das das Internet in Verbindung mit einem Roboter in Linz. Hast du keinen
Bock auf „Gartenarbeit", lohnt es sich trotzdem, das Projekt einmal anzusteuern
und dich im Tele-Garden umzusehen. Immerhin ist es ein gelungenes Beispiel für
Interaktion im Web und ein kleiner Vorgeschmack darauf, was uns das Internet
in Zukunft noch bringen wird.
http://www.usc.edu/dept/garden

Zoologie

Es gibt wohl kaum eine Tierart, die nicht in irgendeiner Form im Internet vertreten ist. Du müsstest schon ein Einhorn suchen, um auf keiner der Sites im
Web fündig zu werden.

NetZoo – Der Zoo im Netz

ⅅ   Der „NetZoo" präsentiert Informationen über „real-life"-Zoos, ein kleines Tierlexikon, Literaturhinweise und weiterführende Links. Gut gemachte Site, die hoffentlich noch wächst.
http://www.netzoos.de/

INTERNET QUIZ

Wie viel frisst ein ausgewachsener Afrikani-scher Elefant pro Tag?

Ein ausgewachsener Afrikanischer Elefant vertilgt pro Tag etwa 200 Kilogramm Pflanzenkost, wie Blätter, Zweige, Wurzeln und Früchte. Weitere Infos zu den größten lebenden Landsäugetieren findest du unter: *h*
http://webwise.de/0714.htm

BIOLOGIE

Geo.de: Tiere

[D] Sammlung von interessanten Berichten, Reportagen und Infos zu verschiedensten zoologischen Themen aus der Zeitschrift GEO
http://webwise.de/0713.htm

The Gorilla Foundation – Alles über Gorillas

[E] Gorillas zählen mit den Schimpansen und Orang-Utans zu den nächsten Verwandten des Menschen. Mitarbeiter der Gorilla Foundation versuchen, diesen intelligenten Tieren eine Zeichensprache beizubringen, mit der sie sich mit Menschen verständigen können. Über die Erfolge dieses Unterfangens informiert die Website, die darüber hinaus auch weitere Informationen über Gorillas bietet.
http://www.gorilla.org

Koala-Homepage

[D] In seiner Heimat Australien zählt der Koala bereits seit einiger Zeit zu den vom Aussterben bedrohten Tierarten. Auf der Koala-Homepage findest du Informationen über Koalas, ihre Lebensbedingungen und natürlich eine ganze Reihe von Fotos.
http://www.koalahilfe.de/

Säugetiere

[D] Übersichtlich sortiert findest du hier über 800 Fotos von Säugetieren.
http://webwise.de/0715.htm

WhaleNet

[D][E] Bildungs-Website zu den Themen Wale und Meeresforschung mit Informationen, Fotos, Videoclips, einer Datenbank und weiterführenden Links. Das Angebot wird kontinuierlich erweitert.
http://webwise.de/0716.htm

Thoddys Wolf-Website

[D] Wissenswertes über Wölfe für kleine Tierfreunde
http://www.wolf-kinderclub.de

Ornithologie.de

[D] Portalsite zur Welt der Vogelkunde mit interessanten Beiträgen und weiterführenden Links.
http://www.ornithologie.de

Amphibien in Deutschland

[D] Jede Menge Infos zu und Fotos von heimischen Amphibien, animierte Schaubilder zur Amphibienentwicklung und das Frosch-Forum, in dem Fragen zu Fröschen, Kröten und Lurchen erörtert werden.
http://www.saxonet.de/amphibia

BIOLOGIE

GEO.de: So funktioniert die Tiefsee

Ⓓ Trotz des unvorstellbaren Drucks gedeiht Tausende von Metern unter dem Meeresspiegel Leben in üppiger Vielfalt. GEO lässt dich hinabtauchen – rein virtuell, versteht sich.
http://webwise.de/0717.htm

www.zoos.de

Ⓔ Das Sprungbrett zu den Websites von Zoos in Deutschland, Europa und der ganzen Welt – und damit zu einer Fülle von Informationen über Tiere, denn viele Zoos stellen ihre Bewohner ausführlich in Wort und Bild dar.
http://www.zoos.de

Biologie des Menschen

Zahlreiche Seiten im Web machen den Menschen völlig durchschaubar – rein biologisch, versteht sich ...

The Visible Embryo

Ⓔ Von der Empfängnis bis zur Geburt – die ersten 40 Wochen des Menschen in Wort und Bild
http://www.visembryo.com/baby/index.html

Die Atmung

Ⓓ Das Wichtigste über die Atmung beim Menschen
http://webwise.de/0718.htm

Biologiekurs: Blut und Blutkreislauf

Ⓓ Interaktiver Online-Selbstlernkurs von Hans-Dieter Mallig.
http://webwise.de/0719.htm

The Heart: An Online Exploration

Ⓔ Hier erwarten dich eine Tour durch das menschliche Herz und umfangreiche Informationen rund um die Blutpumpe.
http://sln.fi.edu/biosci/heart.html

The Whole Brain Atlas

Ⓔ Auf diesen Seiten kannst du das menschliche Gehirn gründlich unter die Lupe nehmen. Auf Mausklick – unblutig und virtuell. Auch was dem menschlichen Gehirn zustoßen kann, erfährst du hier detailliert.
http://webwise.de/0720.htm

Biologie-Repetitorium Blut

Ⓓ Illustrierter Online-Kurs: Zusammensetzung und Aufgaben des Blutes, Blutkreislauf und Herz, Arterie, Vene, Blutdruck, Blutgruppen und -übertragung, Quiz
http://webwise.de/0721.htm

Biologiekurs Klasse 12: Nerven und Sinne

D   Detaillierte und illustrierte Einführung in Nervensysteme und ihre Bestandteile von Ernst-Georg Beck
http://webwise.de/0722.htm

Atlas der Anatomie

D   Der Aufbau des menschlichen Körpers in Wort und Bild – anschauliche Ausschnitte aus der CD-ROM ANATOMYtrainer.
http://webwise.de/0723.htm

Zahn-WWW

D   Das Motto dieser Seite: „Lieber Zahn-WWW als Zahnweh!" Hier gibt es eine Menge Information über die Zähne: Diagnostik, Erste Hilfe für jedermann, Therapien, Werkstoffe und weiterführende Links.
http://www.nifix.com/zahn

Homepage der Deutschen Aidshilfe e. V.

D   Fragen zu Aids? Hier bist du richtig. Die Website der Aidshilfe hält ein breit gefächertes Informationsangebot rund um die Immunschwäche bereit, das laufend ergänzt und erweitert wird.
http://www.aidshilfe.de

A Guided Tour of the Visible Human

E   Eine Fülle von Bildern aus dem menschlichen Körper. Dazu weiterführende Links
http://webwise.de/0724.htm

The Biology Project: Human Biology

E   Umfangreicher, reich illustrierter Online-Kurs zur Humanbiologie mit weiterführenden Links
http://webwise.de/0725.htm

GEO Explorer: Medizin & Psychologie

D   Umfangreiche Sammlung von Beiträgen rund um die Biologie und die Psychologie des Menschen.
http://www.geo.de/GEO/medizin_psychologie

Genetik

Spätestens seit die Gentechnik in die Lebensmittelproduktion Einzug gehalten hat, ist Genetik ein populäres Thema. Auch im World Wide Web.

Biologie-Kurs: Klassische Genetik

D   Interaktiver Online-Selbstlernkurs von Hans-Dieter Mallig
http://webwise.de/0726.htm

Biologie-Kurs: Eine Einführung in die Stammbaumanalyse

▣ Interaktiver Online-Selbstlernkurs von Hans-Dieter Mallig
http://webwise.de/0727.htm

Biologie-Kurs: Ein Einstieg in die Molekulargenetik

▣ Interaktiver Online-Selbstlernkurs von Hans-Dieter Mallig
http://webwise.de/0728.htm

Biologie-Kurs: Bakterien-Genetik

▣ Interaktiver Online-Selbstlernkurs von Hans-Dieter Mallig
http://webwise.de/0729.htm

The Biology Project: Mendelian Genetics

Ⓔ Ein illustrierter Online-Kurs zur Mendelschen Vererbungslehre
http://webwise.de/0730.htm

Gentechnik

▣ Fragen, Antworten und weitere Informationen zur Gentechnik auf dem Server
des Bayerischen Umweltministeriums
http://webwise.de/0731.htm

Telepolis: Klonen

▣ Umfangreiche Sammlung von Artikeln aus der Telepolis-Redaktion
http://webwise.de/0732.htm

Über das Klonen von Menschen

▣ Schülerarbeit von Christian J. Krause
http://www.unki.de/schulcd/bio/klonen.htm

TransGen – Transparenz für Gentechnik bei Lebensmitteln

▣ Links und – auch kritische – Informationen zur Gentechnik auf dem Server der
Verbraucher Initiative e. V.
http://www.transgen.de/

Gentechnik/Novel Food

▣ Auch auf dem Server des „Bundes für Lebensmittelrecht und Lebensmittekunde
e. V." (BLL) findest du (unter „Schwerpunktthemen") Links und Informationen
zur Gentechnik im Lebensmittelbereich.
http://www.bll.de

Ökologie

Websurfer werden noch immer gerne als introvertierte Stubenhocker eingeschätzt. Was sie nicht daran hindert, sich um die Umwelt draußen vor der Tür
Gedanken zu machen.

Biologie-Kurs Klasse 11: Ökologie

Ⓓ Ein gut gemachter, illustrierter Online-Kurs von Ernst-Georg Beck, der in die Ökologie-Thematik einführt.

http://webwise.de/0733.htm

GEO.de: Ökologie

Ⓓ Sammlung von Artikeln zu Umweltfragen aus der Zeitschrift GEO

http://webwise.de/0734.htm

Treibhaushauseffekt

Ⓓ Die Site vermittelt Hindergrundwissen zum Treibhauseffekt, liefert News zur Thematik, stellt vorbildliche Projekte vor, gibt TV-Tipps, verweist über eine Linksammlung auf verwandte und weiterführende Internetquellen und hält einige Schülerreferate zum Download bereit.

http://www.treibhauseffekt.com

Faszination Regenwald

Ⓔ Informationen, News, Bilder und Links zum Ökosystem Tropischer Regenwald und seiner Zerstörung

http://www.faszination-regenwald.de

INTERNET QUIZ

Was ist ein Dodo?

Genau genommen müsste die Frage „Was war ein Dodo (auch „Dronte" genannt) gibt es nicht mehr. Er ist ausgestorben – und das ist noch gar nicht so lange her: Vor etwa 400 Jahren landeten die ersten Menschen, holländische Seefahrer, auf Mauritius, einer Insel östlich von Afrika, auf der die Dodos seit Urzeiten lebten. Diese rohen Gesellen brachten nicht nur Schweine, Ziegen, Hunde und Ratten mit, die allesamt dem Dodo nachstellten, sondern sie machten sich auch einen Spaß daraus, in möglichst kurzer Zeit möglichst viele Exemplare des arg- und harmlosen Vogels zu erschlagen. Es dauerte keine 100 Jahre, und der Dodo war restlos ausgerottet. Alles was von ihm geblieben ist, sind ein paar Knochen und zeitgenössische Zeichnungen – sowie ein weltbekannter Kinder- und Jugendroman, in dem er eine Rolle spielt und der noch lange an ihn erinnern wird: „Alice im Wunderland" von Lewis Carroll. Neugierig geworden? Unter nachfolgenden Webadressen erfährst du mehr über den exotischen Vogel, den wir heute leider nur noch vom Hörensagen kennen:

http://webwise.de/0735.htm
http://webwise.de/0736.htm
http://de.wikipedia.org/wiki/Dodo

BUND Freunde der Erde

▣ Auf seiner Website informiert der Bund Umwelt und Naturschutz e. V. über Umweltprobleme und seine Aktionen.
http://www.bund.net

BUNDjugend

▣ Die BUNDjugend, die Jugendorganisation des BUND, ist laut eigenen Angaben „der größte Jugendumweltverband Deutschlands" und stellt sich hier dar:
http://www.bundjugend.de

Greenpe@ce Online

▣ Greenpeace berichtet auf seiner Site über Umweltprobleme und eigene Aktivitäten und lädt zum Mitmachen ein.
http://www.greenpeace.de
Für Kinder hat Greenpeace eine eigene Site eingerichtet:
http://webwise.de/0737.htm
Ein ausführliches Porträt der Umweltschutz-Organisation sowie deren Geschichte in Form einer gezippten Word-Datei findest du unter:
http://webwise.de/0738.htm

Greenpeace Berlin

▣ Auch die Greenpeace-Gruppe Berlin hält im Internet ein umfangreiches Informationsangebot bereit. Hier gibt es neben anderem ein Archiv mit Umweltinformationen, eine Reihe Ökotipps und Links satt.
http://www.greenpeace-berlin.de

Umweltstiftung WWF Deutschland

▣ Der WWF (World Wildlife Fund) informiert auf seiner Site über Umweltprobleme und seine eigenen Aktivitäten. Dass sich der WWF neuerdings ausgerechnet von einem Bierproduzenten sponsern lässt, dient angesichts von über 16.000 Alkoholtoten in Deutschland (im Jahr 2000) allerdings nicht gerade der Glaubwürdigkeit der Organisation.
http://www.wwf.de
„Young Panda", das Jugend-Programm der Stiftung, hat eine eigene Adresse:
http://www.wwf.de/young-panda/index.html

Emil Grünbär rettet die Umwelt

▣ Kunterbunte Umweltseiten für jüngere Schüler(innen) mit leicht verständlichen Informationen. Ergänzt wird die Site durch ein Umweltlexikon (***http://www.emil-gruenbaer.de/klub/lexikon/1lexikon.htm***) mit den Schwerpunkten Ernährung, Umwelt, Selbermachen, Tiere, Gesundheit, Technik, Pflanzen und Energie.
http://www.emil-gruenbaer.de/start.htm

GEO für Wald und Mensch

▣ Um zu wissen, dass ohne ausreichenden Sauerstoff weder Menschen noch Tiere überleben können, muss man kein Ass in Bio sein. Die Zeitschrift GEO, die sich

seit 1989 für den Regenwald und die Menschen, die von ihm leben, engagiert, informiert kompetent über Zusammenhänge und Entwicklungen.
http://webwise.de/0739.htm

Der Tropische Regenwald

Die „Online-Ausstellung" will dazu beitragen, Ökologie, Funktion und Bedeutung der Tropenwälder sowie die Hintergründe ihrer Zerstörung bekannter zu machen.
http://www.umsu.de/regaus

Unterrichtsprojekt Regenwald

Die Site liefert Infos, Vorschläge für Unterrichtsprojekte, Materialien und Links.
http://webwise.de/0740.htm

Yahoo!: Umwelt-Nachrichten

News und Links zum Thema Umwelt
http://de.fc.yahoo.com/u/umwelt.html

Rettet den Regenwald e.V.

Der Verein Rettet den Regenwald e. V. informiert ausführlich über die Bedrohung der Regenwälder und initiiert Protestaktionen.
http://regenwald.org

Evolution

„Evolution ist nicht gerade Hauptgesprächsstoff im Internet", stand in früheren Ausgaben an dieser Stelle. Das war mal. Mittlerweile gibt es Hunderttausende von Seiten zum Thema. Heute gilt: Bei Bedarf lohnt es sich zu stöbern.

Botanik online: Evolution – Überblick und offene Probleme

Charles Darwin und seine Selektionstheorie in der Diskussion
http://webwise.de/0741.htm

Zeugen der Evolution

Darstellung der Evolution anhand von Fossilien
http://www.sauti.de

Evolution

Illustrierter Online-Kurs mit den Kapiteln „Entwicklung des Evolutionsgedankens", „Paläontologie", „Evolutionsfaktoren" und „Evolution des Menschen"
http://www.egbeck.de/skripten/13/bs13-29.htm

Schülerarbeiten zum Thema Evolution

Referate, Notizen und Stichpunkte zur Evolution bei Young.de
http://webwise.de/0742.htm

Verhaltenslehre

Noch wirkt dieses Grenzgebiet zwischen Biologie und Psychologie ein wenig wie Niemandsland, doch die ersten Pioniere stecken schon ihre Claims ab.

Verhaltenslehre.de

D   Begriffe, Konzepte und Methoden der Verhaltenslehre im Überblick
http://www.verhaltenslehre.de

Referate

D   Schülerreferate zum Thema Verhaltensforschung
http://webwise.de/0014.htm

Wikipedia: Ethologie

D   Verhaltensforschung: Definition – Fragestellungen – Links – Literatur
http://de.wikipedia.org/wiki/Ethologie

Zell-/Mikrobiologie

Auch ohne eigenes Elektronenmikroskop kannst du im Web selbst kleinsten Dingen problemlos auf den Grund gehen.

CELLS alive!

E   Auf dem „CELLS-alive!"-Server erwartet dich umfangreiches und außerordentlich gut gemachtes Anschauungsmaterial rund um die Zellbiologie. Du findest hier nicht nur jede Menge Bilder aus dem Mikrobereich, sondern auch animierte Grafiken und sogar Filme – auf den Seiten dieser Website wimmelt es buchstäblich von visuellen Informationen. Ton gibt es hin und wieder ebenfalls. Das gesamte Bild- und Filmmaterial kannst und darfst du übrigens jederzeit vom Server herunterladen und weiterverwenden, solange der Einsatz schulischen Zwecken dient.
http://www.cellsalive.com

Bakterien

D   Roche Lexikon Medizin:
http://www.gesundheit.de/roche/ro02500/r3007.html
E   Discovery Channel:
http://webwise.de/0129.htm

The Nanoworld Home Page

E   Winzig Kleines ganz groß! Flöhe, Mücken, Parasiten werden unter dem Elektronenmikroskop zu gruseligen Monstern, ein simples Haar zur Landschaft! Umfangreiche Datenbank mit exzellenten Aufnahmen aus der Welt des Allerkleinsten.
http://webwise.de/0744.htm

Nachschlagewerke

Da können weder Lexika noch Enzyklopädien auf dem heimischen Bücherregal mithalten: Mit Nachschlagewerken ist das Internet gut bestückt.

Tierlexikon Arche Online

D Rund 160 Tierarten werden in Wort und Bild vorgestellt. Umwelt-News, Tierstatistiken und Adressen in Sachen Tierschutz ergänzen das Angebot. Ein Newsletter hält dich auf Wunsch über die Entwicklung der Site und über Neues in Sachen Tiere, Natur und Umwelt auf dem Laufenden.
http://www.tierenzyklopaedie.de

Das Tiere Online Lexikon

D Das Tierlexikon enthält derzeit rund 1.200 Einträge, die über eine einfache Suchmaske abgefragt werden können.
http://www.tiere-online.de/to_lex.asp

Animal Pictures Archive

E Ein Nachschlagewerk ganz anderer Art ist dieses Archiv. Tausende von Tierfotos liegen hier auf Abruf bereit. Du gibst den Namen eines Tieres in die Suchmaske ein und bekommst eine Reihe von kleinen Vorschaubildern („thumbnails") auf den Schirm. Die richtigen Bilder kannst du dann in voller Größe herunterladen. Außerdem gibt es weiterführende Links zum gesuchten Tier. Neu hinzugekommen sind Audiofiles von Tierstimmen, animierte GIFs, Cliparts sowie einige Videoclips.
http://www.animalpicturesarchive.com

Nutri-Science Ernährungslexikon online

D Lexikon mit Begriffen und Stoffdaten aus der Ernährungschemie. Die Eingangsseite ist wenig attraktiv gestaltet, doch der Inhalt ist ausgesprochen informativ.
http://webwise.de/0745.htm

Tierlexika

D - Naturschutz-Tierpark Görlitz – Tierlexikon. Rund 70 Tiere stellt der Naturschutz-Tierpark Görlitz auf seiner Website in Wort und Bild vor:
http://www.tierpark-goerlitz.de/tierlexi.htm
- Zoo Hannover – Tiere von A-Z. Wissenswertes, Geschichten, Unglaubliches von A wie „Anden-Kondor" bis Z wie „Zebra" bietet der Server des Zoos Hannover.
http://webwise.de/0012.htm
- Zoologischer Garten Köln – Tierlexikon A-Z. 30 Tiere werden ausführlich und mit Bild vorgestellt.
http://www.zoo-koeln.de/tierlexikon
- Tierlexikon auf Zoos.de. Hauptsächlich Säugetieren ist diese Site gewidmet. Vorgestellt werden sie teils auf eigenen und teils auf externen Seiten.
http://www.zoos.de/Tierlexikon/

BIOLOGIE

Pflanzenlexika

⬚ - Tiere online: Das Pflanzenlexikon. Lass dich von dem etwas paradoxen Titel nicht irritieren. Über eine Suchmaske hast du Zugriff auf eine Datenbank mit über 7000 Einträgen zu Pflanzen weltweit. Angezeigt werden jeweils der deutsche und der botanische Name sowie die dazugehörige Pflanzenfamilie.
http://www.tiere-online.de/to_plex.asp

⬚ - Kleines Pflanzenlexikon zur Sendung „Querbeet durchs Gartenjahr" des Bayerischen Rundfunks mit rund 100 illustrierten Pflanzenporträts
http://webwise.de/0746.htm

⬚ - NGZ-Pflanzenlexikon: Datenbank mit Informationen zu und Fotos von über 300 Pflanzen
http://www.service.ngz-online.de/bauen_wohnen/pflanzenlexikon

⬚Ⓔ - Flowerweb – Flowerbase: Blumendatenbank mit Fotos zu jedem Eintrag. Die Datenbank umfasst etwa 10.000 Blumen und Gartenpflanzen und kann nach deutschen, englischen, holländischen, französischen, dänischen, italienischen, spanischen und schwedischen Namen sowie den botanischen Bezeichnungen durchsucht werden. Zur Datenbank kommst du durch einen Klick auf den Button Flowerbase in der Menüleiste am linken Bildschirmrand.
http://www.blumenweb.com/

Berühmte Biolog(inn)en

Als überraschend zurückhaltend erweist sich die Gemeinde der Biologen, wenn es darum geht, Berühmtheiten aus den eigenen Reihen ins Web zu stellen.

Charles Darwin - Shrewsbury/England (1809-1882)

⬚ Leben und Lehre des „Vaters" der Evolutionslehre, außerdem Bilder und Links.
http://webwise.de/0747.htm

Jean-Baptiste de Lamarck - Bazentin/Frankreich (1744-1829)

⬚ Leben und Thesen des Wegbereiters der Darwinschen Evolutionstheorie in Kürze.
http://webwise.de/0748.htm

Carl von Linné - Stenbrohult/Schweden (1707-1778)

Ⓔ Leben und Gedankenwerk des schwedischen Naturforschers, der auch unter dem Namen „Carolus Linnaeus" bekannt ist und die Grundlagen der modernen biologischen Systematik schuf.
http://webwise.de/0749.htm

Johann Gregor Mendel - Heinzendorf/Österreich (1822-1884)

⬚ - Porträt und Lebenslauf sowie eine Darstellung der von Mendel aufgestellten Vererbungsregeln auf dem Server der Archenhold-Oberschule:
http://webwise.de/0750.htm

⬚Ⓔ - „Johann Gregor Mendel: Warum seine Entdeckungen 35 (72) Jahre ignoriert wurden" – Text von Wolf-Ekkehard Lönnig:
http://www.weloennig.de/mendel01.htm

⬚ - Kurzporträt von Hans-Dieter Mallig: *http://webwise.de/0751.htm*

Maria Sibylla Merian - Frankfurt (Main) (1647-1717)

- Ⓓ - „Maria Sibylla Merian: Die berühmte Tocher eines bekannten Meisters" – Porträt der berühmten Malerin und Insektenforscherin von Herbert Graeben.
  http://home.rhein-zeitung.de/~merians/sibylla.htm
- Ⓓ - Merian-Seite des Maria-Sibylla-Merian-Gymnasiums in Krefeld: Informationen über Bücher zu Maria Sibylla Merian und ihre Werke (Blumen-, Raupen-, Surinam- und Studienbuch), weiterführende Links etc.
  http://webwise.de/1834.htm
- Ⓔ - „Artist Profile: Maria Sibylla Merian" – Englisches Porträt der Künstlerin auf der Website des „National Museum of Women in the Arts" in Washington.
  http://webwise.de/0752.htm

Software

Die Riege der Shareware- und Freeware-Programmierer scheint die Biologie noch nicht so recht für sich entdeckt zu haben. Auf diesem Gebiet liegt Kommerz-Software im Augenblick jedenfalls ganz klar vorne.

Lernsoftware.de – Download Biologie-Lernsoftware

- Ⓓ Testversionen diverser Biologie-Lernprogramme zum Download
  http://webwise.de/0015.htm

Artificial Life: Software

- Ⓔ Überblick über Shareware, kommerzielle Software und Demos zum Thema „Künstliches Leben"
  http://webwise.de/0016.htm

SMS-Kidware – Lernsoftware Biologie

- Ⓓ Auswahl kommerzieller Biologie-Lernsoftware für die Betriebssysteme Windows und Apple: *http://webwise.de/0013.htm*

BIOLOGIE

Chemie allgemein

Unter dieser Rubrik findest du Links zu Sites, die sich umfassend mit Themen rund um die Chemie und den Chemieunterricht beschäftigen.

Chemie-Online

☐ Volles Programm zur Chemie: Referate, Protokolle und Vorschriften für diverse Versuche, Skripten und Mitschriften aus Vorlesungen und Unterrichtsstunden, Buchrezensionen, ein Chat, ein Forum, Tools, Newsletter-Abo, Software und Aufgaben zum Testen des eigenen Wissens. Das umfangreiche Angebot ist übersichtlich gestaltet, eine integrierte Suchmaschine erleichtert das Finden.
http://www.chemieonline.de

Die Schulchemie-Website

☐ Eine hervorragend gestaltete Website rund um die Schulchemie mit einer Fülle von vorbildlich aufgemachten Informationen und einer umfangreichen Aufgabensammlung. Schade bloß, dass es so tolle Sites nicht auch für alle anderen Schulfächer gibt! Jede Wette: Hier können selbst Lehrer noch was lernen. Wer hier nicht wenigstens einmal vorbeisurft, ist selber schuld!
http://www.schulchemie.de

Die Homepage für Chemiker

☐ Übersichtlich aufbereitet präsentiert diese mit mehreren Awards ausgezeichnete Site über 1300 Links rund um die Chemie. Ein hervorragender Einstiegspunkt für eine gründliche Webrecherche zum Thema Chemie.
http://www.chemie.de/?language=d

learn:line – Chemie

☐ Materialien, Informationen und weiterführende Links zum Fach Chemie auf dem NRW-Bildungsserver
http://webwise.de/0753.htm

ChemieWelt

☐ Informationen zur allgemeinen, organischen, anorganischen und analytischen Chemie präsentiert diese übersichtlich gestaltete Site.
http://www.chemiewelt.de

Webwise.de: Chemie

☐ Wachsende Linksammlung, die von den Nutzern gespeist wird.
http://webwise.de/0754.htm

Chemistry.org

🇪 Diese Website, ein Service der American Chemical Society, bietet ein breit gefächertes Angebot rund um die Chemie mit Datenbanken, einer Bibliothek und einer Vielzahl von Links.
http://www.chemcenter.org

Chemistry for Students and Teachers

Ⓔ   Ein breit gefächertes Angebot zur Chemie findest du auf diesem Server im Kiwi Web (Neuseeland). Besonderer Schwerpunkt: Wasch- und Reinigungsmittel-Chemie. Unter *http://www.chemistry.co.nz/search.htm* steht eine integrierte Suchmaschine zur Stichworteingabe bereit.
http://www.chemistry.co.nz/chem.htm

Virtual Chemistry

Ⓔ   Im virtuellen Labor, das die renommierte University of Oxford unterhält, kannst du dir chemische Versuche geruchsfrei vorführen lassen – und ganz ohne Risiko. Das Projekt ist technisch aufwändig und anpruchsvoll gemacht. Voraussetzung: das Plugin Quick Time und eine möglichst schnelle Netzanbindung
http://neon.chem.ox.ac.uk/vrchemistry

Referate und Schülerarbeiten

Auch zum Thema Chemie gibt es im Web eine Reihe von Referaten, Facharbeiten und Hausaufgaben, aber auch Übungsaufgaben und Material zur Do-it-yourself-Nachhilfe.

ReferateFundus – Chemie

Ⓓ   Rund 300 Texte aus dem Chemieunterricht stehen hier wahlweise im PDF-Format und als gezippte RTF-Dokumente zur Verfügung stehen. Dass es keine Unterkategorien gibt, macht die Suche nach einem bestimmten Thema ein bisschen mühsam. Alternativ kann über die Suchmaschine auf der Eingangsseite zum Archiv *(http://www.fundus.org)* recherchiert werden, dann aber leider nur in allen 26 Rubriken gleichzeitig. Dass ließe sich praktischer regeln.
http://www.fundus.org/menu.asp?CatID=4

Hausarbeiten.de – Chemie

Ⓓ   Eine ansehnliche Sammlung von Schülerarbeiten (bei unserem letzten Recherchebesuch waren es 260) zur Chemie findest du auf dem Hausarbeiten-Server. Die Texte liegen alphabetisch sortiert als PDF-Dokumente vor. Praktisch ist die Suchmaske, über die sich der Bestand nach Stichwörtern durchstöbern lässt. Dass sich ungefragt ein zusätzliches Browserfenster mit Werbung für kostenpflichtige Angebote öffnet, ist so nervig wie ein Staubsaugervertreter, der den Fuß in die Tür stellt.
http://www.hausarbeiten.de/rd/faecher/che_0.html

Young.de – Chemie

Ⓓ   Überschaubare Sammlung von Schülerarbeiten, nach Sachbereichen geordnet. Die Arbeiten liegen im HTML- oder im TXT-Format vor, können vor dem Download also online gelesen werden. Mit Hilfe der Suchmaschine auf der Eingangsseite *(http://www.young.de)* kannst du den gesamten Bestand des Servers nach Stichwörtern durchsuchen. Alle Chemie-Themen im Überblick findest du unter:
http://webwise.de/0755.htm
Achtung: Umsehen kann sich hier jeder. Zugriff auf die angebotenen Texte erhalten aber nur Mitglieder!

Weitere Referate Chemie

☐ Weitere Schülerarbeiten, Referate und Facharbeiten in verschiedenen Formaten findest du unter folgenden Webadressen:
http://members.aon.at/daten/referate/standard/thema/ch01.htm
http://www.gymueb.fn.bw.schule.de/mhamann/chemie.htm
http://mitglied.lycos.de/Facharbeiten/che.htm
http://www.rene-hussong.de/home_c.htm
http://www.chemieonline.de/archiv/archiv1.html

Professor Stuhlpfarrers Chemie-Seiten

☐ „Chemie-Nachhilfe" nennt Fridolin Stuhlpfarrer, Chemielehrer an einem Gymnasium in Graz, sein Webangebot mit Zusammenfassungen zu einzelnen Stoffgebieten und Übungen zum Erstellen von Formeln und Reaktionsgleichungen sowie zum stöchiometrischen Rechnen. Wenn du also etwas Nachhilfe brauchen könntest, bist du gut beraten, dich erst einmal auf diesen Seiten umzusehen.
http://mitglied.lycos.de/stuhli/ubung.html

Abi Power Tools – Chemie

☐ Auf dieser Site gibt es keine Referate, sondern Multiple-Choice-Fragebögen und Übungsaufgaben, die dir dabei helfen, dich fürs Chemie-Abi fit zu machen.
http://www.abi-tools.de/themen/chemie/chemie_b.htm

Dissertationen online

☐ Darf's ein bisschen mehr an Information und Wissen sein? Dann findest du hier Dissertationen aus der Chemie:
http://webwise.de/0759.htm

Chemie direkt/interaktiv

Du kommst mit deinen Chemie-Hausaufgaben nicht klar? Kein Grund zur Panik. Unter nachfolgenden Webadressen kannst du andere fragen, die dir in vielen Fällen weiterhelfen können.

Hotbox – Chemie

☐ In der Hotbox – Chemie auf dem Hausaufgaben.de-Server kannst du dich mit deinen Fragen zur Chemie an „Experten" wenden – Schüler und Studenten, die unentgeltlich Hilfe leisten – und per E-Mail kompetente Antworten bekommen.
http://007-001-908-d.de/hotbox/hotbox__chemie.htm

Chemie-Online: Foren

☐ In mehreren Foren zu einzelnen Bereichen der Chemie wird hier rege diskutiert.
http://webwise.de/0017.htm

WebWise-Schülerforum Chemie

Ⓓ   Fragen zu oder Probleme mit Chemie? Hier wirst du ebenfalls deine Fragen los, kannst mit anderen Schüler(inne)n diskutieren und Antworten erhalten.
http://forum.webtropia.com/chemie/

Chem-Chat

Ⓓ   Das Chemie-Diskussionsforum auf dem Server des Austria School Network. Einen Spitznamen und eine kurze Information zu dir eintippen – und schon kannst du dich mit anderen über alle möglichen Fragen zur Chemie unterhalten.
http://www.asn-linz.ac.at/schule/chemie/chat.htm

ChemStarter Forum

ⒹⒺ   Zweisprachiges Diskussionsforum zur Chemie auf dem Chemie.de-Server
http://webwise.de/0760.htm

Usenet – Newsgroups rund um die Chemie

Newsgroups sind ein wesentlicher Bestandteil des Internets und dienen der öffentlichen Diskussion. Auch der Bereich Chemie ist im Usenet ausgesprochen gut vertreten. Eine kleine Auswahl:

Ⓔ   - Chemie allgemein: *http://webwise.de/0761.htm* (sci.chemistry)

Ⓓ   - Chemie allgemein: *http://webwise.de/0762.htm* (de.sci.chemie)

Ⓓ   - Chemie im Z-Netz: *http://webwise.de/0763.htm* (z-netz.wissenschaft.chemie*)*

Ⓓ   - Chemie im Fidonetz: *http://webwise.de/0764.htm* (fido.ger.chemie)

Chemie zum Anfassen

Richtig Spaß macht Chemie vor allem dann, wenn man selbst etwas ausprobieren kann. Selbstverständlich gilt für alle Do-it-yourself-Versuche: unbedingt auf Sicherheit achten! Wissenswertes zu Fragen der Sicherheit bei chemischen Experimenten findest du unter ***http://www.fcho.schule.de/Experimente/Sicherheit.html***

Mikrochemisches Heimexperimentieren

Ⓓ   Experimente mit Wasser, Luft und Boden, die problemlos nachzumachen sind und Spaß an einfacher Chemie vermitteln. Für die Versuche werden lediglich kleinste Mengen von Stoffen des täglichen Lebens benötigt, die du dir leicht beschaffen kannst.
http://www.microchem.de

Mikrochemie für Schüler

Ⓓ   Eine Reihe einfacher Versuche, die grundlegende Einsichten vermitteln und gleichzeitig Spaß machen. Auch für diese Versuche werden lediglich gewöhnliche Stoffe des täglichen Lebens benötigt.
http://www.absolit.com/mc/ainhaltT.htm

Experiment des Monats

◻ Gute Idee: Monat für Monat wird auf dieser Seite ein neues interessantes Experiment aus der Chemie vorgestellt. Es lohnt sich also, die Adresse öfter einmal anzusurfen. Versuche aus den Vormonaten stehen in einem Archiv zur Verfügung.
http://www.uni-ulm.de/uni/fak/natwis/sroel/exp/index.html

Versuche fürs Heimlabor

◻ Versuche, die mit geringem Aufwand und leicht zugänglichen Chemikalien zu Hause oder in der Schule durchgeführt werden können.
http://www.fcho.schule.de/Experimente/Experimente.html

Kopfball – Die Experimenteseite

◻ Die Experimenteseite zur WDR-Fernsehsendung „Kopfball" präsentiert eine Vielzahl von Versuchen. Das reichhaltige Angebot beschränkt sich allerdings nicht nur auf die Chemie – ein Teil der Experimente stammt aus der Physik. Doch das Richtige herauszufinden ist kein Problem: Eine integrierte Suchmaschine und ein Stichwortverzeichnis helfen dabei.
http://webwise.de/0765.htm

IQ INTERNET QUIZ

Die Alchemie gilt als Vorläuferin der heutigen Chemie. Wonach suchten die Alchemisten vornehmlich?

Über Jahrhunderte hinweg waren die Alchemisten auf der Suche nach dem so genannten „Stein der Weisen", einem Stoff, der sie in die Lage versetzen sollte, unedle Materialien in Gold zu verwandeln. Dieses Verfahren der Verwandlung wurde als „Transmutation" bezeichnet. Fündig wurden sie allerdings nie ... oder etwa doch, wie verschiedentlich behauptet wird? Mehr zur Alchemie, dem „Stein der Weisen" und der „Transmutation" kannst du über die Links auf dieser Seite nachlesen:
http://webwise.de/0766.htm

Experimente im Lexikon Säuren, Laugen und Salze

Ⓓ Chemische Versuche zu Säuren, Laugen und Salzen auf der Website des Chemie-lehrers Thomas Seilnacht
http://www.seilnacht.tuttlingen.com/Lexikon/Versuche.htm

The Exploratorium Science Snacks – Snacks about Chemistry

Ⓔ Verblüffende kleine chemische Experimente und Informationen, die Wissen ver-mitteln und gleichzeitig Spaß machen, aus der Sammlung „Science Snacks" des „Exploratoriums" in San Francisco, USA.
http://www.exploratorium.edu/snacks/iconchemistry.html

WonderNet – Your Science Place in Cyberspace!

Ⓔ In Zusammenarbeit mit der US-Zeitschrift „WonderScience" für Lehrer und Schüler werden hier einfache chemische Versuche zu regelmäßig wechselnden Themen präsentiert. Ein Archiv hält ältere Ausgaben bereit.
http://webwise.de/0018.htm

Bizarre stuff you can make in your kitchen

Ⓔ Skurrile Experimente mit Küchen- und Haushaltschemie.
http://home.houston.rr.com/molerat

Webprojekte

Früher sind interessante Schulprojekte nach der Durchführung auf Nimmerwie-dersehen in Schubladen und Schränken verschwunden. Heute werden sie zuneh-mend ins Web gestellt. So können viele daraus lernen.

Projekt Aqua – Die Welt des Wassers

Ⓓ „Wasser ist mehr als nur ein Objekt", hat sich eine Gruppe von Schülerinnen und Schülern gesagt. Anlässlich einer Projektwoche hat sich die Gruppe ausgiebig mit dem Element befasst und es aus dem Blickwinkel verschiedenster Disziplinen betrachtet. Ihre Ergebnisse stellt die Projektgruppe im Internet vor.
http://www.lfr.ka.bw.schule.de/aqua/titel/index.htm

AquaData

Ⓓ Eine Gruppe von Schüler(inne)n und ein Lehrer am Gymnasium Bad Essen haben sich mit Fließgewässeruntersuchungen beschäftigt. Wie sie dabei vorgegangen sind und was sie herausgefunden haben, kannst du hier nachlesen.
http://www.bionet.schule.de/aquadata

Modell-Biogasanlage

Ⓓ Anlässlich einer Projektwoche haben Schüler des Georg-Cantor-Gymnasiums in Halle/Saale eine Biogasanlage gebaut. Auf dieser Seite stellen sie ihr Projekt ausführlich vor.
http://members.aol.com/MrTewes/biogas.html

Wettbewerbe

Forschen und Exerimentieren macht doppelt so viel Spaß, wenn es über das bloße Wissenwollen hinaus einen zusätzlichen Anreiz gibt. Genau diesen Extra-Anreiz bieten Wettbewerbe.

Chemie im Alltag – das Experiment

D   Ein Wettbewerb des Ministeriums für Kultus und Sport Baden-Württemberg und des „Vereins der Freunde und Förderer der Chemie-Olympiade in der Bundesrepublik Deutschland e. V." für Schüler bis zur 11. Klasse. Der Wettbewerb besteht aus theoretischen Aufgaben und Experimenten, die mit einfachen Mitteln durchgeführt werden können. Viermal pro Jahr gibt es eine neue Herausforderung, und viermal kann man einen wertvollen Preis gewinnen. Teilnahmeberechtigt sind alle Schülerinnen und Schüler aus Baden-Württemberg.
http://www.chemall.schule.de

Chemie entdecken

D   „Chemie entdecken ist ein Experimentalwettbewerb für Schülerinnen und Schüler der Klassen 6 bis 10 aller Schulformen in NRW. Veranstaltet wird er von einer Arbeitsgruppe des KÖLNER MODELLS (einem Arbeitskreis aus Lehrern, Vertretern der Universität Köln und der Chemischen Industrie). Er ist ein Einzelwettbewerb, d. h. es ist nicht vorgesehen, dass mehrere Schüler gemeinsam die Aufgaben lösen und einreichen. Als Aufgaben werden chemische Experimente gestellt, die mit einfachen Mitteln zu Hause durchgeführt werden können. Über diese Experimente soll jeder Teilnehmer schriftlich berichten. Für die oberen Jahrgänge gibt es ferner Zusatzfragen, die ebenfalls beantwortet werden sollen." (Zitat aus der Projektbeschreibung)
http://webwise.de/0767.htm

Chemie alltäglich

Es gibt Schulfächer, die mit dem täglichen Leben nicht allzu viel zu tun haben. Für Chemie trifft das ganz bestimmt nicht zu. Im Gegenteil: Chemie begegnet dir am laufenden Band – auch wenn du dir dessen nicht immer bewusst bist.

Coca-Cola-Chemie

D   - „Cola und Kurven" – Coca Cola aus Sicht des Chemikers mit nachvollziehbarer Versuchsanleitung
http://schulen.eduhi.at/chemie/cola.htm

E   - Die Geschichte der berühmten braunen Brause, die vor weit über 100 Jahren eigentlich eine Arznei hätte werden sollen.
http://www.had.net/stuff/coke.htm

Bizarre Stuff: Chemistry

E   So macht Chemie Spaß: Rezepte und Versuche fürs Heimlabor
http://home.houston.rr.com/molerat/cat.htm#8

Netbeer

▣ Alles über Bier und wie es gebraut wird (und wie man es zu Hause selbst brauen kann) erfährst du auf diesem österreichichen Server. Dazu gibt es Rezepte, Fotos, Bierlinks, ein Bierforum und vieles mehr.
http://www.netbeer.co.at/beer/

Experiment des Monats

▣ Versuchsanleitungen für chemische und andere Experimente, die du mit alltäglichen Materialien zu Hause durchführen kannst.
http://www.x-world.de/x-worldcenter/pages/science/experim/exp.htm

Die Kerze

▣ Diese Unterrichtseinheit für den Anfangsunterricht Chemie (8. Klasse) nimmt die Kerze und ihre Chemie unter die Lupe. Ausgangspunkt dieser Betrachtung ist der Vortrag „History of a Candle" („Naturgeschichte einer Kerze") von Michael Faraday, den er 1860 im Rahmen seiner „Weihnachtsvorlesungen für die Jugend" in der Royal Institution in London gehalten hat.
http://home.snafu.de/helmert/index.htm

Jamaican Coffee – the finest in the world

Ⓔ Die Chemie des Kaffees und weitere Informationen über das Heißgetränk
http://webwise.de/0768.htm

The Sweet Lure of Chocolate – Schokolade: Die süße Verlockung

Ⓔ Alles über Schokolade: Geschichte, Herstellung und Chemie
http://webwise.de/0769.htm

Chemie im und ums Haus

▣ Infos und rund 200 Versuche zur Chemie des Alltags, intern vernetzt und durch weiterführende Links ergänzt
http://dc2.uni-bielefeld.de/dc2/haus/index.html

Chemie visuell

Auch wenn man über Atome und Moleküle theoretisch Bescheid weiß, richtig vorstellen kann man sie sich eigentlich nicht – zumindest, solange man kein Modell davon gesehen hat. Im Web zum Beispiel.

TLMC – Computer Graphics

Ⓔ Animierte Modelle von Atomen und Molekülen bieten einen hervorragenden Einblick in die Bausteine der Materie. Um sie dir alle ansehen zu können, brauchst du einige Plugins, denn die Animationen liegen als Animated GIFs, Shockwave-Files, MPEG-Movies und Quick-Time-Dateien vor. Eine schnelle Netzanbindung wäre auch nicht schlecht, da die Dateien teilweise mehrere MB groß sind.
http://www.knowledgebydesign.com/tlmc/tlmc_cg.html

Library of 3-D Molecular Structures

E   Umfangreiches Archiv von Molekülen und Kristallen in 3-D. Sehenswert und informativ
http://www.nyu.edu/pages/mathmol/library

Kristall-Gitter

D   Interaktive 3D-Kristallgitter in Form von Java-Applets
http://www.paranormal.de/paramirr/geo/rot/index.html

Auf den Punkt

Alle Links in dieser Rubrik haben ein konkretes Thema und verweisen direkt auf Seiten, die sich damit befassen.

Welcome to WebElements – The periodic table on the WWW

E   Das Periodensystem der chemischen Elemente – übersichtlich dargestellt. Ein Klick auf ein Element führt zu einer separaten Seite mit allen wichtigen Daten wie Name, Ordnungszahl, Atommasse und Gruppennummer sowie einer ausführlichen Beschreibung. Daneben stellt die Site weiterführende Links bereit.
http://www.shef.ac.uk/~chem/web-elements/index.html

Chemisches Rechnen

D   Interaktive Aufgaben zur Stöchiometrie und anderen Bereichen der Chemie, ergänzt durch ein Glossar
http://cicum92.cup.uni-muenchen.de/puchinger

Stöchiometrische Gleichungen

D   Java-Applet zur Bestimmung der Koeffizienten chemischer Reaktionsgleichungen
http://www.ps.cgs.at

Molmassen-Berechnung

D   Du gibst eine Summenformel ein und erhältst auf Mausklick die Molmasse.
http://www.chemie.de/tools/mm.php3?language=d

Glas

D   Diese Unterrichtseinheit, die von Mitarbeitern des Fachbereichs Chemie der Uni Bielefeld erstellt wurde, gibt Antworten auf zahlreiche Fragen rund ums Glas. Zwanzig Experimente helfen, erlerntes Wissen zu vertiefen.
http://dc2.uni-bielefeld.de/dc2/glas

Flüssigkristalle

D   LCD-Anzeigen kennst du von den verschiedensten Geräten. Aber weißt du auch, wie sie funktionieren? Dr. Feodor Oestreicher von der Technischen Universität Berlin erklärt die faszinierenden Eigenschaften von Flüssigkristallen und die

Funktionsweise von LCDs (LCD = Liquid Crystal Displays) anschaulich und verständlich.
http://webwise.de/0771.htm

INARO – Informationssystem Nachwachsende Rohstoffe

Ⓓ Das trinationale Gemeinschaftsprojekt zur Förderung von Anbau und Verwertung nachwachsender Rohstoffe liefert umfangreiche Informationen zur Thematik.
http://www.inaro.de/Deutsch/d_index.htm

Grundlagen der Kernchemie

Ⓓ Umfangreiche Informationen rund um die Kernchemie hat das Landesinstitut für Pädagogik und Medien in Saarbrücken in einem Manuskript zusammengestellt, das in zwei Formaten zum Download angeboten wird:
Gezipptes Word-Dokument (27,7 MB):
http://webwise.de/0772.htm
PDF-Dokument:
http://webwise.de/0773.htm

Nachschlagewerke

Was man in eigenen Nachschlagewerken zu Hause nicht aufspüren kann, findet man garantiert irgendwo im Web.

Rutherford – Lexikon der Elemente

Ⓓ Die vorbildliche Webumsetzung des gleichnamigen Programmes: Einführung in die allgemeine Chemie, das Periodensystem der Elemente, die wichtigsten Daten zu den chemischen und physikalischen Eigenschaften der Elemente
http://www.uniterra.de/rutherford/

Chemikalien-Lexikon

Ⓓ Von Aceton bis Zirconiumhydrid liefert das Chemikalienlexikon ausführliche illustrierte Informationen zu Eigenschaften, Herstellung und Verwendung, teilweise ergänzt durch Literaturhinweise.
http://webwise.de/0774.htm

Chemie-Fachwörterbuch Deutsch-Englisch/Englisch-Deutsch

Ⓓ Das Wörterbuch auf dem Chemie.de-Server wird über eine Suchmaschine benutzt. Du gibst den gesuchten Begriff in die Maske ein und erhältst im Handumdrehen Antworten. Bei der Suche können Wildcards (*, ?) eingesetzt werden.
http://www.chemie.de/tools/dictionary/?language=d

DEBInet Ernährungslexikon

Ⓓ Lexikon mit Begriffen und Stoffdaten aus der Ernährungschemie. Vor allem die Eingangsseite ist wenig attraktiv gestaltet, doch der Inhalt ist ausgesprochen informativ.
http://www.ernaehrung.de/lexikon/ernaehrung

Akronym-Datenbank

D   Datenbank auf dem Chemie.de-Server mit Akronymen, Abkürzungen und Kurzbe-
zeichnungen chemischer Verbindungen, die über eine Eingabemaske abfragbar
sind. Über 12.000 Einträge.
http://www.chemie.de/tools/acronym.php3?language=d

Chemikalienliste

D   Informationen zu einer Unmenge von Chemikalien. Optisch wenig ansprechend,
aber informativ.
http://www.chemie.uni-halle.de/allg/chemikalien.html

Berühmte Chemiker(innen)

Im Web sind alle vertreten, die zur Chemie, wie wir sie heute kennen, beigetragen haben.

Kurt Alder - Königshütte (1902-1958)

E   Leben und Beitrag zur Chemie in Kürze
http://webwise.de/0775.htm

Friedrich Bergius - Goldschmieden (1884-1949)

E   Foto, Leben und Werk des Nobelpreisträgers (1931 zusammen mit Carl Bosch)
http://webwise.de/0776.htm

Niels Bohr - Kopenhagen/Dänemark (1885-1962)

    - Leben und Werk des Nobelpreisträgers:
D   *http://webwise.de/0777.htm*
E   *http://webwise.de/0778.htm*
E   - Leben und Werk in Kürze, Porträtfoto und Liste weiterführender Links:
http://webwise.de/0779.htm

Carl Bosch - Köln (1874-1940)

E   Leben, Werk und ein Porträtfoto des Nobelpreisträgers
http://webwise.de/0780.htm

Robert Wilhelm Bunsen - Göttingen (1811-1899)

E   Kurzbiographie und Überbick über seinen Beitrag zur Chemie
http://webwise.de/0781.htm

Marie Curie - Warschau/Polen (1867-1934)

E   Leben und Werk in Kürze, Porträtfoto, Liste weiterführender Links.
http://webwise.de/0782.htm

Pierre Curie - Paris/Frankreich (1859-1906)

E Biographie, Werk, Porträt
http://webwise.de/0783.htm

Michael Faraday - Newington Butts/England (1791-1867)

D - Leben und Werk in Kürze sowie ein Porträt:
http://webwise.de/0784.htm

E - Zwei (fiktive) Interviews mit dem Chemiker, Physiker und Naturphilosophen
Michael Faraday sowie eine kleine Bibliographie:
http://webwise.de/0785.htm

Fritz Haber - Breslau/[heute] Polen (1868-1934)

E Leben und Werk des Nobelpreisträgers
http://webwise.de/0786.htm

Otto Hahn - Frankfurt (Main) (1879-1968)

E Leben und Werk im Überblick sowie ein Porträtfoto
http://webwise.de/0787.htm

Justus Liebig - Darmstadt (1803-1873)

D Umfangreiche Informationen zu und über Justus Freiherr von Liebig auf der
Homepage der Justus-Liebig-Schule Darmstadt, ergänzt durch Fotos und weiterführende Links
http://webwise.de/0788.htm

Alfred Nobel - Stockholm/Schweden (1833-1896)

E - Umfangreiche Informationen zu Leben und Werk von Alfred Nobel mit Fotos
und weiterführenden Links:
http://webwise.de/0793.htm
- Kurze Biographie, Porträtfoto und eine lange Liste weiterführender Links:
http://webwise.de/0789.htm

Louis Pasteur - Dôle/Frankreich (1822-1895)

E Biographie und Werk in Kürze, Porträtfoto und Liste weiterführender Links
http://webwise.de/0790.htm

Linus Pauling - Portland/USA (1901-1994)

D - Kurzbiographie und Werk:
http://webwise.de/0791.htm

E - Leben und Beitrag zur Chemie:
http://webwise.de/0792.htm

Lord Ernest Rutherford - Nelson/Neuseeland (1871-1937)

D Leben und Werk in Kürze sowie ein Porträtfoto:
http://webwise.de/0794.htm

INTERNET QUIZ

Welche(r) Wissenschaftler(in) wurde als Erste(r) mit zwei Nobelpreisen ausgezeichnet? Und: In was hat der- bzw. diejenige das Preisgeld investiert?

Als Erste mit zwei Nobelpreisen ausgezeichnet wurde Marie Curie. Die Antwort auf die Hauptfrage erhältst du, wenn du unter *http://www.absolutetrivia.com* „two nobel prizes" in die Suchmaske (Trivia search) einträgst. Die Antwort auf die Nebenfrage bekommst du dabei gleich mitgeliefert: Das Preisgeld investierte sie in neue Tapeten für ihre Wohnung in Paris und in die Modernisierung ihres Badezimmers.

E - Biographie und Überblick über sein wissenschaftliches Schaffen:
http://webwise.de/0795.htm

E - Minibiographie und Links zu seinen Veröffentlichungen:
http://webwise.de/0796.htm

Die Nobelpreisträger der Chemie

E - Eine Liste aller Preisträger seit 1901 mit Links zu Zusatzinformationen:
http://webwise.de/0797.htm

D - Liste der Preisträger auf dem Server der FU Berlin:
http://webwise.de/0798.htm

Chemie im Rückblick

D Zusammenstellung von Links zu annähernd 300 Chemiker-Biographien
http://webwise.de/0780.htm

Biographies of Famous Chemists

E Eine weitere lange Liste von Links zu Biographien berühmter Chemiker
http://webwise.de/0800.htm

Software

Zur Chemie hält das Web eine wahre Fülle von Software bereit. Nachfolgend findest du nicht nur besonders empfehlenswerte Programme, sondern auch Links zu Chemiesoftware-Fundgruben.

Rutherford Professional

Ⓓ   Aufwändig gemachte Einführung in die allgemeine Chemie mit übersichtlichem Periodensystem, umfangreichen Zusatzinformationen und einem integrierten Lexikon. Besonders wenn du dich eingehender mit Chemie befassen willst, lohnt es sich, das Programm herunterzuladen und genauer unter die Lupe zu nehmen. Die Software steht als gezippte, selbstextrahierende Datei (etwa 2,5 MB) zum Download bereit. Die Registrierungsgebühr liegt bei etwa 33 Euro. Betriebssystem: Windows 95/98/NT.
http://www.uniterra.de/rutherford (Klick oben links auf „Software")

Formular Wizard

Ⓓ   Das Programm berechnet mit Hilfe der Summenformel die Molmasse einer chemischen Verbindung, ermittelt die prozentualen Anteile der Elemente, erstellt davon grafische Darstellungen und speichert die Ergebnisse in verschiedenen Dateiformaten. Shareware, kostenlose Testphase 30 Tage, Registrierungsgebühr 4,96 Euro (bei nichtkommerzieller Nutzung). Betriebssystem Windows 95/98/NT. Zum Download liegen auf der Chimica-Website verschiedene Versionen (etwa 4,8 bis 5,0 MB) und Installationshinweise bereit.
http://www.chimicasoft.com/html/download.html

Akzent IV

Ⓓ   Textverarbeitung mit Chemiebaukasten, Formeleditor, Funktionsplotter und vektororientiertem Zeichenprogramm. Shareware für Windows ab Version 95 – Registrierungsgebühr: etwa 85 Euro.
http://webwise.de/0801.htm

ChemSketch

Ⓔ   Komplexes Zeichenprogramm für alles, was es im Chemieunterricht zu zeichnen gibt, mit einer Fülle von Funktionen und vorgefertigten Templates. Und kaum zu glauben: Das Programmpaket ist Freeware! Aber aufgepasst: es darf zwar kostenlos benutzt, aber ausdrücklich nicht frei kopiert und weitergegeben werden. Betriebssystem: Windows. Download der gezippten selbstextrahierenden Datei (etwa 4,5 MB), der Bedienungsanleitung, der „ChemSketch Goodies" sowie weiterer Software unter:
http://www.acdlabs.com/download

Model ChemLab

Ⓔ   Die englischsprachige Simulation eines Chemielabors läuft unter Windows 95/98/Me/NT/2000/XP und wird als Shareware vertrieben. Die gezippte Downloaddatei ist etwa 2,6 MB groß.
http://webwise.de/0802.htm

Chemistry of Life

Biochemische Vorgänge im täglichen Leben: von Gummibärchen, Erdnüssen, Speichel und mehr
http://www.woodrow.org/teachers/ci/1988

Native Elements Class

Gediegene Elemente mit Abbildung und den wichtigsten Daten
http://mineral.galleries.com/minerals/elements/class.htm

Arbeitsblätter und Materialien für den Chemieunterricht

Eine umfangreiche Zusammenstellung auf der Website des Chemielehrers Thomas Seilnacht
http://webwise.de/0805.htm

Laborant Chemstation for Windows

E D   Universelles Chemiepaket und Messwertverarbeitungsprogramm (nicht nur) für Laboranten. Die Shareware (Registrierungsgebühr etwas 24 bzw. 34 Euro) läuft unter Windows ab Version 3.1 und steht als gezippte Datei (etwa 1,1 MB) zum Download bereit. Die Zip-Datei enthält eine deutsche und eine englische Version.
http://spot.fho-emden.de/ftp/chemie/laborant.zip

CHEMIE-MASTER 97

D   Das Lern- und Datenbankprogramm Chemie-Master wurde an der Gesamtschule Ehringshausen entwickelt, um den Unterricht in den Klassen 8-10 für die Schüler interessanter zu gestalten und um Lehrern und Schülern ein praktisches Nachschlagewerk an die Hand zu geben. Ein Softwarepaket aus der Praxis also. Mittlerweile gibt es das ehemalige DOS-Programm auch in einer erweiterten multimedialen Windows-Version. Die DOS-Version Chemie-Master `97 steht immer noch kostenlos zum Download zur Verfügung. Der Chemie-Master für Windows wird als kommerzielle Software vertrieben und kann online gekauft werden. Derzeit erhältlich ist der Lehrgang 1, *Grundlagen*.
http://www.chemie-master.de

SPOT Software-Archiv

D   Zusammenstellung von naturwissenschaftlicher und technischer Software mit Schwerpunkt Chemie – Freeware, Shareware und Demoversionen für DOS und Windows.
http://spot.fho-emden.de/ftp/chemie.htm

ZDNet Downloads: Wissenschaft

E   Riesige Sammlung wissenschaftlicher Software, darunter auch viele Programme zur Chemie.
http://webwise.de/0803.htm
http://www.zdnet.de/downloads/categories/56/64/64_10000-wc.htm

Und sonst

Was sich unter den bisherigen Rubriken nicht korrekt einordnen ließ, haben wir nachfolgend zusammengestellt.

Chemie und Java

🄳 Kleine Sammlung von Java-Applets zum Chemieunterricht auf dem ZUM-Server. Alle Applets mit Source-Code und Kurzbeschreibungen.
http://www.zum.de/Faecher/Ch/NS/ChemJava.html

Ernst-Georg Becks Chemiekurs

🄳 Umfangreicher Online-Chemie-Kurs für die 11. Klasse. Kurse für die 12. und 13. Jahrgangsstufe sind in Vorbereitung.
http://www.biokurs.de/chemkurs/skripten/ckurse10.htm

Versuche für das Chemische Praktikum

🄳 Anleitungen für diverse chemische Versuche auf dem Schweizer EducETH-Server
http://www.educeth.ch/chemie/labor

Einheiten-Umrechnung

🄳 Auf dieser Seite auf dem Chemie.de-Server kannst du dir chemische, physikalische und mathematische Einheiten blitzschnell online umrechnen lassen.
http://www.chemie.de/tools/units.php3?language=d

Webringe zum Thema Chemie

🄴 Webringe verbinden Websites gleicher oder ähnlicher Thematik miteinander. Rund um die Chemie gab es bis vor zwei, drei Jahren zahlreiche Ringe. Seltsamerweise sind die meisten davon zwischenzeitlich verschwunden. Lediglich zwei mit nennenswertem Umfang sind geblieben. Die Beschreibungen dieser beiden Webringe sind „Originalton":
- Chemistry on Web: „The Chemistry on Web is a webring of web sites in chemistry. The primary goal is to help the surfers to navigate to the Chemistry Web Space."
http://b.webring.com/hub?ring=12chem98
!tzalist Chemistry Ring: „This !tzalist ring is open to all chemistry related sites. Including chemical manufacturers, chemistry students, chemists, and more."
http://l.webring.com/hub?ring=tzalistchemistry

Chemie im Museum

🄳 - Deutsches Chemie-Museum: *http://www.deutsches-chemie-museum.de*
- Liebig-Museum in Gießen: *http://www.liebig-museum.de*
- Museum der Göttinger Chemie: *http://www.museum.chemie.uni-goettingen.de*
- Deutsches Museum: Chemie: *http://webwise.de/0804.htm*
- Carl Bosch Museum Heidelberg: *http://www.museum.villa-bosch.de*

Deutsch allgemein

Unter dieser Rubrik findest du Links zu Sites, die sich umfassend mit Themen rund um den Deutschunterricht und die deutsche Sprache befassen.

Projekt Gutenberg-DE – Die digitale Bibliothek

Ⓓ Was die Macher des Projektes Gutenberg-DE auf die Beine gestellt haben, dürfte – zumindest im deutschsprachigen Bereich – einmalig sein. Texte von mehr als 400 Autoren von der Antike bis ins 20. Jahrhundert stehen hier in deutscher Sprache übersichtlich aufbereitet online zur Verfügung. Über 50.000 Text- und Bilddateien wurden seit dem Start im Jahr 1994 ins Archiv aufgenommen und monatlich kommen etwa 2.500 Seiten dazu. Eine überquellende Schatztruhe für jeden, der sich für Literatur interessiert.
http://www.gutenberg2000.de

Literatur am Draht

Ⓓ Eine Site voller Links zu Autorinnen und Autoren, Literaturprojekten und Webzines, Bibliotheken und Archiven, Literaturmagazinen und einigem mehr zum Thema Literatur
http://literaturwelt.de/lit

Das Literatur-Café – Der literarische Treffpunkt im Internet

Ⓓ In Wolfgang Tischlers gut gepflegtem Literatur-Café gibt es Buchkritiken und

INTERNET QUIZ

„Die Axt im Haus erspart den Zimmermann."
Wer hat diesen klugen Spruch geschrieben
und aus welchem Werk stammt er?

Der Satz stammt aus Friedrich Schillers „Wilhelm Tell" (3. Aufzug, 1. Szene): gesprochen wird der Satz von Wilhelm Tell. Der Ursprung eines literarischen Zitates lässt sich in vielen Fällen bei Gutenberg-DE unter *http://www.gutenberg2000.de* aufspüren. Dazu gibst du das Zitat in Anführungszeichen gesetzt in das Feld für die Textsuche („Texte:" – am oberen Seitenrand, etwa in der Mitte) ein. Danach klickst du auf das Feld für die beiden kleinen Pfeile rechts daneben und voilà – mit ein bisschen Glück bekommst du den Autor, das Werk und sogar die genaue Stelle auf dem Bildschirm angezeigt. Probier's am besten gleich mal aus – vielleicht mit „Früh übt sich, was ein Meister werden will."

Tipps, mehrere Foren (u. a. eines für Autoren), eine Abteilung Prosa und Lyrik, eine Liste mit weiterführenden Links und mehr. Wenn dich Literatur nicht nur der guten Deutschnoten wegen interessiert, bist du hier richtig.
http://www.literaturcafe.de

Germanistik im Internet – Erlanger Liste

Ⓓ Eine Fülle von Links und Informationen, übersichtlich aufbereitet, findet sich auf dieser Site auf dem Server des Instituts für Germanistik an der Universität Erlangen-Nürnberg. Eine integrierte Volltext-Suchmaschine hilft beim Stöbern.
http://webwise.de/0806.htm

learn:line – Deutsch

Ⓓ Eigene Angebote zum Deutschunterricht auf dem learn:line-Server sowie eine kleine rubrizierte Sammlung von Links zu relevanten Webressourcen.
http://webwise.de/0807.htm

.tmp – Literatur printed in cyberspace

Ⓓ Bei diesem durch und durch literarischen Webangebot zitieren wir mal von der Eingangsseite, denn schöner hätten wir's beim besten Willen auch nicht fomulieren können: „Eine auf Elektronenwolken errichtete Bibliothek erwartet dich, die unentwegt, immerzu und überall zugleich besteht, die jedem, der an ihre Pforte tritt, ohne Ansehen der Person, des Ortes und der Zeit sich öffnet."
http://www.he.net/~tmp/

Referate und Schülerarbeiten

Eine Unzahl von Referaten und anderen Schülerarbeiten findest du auf den nachstehenden Servern. Bevor du dich selbst an die Arbeit machst, kann es nicht schaden, dir vorher anzusehen, was andere Schüler(innen) zum selben Thema geschrieben haben. Nicht um abzukupfern, versteht sich, sondern um es noch besser zu machen.

People.de: Deutsch

Ⓓ

Weit über 2.000 Referate und Arbeiten aus dem Deutschunterricht sind bei Referate.de archiviert. Das ist einsame Spitze! Vorbildlich sind auch die Optionen: Die angebotenen Texte stehen als PDF-Dokumente und als gezippte RTF -Files zum Download bereit. Alternativ kannst du sie dir aber auch in einer speziellen Version direkt ausdrucken oder per E-Mail in die Mailbox liefern lassen. Was will man mehr?
http://www.referate.de/p/referate/01/3.htm

Hausarbeiten.de – Deutsch

Ⓓ

Auf mehrere Kategorien verteilt finden sich hier über 2.500 Arbeiten zum und aus dem Deutschunterricht.
http://www.hausarbeiten.de/rd/faecher/deu_0.shtml

DEUTSCH

SchoolHelp – Deutsch

Ⓓ Knapp 500 Arbeiten aus und für den Deutschunterricht hat dieser Server im Archiv. Die Texte liegen alphabetisch sortiert im HTML-Format vor. Über eine Suchmaske lässt sich der gesamte Bestand nach Stichwörtern durchsuchen. Und am „Schwarzen Brett" kannst du unter *http://webwise.de/0019.htm* andere Besucher der Site gezielt um Hilfe bitten.
http://webwise.de/0814.htm

ReferateHeim.at: Deutsch

Ⓓ Alphabetisch nach dem Titel sortiert stehen hier weit über 1.200 Referate und Schülerarbeiten aus dem Deutschunterricht wahlweise im HTML- oder im PDF-Format zum Download bereit.
http://webwise.de/0811.htm

Young.de – Deutsch

Ⓓ Auch das Young.de-Archiv ist für das Fach Deutsch gut bestückt. Zugriff auf die Texte erhalten allerdings nur angemeldete Mitglieder. Das ist zum Glück kein Grund, auf das umfangreiche Angebot zu verzichten, denn die Mitgliedschaft kostet nichts. Die Neugier der Sitebetreiber bei der Anmeldeprozedur zu befriedigen, ist allerdings nicht jedermanns Sache. Übrigens: nicht alles ist hier gratis. Für die so genannten Profi-Materialien werden Gebühren verlangt.

http://webwise.de/0810.htm

Krefelder Referate-Homepage – Deutsch

Ⓓ Rund 260 Referate und Schülerarbeiten hat die Krefelder Referate-Homepage in Sachen Deutschunterricht zu bieten. Die Texte liegen im HTML-Format vor. Eine Stichwortsuche gibt es leider nicht.
http://webwise.de/1835.htm

Schuelerweb.de – Deutsch

Ⓓ Umfangreiche und übersichtlich sortierte Sammlung von Schülerarbeiten zum und aus dem Deutschunterricht
http://www.schuelerweb.de/referate.asp?fach=Deutsch

Weitere Referate Deutsch

Ⓓ Weitere Schülerarbeiten, Referate und Aufsätze in verschiedenen Formaten findest du unter folgenden Webadressen:
http://www.schul-referate.de/Deutsch.cfm

http://webwise.de/0815.htm

http://www.borgking.de/homeworks/deu.htm

http://webwise.de/0816.htm

http://webwise.de/0817.htm

Schoolunity

Ⓓ   Über 1.300 Hausaufgaben und Referate für den und aus dem Deutschunterricht
hat Schoolunity im Archiv. Leider hat auch diese Fundgrube einen kleinen
Haken: bei den meisten Arbeiten brauchst du für den Download ein Passwort.
Das erhältst du über eine 0900-Nummer, für die 1,99 Euro pro Minute berechnet
werden. Da lohnt es sich auf jeden Fall, erst einmal anderswo zu stöbern, bevor
du zum Hörer greifst und zahlst - wenn überhaupt.
http://webwise.de/1836.htm

Deutsch4u: Referate/Hausarbeiten

Ⓓ   Du musst ein Referat schreiben und hast ein Problem damit? Dann wirst du hier
in mehreren Foren deine Fragen los und bekommst mit etwas Glück Antworten,
die dir weiterhelfen.
http://webwise.de/0813.htm

Deutsch direkt

Fragen zu Aufgaben und Problemen? Hier findest du per E-Mail kompetente
Ansprechpartner.

Hotbox – Deutsch

Ⓓ   Du hast Probleme bei einem Aufsatz oder einem Referat, mit dem du einfach
nicht zurechtkommst? Du hast schon alle Hausaufgaben-Server abgeklappert und
blickst noch immer nicht durch? Dann kannst du dich immer noch an die Hotbox
– Deutsch von Hausaufgaben.de wenden. Hier findest du individuelle Hilfe per
E-Mail. Schüler, Studenten und Lehrer, die ehrenamtlich unentgeltlich Hilfestellung leisten, machen diesen tollen Service möglich. Eine Garantie auf die passende Antwort gibt es natürlich nicht, aber: „Probieren geht über Studieren."
http://007-001-908-d.de/hotbox/hotboxdeu.htm

learnetix.de

Ⓓ   In den früheren Ausgaben dieses Buches fand sich an dieser Stelle der Service
„Dora Deutsch", über den du – teilweise kostenlos, teilweise gegen Bares –
Infos und Hilfe in Sachen Deutschunterricht bekommen konntest. Der Cornelsen-
Verlag hat sein Webangebot mittlerweile erheblich ausgebaut. Das Ergebnis ist
die Lern-Community „learnetix", in der du auch die alte Bekannte Dora Deutsch
wiederfindest. Um darauf zugreifen zu können, musst du dich registrieren lassen.
Dann steht dir ein umfangreiches Service-Angebot nicht nur für Deutsch, sondern auch für diverse andere Fächer zur Verfügung. Außerdem kannst du mit
anderen Schülern – ganz schnieke mit Avataren – chatten, dir einen persönlichen Schreibtisch einrichten und einiges mehr. Am besten siehst du dich selbst
mal gründlich um. Ups, jetzt hätten wir das Beste fast vergessen: Die Mitgliedschaft bei „learnetix" und die Nutzung des Angebots sind gratis!
http://www.learnetix.de

Aufsatzformen/Textanalyse

Zu diesen zentralen Themen des Deutschunterrichts hat das Internet eine Menge zu bieten.

Fachbegriffe der Textanalyse

☐ Hier werden Fachbegriffe von A wie „Alliteration" bis Z wie „Zeugma" kurz und bündig erklärt.
http://webwise.de/0818.htm

Arbeit am Text

☐ Auf seiner Website hat Dr. Jürgen Krome das Wesentliche zur Texterarbeitung in der Sekundarstufe II in Stichworten zusammengefasst.
- Arbeit am Text/Nichtfiktionale Texte:
http://webwise.de/0819.htm
- Arbeit am Text/Fiktionale Texte (Epik):
http://webwise.de/0820.htm
- Arbeit am Text/Lyrik:
http://webwise.de/0821.htm

Schulische Schreibformen

☐ So schreibt man in der Schule: Beschreibung – Textwiedergabe – Erörterung – Texterörterung – Textanalyse – Textinterpretation. Die verschiedenen Schreibformen (Aufsatzformen) werden ausführlich erläutert und mit Beispieltexten illustriert. Wenn du auch die praktischen Übungen durcharbeitest, sollten Probleme beim Verfassen von Aufsätzen und Texten für dich schon bald Geschichte sein.
http://webwise.de/0020.htm

Aufsatzformen

☐ Auch hierzu hat Dr. Jürgen Krome auf seiner Website das Wichtigste zusammengefasst.
http://webwise.de/0822.htm

Rechtschreibung und Grammatik

„Deutsche Sprache, schwere Sprache" – zum Glück bietet das Internet reichlich Hilfestellung.

Die neue Rechtschreibung

☐ - Hier erfährst du übersichtlich zusammengefasst so ziemlich alles, was du über die so genannte neue Rechtschreibung wissen musst:
http://webwise.de/0823.htm
- Nett illustrierte Site zu Neuregelung der deutschen Rechtschreibung. Mit Felix, dem Fehlerteufel, der die neuen Regeln anhand von Bildern erklärt, macht die Umstellung auf die neuen Regeln sogar Spaß:
http://webwise.de/0824.htm

- Homepage der Initiative „Wir Lehrer gegen die Rechtschreibreform"
http://www.raytec.de/rechtschreibreform
- Das amtliche Regelwerk findest du hier:
http://www.ids-mannheim.de/grammis/reform/inhalt.html
- Rechtschreibreform ´95 – wohl oder übel? Vortrag eines Befürworters der Reform
http://www-aix.gsi.de/~giese/rsreform95
- Schluß mit der Rechtschreibreform – Protestseite mit Linksammlung
http://www.rechtschreibreform-neindanke.de
- Die Seiten für Rechtschreibung: Archiv mit Nachrichten und Aufsätze zur Rechtschreibreform, Regeltafeln und Diskussionsforum
http://www.rechtschreibreform.com/

Deutsch online – Grammatik und Rechtschreibung

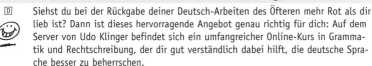

Siehst du bei der Rückgabe deiner Deutsch-Arbeiten des Öfteren mehr Rot als dir lieb ist? Dann ist dieses hervorragende Angebot genau richtig für dich: Auf dem Server von Udo Klinger befindet sich ein umfangreicher Online-Kurs in Grammatik und Rechtschreibung, der dir gut verständlich dabei hilft, die deutsche Sprache besser zu beherrschen.
http://www.udoklinger.de/Grammatik/inhalt.htm

Materialien für den Deutschunterricht: Grammatik

- Kurz & bündig: Regeln, Erläuterungen und Übungen zu Nomen, Verben, Adjektiven und Präpositionen
http://www.al.lu/deutsch/grammatik

18 häufige Fehler in Deutscharbeiten

Wer sie kennt, kann sie (leicht) vermeiden. Obwohl diese Seite für Lehrer gemacht ist, sind die Informationen auch (oder gerade) für Schüler interessant.
http://www.tossnet.de/smkat/18Fehler.cfm

Grammatikdeutsch.de

Grundlagen und Grundbegriffe für den Deutschunterricht
http://www.grammatikdeutsch.de

Wörterbücher und Nachschlagewerke

Selbstverständlich hält das Internet auch Lexika, Wörterbücher und Nachschlagewerke bereit, darunter sogar solche, die es in gedruckter Form gar nicht gibt.

Wortschatz-Lexikon

Das Projekt „Deutscher Wortschatz" an der Universität Leipzig, mit dem 1995 begonnen wurde, hat sich das ehrgeizige Ziel gesetzt, den deutschen Wortschatz so vollständig wie möglich zu erfassen und der Öffentlichkeit zur Verfügung zu stellen. Mittlerweile enthält die Datenbank des Projekts über 6 Millionen Wörter und Wortformen, sowie mehr als 15 Millionen Sätze. Praktisch: Rund 70.000 der Einträge sind mit externen Lexika vernetzt.
http://wortschatz.informatik.uni-leipzig.de

Wissen.de: Online-Wörterbücher

☐ Über diese Seite des Info-Portals Wissen.de hast du direkten Zugriff auf mehrere Online-Wörterbücher, u. a.:
- Wahrig – Deutsches Wörterbuch
- Wahrig – Die deutsche Rechtschreibung
- Wahrig - Fremdwörterlexikon

http://webwise.de/0826.htm

Deutsche Literaturgeschichte

☐ Gehörst du auch zu denjenigen, die bei „Sturm und Drang" in erster Linie an Fußball denken und daher des Öfteren leichte Schwierigkeiten mit ihrer Deutschnote haben? Dann solltest du dir vielleicht mal folgende Sites zu den Epochen der deutschen Literatur etwas näher ansehen:

http://www2.vol.at/borgschoren/litera.htm

http://webwise.de/0827.htm

http://ls.sg.edu.tr/cal/deutsch/Literaturgeschichte/index.html

Lexikon der Jugendsprache

☐ Jugendliche hatten schon immer ihren eigenen (zusätzlichen) Wortschatz, der sich von Generation zu Generation ändert. Anfang 1997 haben sich Schüler des Deutsch-E-Kurses der Klassen 8a/8b der Gesamtschule Duisburg-Süd die Mühe gemacht, ein kleines Lexikon der aktuellen Jugendsprache zusammenzustellen. Dazu untersuchten sie Jugendzeitschriften und griffen auf ihren eigenen Wortschatz und -gebrauch zurück. Zusätzlich führten sie eine Umfrage unter 160 Schülern des 8. Jahrgangs der Schule durch. Prädikat: Echt cool ...

http://webwise.de/0828.htm

xipolis.Net – Bibliothek des Wissens

☐ Quantensprung! Bis vor kurzem fand sich unter dieser Adresse die Online-Version von „Meyers Lexikon", das maximal drei Teilnehmern gleichzeitig Zugriff auf etwa 44 000 Einträge bot. Nun kannst du hier über eine Suchmaske in einen umfangreichen Fundus allgemeiner und spezieller lexikalischer Nachschlagewerke mit einem Bestand von rund 1,5 Millionen Dokumenten recherchieren. Und auch die Teilnehmerbeschränkung ist Schnee von gestern.

http://www.iicm.edu/meyers

Encarta online

☐ Die bekannte Enzyklopädie aus dem Hause Microsoft online. Vollständig ist die Webversion des Nachschlagewerkes allerdings nicht. Zu vielen Suchbegriffen gibt es keinen Eintrag, sondern lediglich einen Hinweis auf die im Handel erhältliche CD-ROM bzw. DVD. Schade.

http://encarta.msn.de

Weitere Nachschlagewerke

☐ wie Enzyklopädien, Wörterbücher, Lexika und Thesauri findest du bei Yahoo.de unter:

http://de.dir.yahoo.com/Nachschlagen

Webprojekte

Das Web bietet völlig neue Möglichkeiten der Veröffentlichung. Im Bereich der Literatur wird mittlerweile gerne und viel davon Gebrauch gemacht – auch von Schulen, Schülern und Lehrern.

Der seltsame Krieg – Geschichten für eine Kultur des Friedens

Der österreichische Kinderbuchautor Martin Auer hat unter dem Titel „Der seltsame Krieg - Geschichten für den Frieden" eine Sammlung von Geschichten für Kinder und junge Leute zusammengestellt und als Buch (Beltz & Gelberg) veröffentlicht. Parallel dazu stellt er - und das ist höchst ungewöhnlich - die Geschichten auch im Internet zum Lesen und Downloaden zur Verfügung, um auf diesem Weg ein breiteres Publikum zu erreichen. In seinen Texten versucht er philosophische, ökonomische, anthropologische und politische Fragen verständlich zu vermitteln, ohne die Zusammenhänge über Gebühr zu vereinfachen. In einem Forum lädt er Leserinnen und Leser zur Diskussion ein.
http://webwise.de/0829.htm

Schüler machen Zeitung

Wie ist eine Zeitung aufgebaut? Aus welchen Teilen besteht sie? Wer macht die Zeitung und wie kommen die Nachrichten hinein? All dies erfahren Schüler, die am jährlich wiederkehrenden Projekt „Schüler machen Zeitung" der Berliner Morgenpost *(http://morgenpost.berlin1.de)* teilnehmen. Dabei erhalten die Teilnehmer nicht nur Einblicke in den Betrieb einer Zeitungsredaktion, sondern sie recherchieren und verfassen unter Anleitung auch eigene Artikel und Geschichten, die du im Internet *(http://webwise.de/0831.htm)* nachlesen kannst.
http://webwise.de/0830.htm

Bücherwurm – Wir lesen für euch

„Rezensionen von Kinder- und Jugendbüchern werden von Schülerinnen und Schülern für Gleichaltrige gemacht und sollen im Austausch mit vielen anderen Schulen zu einem internationalen Katalog werden" (Zitat aus der Projektbeschreibung). Die aufwändige Arbeit hat längst Erfolg gezeigt: Bereits 1996 belegte das Bücherwurm-Projekt der Integrierten Gesamtschule Bonn-Beuel den dritten Platz beim Multimedia-Software-Wettbewerb der Europäischen Union.
http://www.gebonn.de/projekte/buecher/bwurm.htm

Berliner Zimmer – Der Salon im Netz

Der Literatursalon im World Wide Web liefert Infos zu Autoren und Projekten, Literaturtheoretisches, Adressen, Artikel und Rezensionen. Er dient Schreibern und Lesern als virtueller Treffpunkt. Zum Austausch stehen Foren und Chat-Räume zur Verfügung.
http://www.berlinerzimmer.de

NULL

Die „Online-Anthologie" des DuMont-Verlages präsentiert Texte und Gedanken junger deutscher Autoren, die – Web im Web – über eine „Landkarte" untereinander verlinkt sind.
http://www.dumontverlag.de/null

Wir werben für unser Lieblingsbuch

D   Schüler einer 8. Klasse des Peter-Petersen-Gymnasiums in Mannheim stellen ihre Lieblingsbücher vor. Eine gute Idee, die man allerdings besser umsetzen könnte. Wer fühlt sich angesprochen?
http://webwise.de/0832.htm

Berliner Zimmer – Projekte

D   Kommentierte Links zu Literaturprojekten im Web.
http://webwise.de/0833.htm

Gedichte und Geschichten zum Thema Gewalt

D   Ein Webprojekt der Klasse 9b der Realschule Hoher Weg in Goslar. Zitat aus dem Vorwort: „Wir haben in der Schule als Hausaufgabe bekommen, ein Gedicht oder eine Geschichte über das Thema Gewalt zu schreiben. Erst waren wir nicht sehr begeistert, weil wir glaubten, dass nur persönliche Texte dabei etwas werden könnten und wir unsere persönlichen Gedanken nicht aufschreiben und vortragen wollten, aber dann hatten wir sehr viel Spaß dabei. Wir haben uns entschieden, sie zu sammeln und eine Art Buch daraus zu machen."
http://webwise.de/0834.htm

Assoziations-Blaster

D   Der Assoziations-Blaster ist ein interaktives Text-Netzwerk, in dem sich alle ein-
getragenen Texte automatisch miteinander verbinden. Jeder Internet-Benutzer ist eingeladen, die Datenbank mit eigenen Texten zu bereichern. Darunter kannst du dir nichts vorstellen? Mach dir nichts draus, ging mir genauso. Wie das Ganze funktioniert, versteht man aber sofort, wenn man es sich ansieht und ausprobiert. Und siehe da: Was in der Theorie reichlich akademisch klingt, macht in der Praxis richtig Spaß!
http://www.assoziations-blaster.de

Die schreibende Schule

D   Das Webprojekt der Pestalozzischule in Gladbeck-Zweckel bietet ein kunterbuntes Angebot rund ums Lesen und Schreiben. Hier findest du interaktive Mitschreibgeschichte für Kinder, die Schülerzeitung „Bonbons", eine Schreib- und Druckwerkstatt, weiterführende Links zum Thema und vieles mehr. Am besten schaust du mal rein – es lohnt sich!
http://webwise.de/0835.htm

Software

Im Internet findet sich auch jede Menge Software, die sich für und rund um den Deutschunterricht einsetzen lässt. Eine kleine Auswahl findest du hier.

OpenOffice

D   Lange Zeit gab es das Software-Paket StarOffice kostenlos – ganz legal, wohlgemerkt. Die letzte Ausgabe des *Internet-Guide für Schüler* enthielt noch einen

Link auf das geniale Schnäppchen. Das alles war mal. Wer sich damals die letzte Gratis-Version aus dem Internet heruntergeladen hat, kann sich heute die Hände reiben.

Wenn du jetzt nicht zu den Händereibern gehörst, musst du dich aber nicht in den Hintern beißen. Das haben wir schon erledigt – sozusagen stellvertretend. Anschließend haben wir so lange im Internet gestöbert, bis wir etwas Vergleichbares gefunden haben: OpenOffice. Das Bürosoftware-Paket mit Textverarbeitung, Tabellenkalkulation, Präsentationsprogramm, Zeichenmodul und Formel-Editor ist aus dem StarOffice-Projekt hervorgegangen, im Unterschied zum kommerziell vertriebenen StarOffice-Paket aber nach wie vor Freeware. Na, also. Abholen kannst du dir das dicke Software-Paket zum Nulltarif unter:

http://de.openoffice.org

AntClick

E AntClick ist ein WebLog-Paket für den persönlichen PC, das sich als Tagebuch, Notizzettel-Verwaltung und für diverse andere Zwecke nutzen lässt.

Infos zu AntClick und Anregungen für den Einsatz der kostenlosen Software gibt der Telepolis-Artikel „Notizbuch für Fortgeschrittene" unter *http://webwise.de/0836.htm*.

Die komplette Software sowie eine Anleitung für die Einrichtung des WebLogs unter Windows findest du unter:

http://webwise.de/0837.htm

Scholar's Aid 2000

D E Scholar's Aid ist ein praktisches Hilfsprogramm für alle, die wissenschaftliche Texte verfassen. Das Sharewareprogramm verwaltet alle Belege: Bücher, Zeitschriften, Quellen usw. Es ermöglicht das Beifügen von Notizen zu Belegen, konvertiert sie in Fußnoten, Kurzbelege und Klammerkurzbelege, erstellt Bibliographien und Beleglisten und setzt die Belege automatisch in deine Textverarbeitung (MS Word 6.0, 7.0, 97, WordPerfect 6.0, 7.0, 8.0 und WordPro97). Das Programm läuft unter Windows 95/98/NT. Eine Demoversion steht zum Download (5,6 MB) bereit. Sie arbeitet 60 Tage lang – danach heißt es zahlen (94 US-Dollar) oder in Zukunft darauf verzichten.

http://www.scholarsaid.com/down.html

Weitere Infos zu dem Programm findest du unter:

http://www.scholarsaid.com/german/index.htm

PrismaSpell

D Du hast Probleme mit Diktaten? Dann verspricht dieses Programm Hilfe. Du gibst einen beliebigen Text ein und kannst ihn dir anschließend vom Computer (eingebaute Soundkarte vorausgesetzt) diktieren lassen. Dabei passt sich das Programm an deine persönliche Tippgeschwindigkeit an. Natürlich wird deine Arbeit auch korrigiert und du weißt sofort, wo und wie oft du dich vertan hast. PrismaSpell läuft unter Windows 95/98/ME/NT/2000/XP. Damit du die Katze nicht im Sack kaufen musst, kannst du die Shareware vor dem Registrieren (mit eingeschränkter Funktionalität) ausprobieren. Für die Registrierung des pfiffigen Programms werden 27 bzw. 32 Euro fällig.

http://www.you2.de/prismas.html

Tipp-Lehrer

☐ Klar, man kann auch mit zwei oder gar einem tippen, aber mit allen zehn Fingern geht es doch erheblich schneller. Das Shareware-Programm Tipp-Lehrer hilft dir, das Zehn-Finger-System zu erlernen. Die Zeit, die dafür aufwendest, hat sich schon nach ein paar Referaten gelohnt. Das Programm läuft unter Windows. Die Registrierung kostet etwa 15 Euro.

http://www.schneller-tippen.de/
Weitere Tipplernprogramme:

- Schreibmaschinenkurs für Windows

http://freudenreich.de/index.htm#Schreibmaschinenkurs

- WINtast

http://www.wintast.de/

- 1A-touch-type

http://webwise.de/0838.htm

- Tippmaster®

http://www.tippmaster.com/

Bibibamos

☐ Ausgefeiltes Literaturverwaltungsprogramm, das unter Windows läuft. Die Software ist keine Freeware, sondern „Know-Where", was bedeutet, dass die Programmierer gerne wissen würden, wer ihr Programm benützt und wie zufrieden er/sie damit ist. Jedenfalls: Es ist umsonst! Also: downloaden (gezippte Dateien, etwa 4,3 MB), installieren, ausprobieren und registrieren!

http://webwise.de/0839.htm

ÜB!FIX

☐ Universeller Rechtschreibtrainer für Kinder und Erwachsene. Unterstützt sowohl die alte als auch die neue Rechtschreibung. Die Shareware läuft unter Windows und kann 30 Tage lang (max. 50 Starts) getestet werden. Registriergebühr: 25 Euro - Dateigröße: 2,9 MB

http://webwise.de/0840.htm

Bewerbungs-Generator

☐ Mit diesem gewitzten Programm lassen sich im Handumdrehen elektronische Bewerbungen einschließlich Foto erstellen, die anschließend als kompakte kleine EXE-Programme per E-Mail oder auf Diskette an Personalchefs geschickt werden können, um dort einen guten Eindruck zu machen. Das Programm läuft unter Windows 95/98 und ist Shareware. Die Registrierungsgebühr, die nach einer Testphase fällig wird, beträgt ungefähr 5 Euro. Downloaden kannst du den Bewerbungs-Generator (305 KB) unter:

ftp://ftp.maennerseiten.de/bewerbungsgenerator.zip

Autor(inn)en im Web

Auch wenn viele berühmte Schriftsteller(innen) das Internet selbst nicht mehr erlebt haben, sind sie und ihre Werke heute im Web präsent. Aber auch zeitgenössische Autor(inn)en sind im Netz der Netze zu finden.

Heinrich Böll - Köln (1917-1985)

Ⓓ   Heinrich Böll Homepage: Leben und Werk, Links, Adressen, Fotos, Archiv
http://www.heinrich-boell.de/index1.php

Wolfgang Borchert - Hamburg (1921-1947)

Ⓓ   Wichtige Lebensstationen, eine Auswahl seiner Werke, Literaturhinweise und weiterführende Links: *http://webwise.de/0808.htm*

Bertolt Brecht - Augsburg (1898-1956)

Ⓓ   - Lebensdaten, Bibliographie, Literaturhinweise und viele weiterführende Links:
http://webwise.de/0809.htm

Ⓓ   - „Der Schriftsteller Bertolt Brecht" (Schülerarbeit von Tanja Schmidt):
http://members.aol.com/gy95c/schmidt/index.htm

Ⓓ   Biographie, Erläuterungen zu Theaterstücken und jede Menge Links
http://webwise.de/0841.htm
http://www.cwru.edu/artsci/modlang/german380/brecht.html

Ⓓ   Literaturprojekt der FH Augsburg: 100 Jahre Bertolt Brecht
http://webwise.de/0842.htm

Ⓓ   - 100 x Brecht – Linkliste:
http://www.zakk.de/brecht/links.htm

Ⓔ   - Die Website der International Brecht Society bietet umfangreiches Material zu Brecht in englischer Sprache:
http://polyglot.lss.wisc.edu/german/brecht/index.html

Clemens Brentano - Ehrenbreitstein (1778-1842)

Ⓓ   Ausführliche Biographie:
http://webwise.de/0843.htm
- Mini-Biographie und Übersicht über seine wichtigsten Werke, von denen auch etliche online zur Verfügung stehen:
http://gutenberg2000.de/autoren/brentano.htm

Georg Büchner - Goddelau (1813-1837)

Ⓓ   - Mini-Biographie und Übersicht über die wichtigsten Werke, von denen die meisten online abrufbar sind:
http://gutenberg2000.de/autoren/buechner.htm
- Porträt mit Lebensdaten, Kurzübersichten über seine wichtigsten Werke und Bibliographie:
http://www.xlibris.de/Autoren/Buechner/Buechner.htm

Friedrich Dürrenmatt - Konolfingen/Schweiz (1921-1990)

Ⓓ   Lebensdaten, Bibliographie, Literaturhinweise und weiterführende Links
http://webwise.de/0844.htm

Joseph von Eichendorff - Schloss Lubowitz (Ratibor) (1788-1857)

🔲 - Tabellarischer Lebenslauf, Bibliographie, Literaturhinweise und weiterführende Links:
http://webwise.de/0845.htm
- Mini-Biographie und Werkübersicht; ein großer Teil der Werke steht online zur Verfügung:
http://gutenberg2000.de/autoren/eichndrf.htm

Theodor Fontane - Neuruppin (1819-1898)

🔲 - Lebensdaten, Bibliographie, Literaturhinweise, weiterführende Links und Verweise zu Schauplätzen:
http://www.gymnasium-leichlingen.de/content/autoren/fontane.htm
- Fontane bei Gutenberg-DE:
http://gutenberg2000.de/autoren/fontane.htm

Max Frisch- Zürich/Schweiz (1911-1991)

🔲 - Leben, Werk und Preise in Kurzform:
http://webwise.de/0847.htm
- Max Frisch – Chronologie seines Lebens:
http://webwise.de/0848.htm

Johann Wolfgang von Goethe - Frankfurt (Main) (1749-1832)

🔲 - Diese Seite beinhaltet eine Mini-Biographie, ein Porträt und einen Überblick über sein Werk, das zu einem großen Teil online zur Verfügung steht:
http://gutenberg2000.de/autoren/goethe.htm
- Online-Projekt der Deutschen Welle: Biographie, Werksübersicht, 50 Personen im Umfeld Goethes, Links und Audio-Clips:
http://www.goethe-bytes.de

Günter Grass - Danzig/[heute] Polen (geb. 1927)

🔲 - Umfangreiches Referat zum Leben und Werk von Günter Grass sowie zu seinem Roman „Die Blechtrommel":
http://www.referate.de/p/referate/02/251.htm
- „Günter Grass: Nobelpreis für Literatur 1999" – Infos zum Leben und Werk mit einer Vielzahl weiterführender Links:
http://webwise.de/0849.htm

Jacob und Wilhelm Grimm - Hanau (1785-1863 bzw. 1786-1859)

🔲 - Biographie sowie „Kinder- und Hausmärchen" und „Deutsche Sagen" online:
http://gutenberg2000.de/autoren/grimm.htm
🔲 - Grimm Brothers' Home Page – Leben, Werk und weiterführende Links:
http://www.pitt.edu/~dash/grimm.html

Heinrich Heine - Düsseldorf (1797-1856)

🔲 Lebensdaten, Porträt, sein Werk, das größtenteils online zur Verfügung steht.
http://gutenberg2000.de/autoren/heine.htm

Hermann Hesse - Calw (1877-1962)

🔲 - Umfangreiche Biographie, Werksübersicht, Links, Primärtexte und vieles mehr:
http://www.bibliomaniac.de/hesse
- Herrmann-Hesse-Homepage mit News und Aktuellem, Werksverzeichnis,
Empfehlungen für Sekundärliteratur und Links:
http://www.gss.ucsb.edu/projects/hesse

Friedrich Hölderlin - Lauffen (1770-1843)

🔲 - Mini-Biographie und Übersicht über die wichtigsten Werke:
http://gutenberg2000.de/autoren/hoelderl.htm
- Sehr umfangreiche Hölderlin-Seite von Sven Kalbhenn:
http://www.hoelderlin-gesellschaft.de

Ernst Jandl - Wien/Österreich (1925-2000)

🔲 Biographie und unvollständiges Verzeichnis seiner Werke.
http://webwise.de/0850.htm

Erich Kästner - Dresden (1899-1974)

🔲 - Emil und die Detektive – Auf den Spuren der Helden aus Erich Kästners Roman:
http://www.zlb.de/projekte/kaestner
- Einblicke in Erich Kästners Leben – Werksübersicht - Links:
http://webwise.de/0851.htm
- Erich-Kästner-Seite des Goethe-Instituts Helsinki:
http://www.goethe.de/ne/hel/depek.htm
- Kästner-Linkliste: *http://webwise.de/0852.html*

Franz Kafka - Prag/[heute] Tschechische Republik (1883-1924)

🔲🇪 - Auf dieser Seite findest du eine Kurzbiographie, ein Foto von Kafka und seine
Bibliographie. Seine wichtigsten Werke, u. a. „Das Schloss", „Der Prozess" und
„Die Verwandlung", stehen online zur Verfügung:
http://gutenberg2000.de/autoren/kafka.htm
- Franz Kafka's Texts – Auf diesem Server der Uni Pittsburgh/USA sind Texte von
Franz Kafka nicht nur in Deutsch, sondern auch in Englisch, Spanisch, Russisch,
Finnisch und Portugiesisch verfügbar:
http://www.pitt.edu/~kafka/texts.html
- Franz-Kafka-Website: Biographie, Bibliografie, Briefwechsel, Interpretationen,
Links und vieles mehr:
http://webwise.de/0853.htm
- Franz Kafka – Die Einsamkeit eines Menschen: Biographie, Kafka und die Frau-
en, Werke, etc.:
http://www.8ung.at/franzkafka
- Linkliste Kafka-Seiten im Internet:
http://www.al.lu/deutsch/kafka.htm

Heinrich von Kleist - Frankfurt (Oder) (1777-1811)

🔲 - Kleist-Archiv Sembdner der Stadt Heilbronn. Hier findest du ein breit gefächertes Informationsangebot zu Kleist: *http://www.kleist.org*

- Natürlich gibt es auch bei Gutenberg-DE eine Kleist-Seite:
http://gutenberg2000.de/autoren/kleist.htm

Siegfried Lenz - Lyck [Ostpreußen] (geb. 1926)

[D] - Umfangreiche Sammlung von Links zu Leben und Werk:
http://www.goethe.de/os/hon/aut/delen.htm
- Referat zu Lenz' Roman "Deutschstunde":
http://webwise.de/0854.htm

Gotthold Ephraim Lessing - Kamenz [Bez. Dresden] (1729-1781)

[D] Sein Leben in Kürze, ein Porträt, sein Werk, das größtenteils online verfügbar ist.
http://gutenberg2000.de/autoren/lessing.htm

Thomas Mann - Lübeck (1875-1955)

[D] - Sein Leben, sein Werk und seine Familie:
http://webwise.de/0855.htm
- Linksammlung der Universitäts- und Landesbibliothek Düsseldorf:
http://webwise.de/0856.htm
- Linkliste zu Thomas Mann:
http://www.tma.ethz.ch/Links.html
- Kurzbiographie und umfangreiche Linkliste:
http://webwise.de/0857.htm
- Besuch im Museum des Thomas-Mann-Archivs:
http://www.tma.ethz.ch/willkommen.htm
„In der Sammlung Jonas sind etwa 4.000 Artikel und Rezensionen zu Thomas Mann im Original oder in Kopie enthalten, wovon bisher etwa 3.300 bibliographisch erfasst wurden." (Zitat aus der Beschreibung der Site):
http://webwise.de/0858.htm

Karl May - Hohenstein-Ernstthal (1842-1912)

[D] - Gutenberg-DE: Kurzbiographie und über 40 seiner Erzählungen online:
http://gutenberg2000.de/autoren/may.htm
- Karl May Gesellschaft – Werke (u. a. 40 Romane im Volltext!), Autobiographisches, Sekundärliteratur etc.:
http://karlmay.leo.org
- Karl-May-Verlag: Eine Übersicht über alle seine Werke:
http://www.karl-may.de/verlag/werke.htm

Novalis - Oberwiederstedt (1772-1801)

[D] - Auf den Webseiten der Internationalen Novalis-Gesellschaft – die ihren Sitz im Schloss Oberwiederstedt, dem Geburtshaus des Dichters, hat – findet sich eine ausführliche Biographie des Dichters Georg Philipp Friedrich von Hardenberg, besser bekannt unter seinem Pseudonym „Novalis". Daneben werden weiterführende Links angeboten:
http://webwise.de/0859.htm

- Kurzbiographie und Werkverzeichnis; ein Teil der Texte ist online verfügbar:
http://gutenberg2000.de/autoren/novalis.htm

Erich Maria Remarque - Osnabrück (1898-1970)

⬚ Vorbildlich: Das Erich-Maria-Remarque-Projekt des Abtei-Gymnasiums Brauweiler liefert jede Menge Infos und Links.
http://webwise.de/0860.htm

Rainer Maria Rilke - Prag/[heute] Tschech. Republ. (1875-1926)

⬚ - Kurzbiographie, Werkzeichnis (ein paar seiner Werke sind online verfügbar):
http://gutenberg2000.de/autoren/rilke.htm
- Alles über Rilke bei rilke.de: Biographie, Texte, Forum etc.:
http://www.rilke.de/index_ns.htm

Friedrich von Schiller - Marbach (1759-1805)

⬚ Unter dieser Webadresse findest du Schillers Lebensdaten in Kürze, ein Porträt und eine Übersicht über seine wichtigsten Werke, die zum Teil auch online verfügbar sind.
http://gutenberg2000.de/autoren/schiller.htm

Theodor Storm - Husum (1817-1888)

⬚ Kurzbiographie und Werksverzeichnis; ein Teil seiner Werke ist online verfügbar.
http://gutenberg2000.de/autoren/storm.htm

Kurt Tucholsky - Berlin (1890-1935)

⬚ - Kurt Tucholsky-Gesellschaft - Biographie, Bibliographie, Links:
http://www.tucholsky-gesellschaft.de
- Biographie mit weiterführenden Links:
 http://webwise.de/0861.htm
- Links zu Tucholskys Leben und Werk:
http://webwise.de/0021.htm

Biographien und Autor(inn)en-Infos

- Von Schüler(inne)n verfasste Biographien der verschiedensten Personen und Persönlichkeiten findest du unter:
⬚Ⓔ *http://www.fundus.org/menu.asp?CatID=2*
⬚Ⓔ *http://webwise.de/0022.htm*
⬚ *http://webwise.de/0863.htm*
⬚ - 3.333 alphabetisch geordnete Links zu biographischen und sonstigen Kurzinformationen zu deutschsprachigen Autorinnen und Autoren findest du unter dieser Webadresse auf dem Server der Freien Universität Berlin:
http://webwise.de/0864.htm
⬚ - Kurzbiographien von über 250 klassischer Schriftsteller(inne)n stehen beim „Projekt Gutenberg" bereit:: *http://gutenberg2000.de/autoren.htm*
⬚ - Umfangreiche Linkliste zu Autoren im Web auf dem Server der Universitäts- und Landesbibliothek Düsseldorf:
http://webwise.de/0865.htm

INTERNET QUIZ

Welcher berühmte deutsche Schriftsteller verbrachte siebeneinhalb Jahre seines Lebens im Gefängnis?

Weil das Geld jahrelang hinten und vorne nicht reichte, ließ Karl May sich immer wieder zu Eigentumsdelikten und Betrügereien hinreißen. Dafür verbüßte er insgesamt siebeneinhalb Jahre seines Lebens im Gefängnis, was seinen schriftstellerischen Schaffensdrang allerdings keinen Abbruch tat. Als er 1912 in Dresden starb, hinterließ er der Nachwelt ein gewaltiges Werk von rund 80 Romanen und Erzählungen. Karl May bei Gutenberg-DE: *http://gutenberg2000.de/autoren/may.htm*. Eine Übersicht über alle seine Werke gibt es beim Karl-May-Verlag: *http://www.karl-may.de/verlag/werke.htm*

Literatur online

Das Web bietet nicht nur Werke, die auch in gedruckter Form erhältlich sind, sondern auch eigenständige Arbeiten, die nur online veröffentlicht werden. Eines ist sicher: Weltweit steht im Internet Lesestoff für mehr als ein Leben zur Verfügung ...

bla – internet literatur webring

D Der Webring verbindet Webseiten, die „neue Formen der Literatur im Internet, Literaturspielereien, Literaturkunstwerke, Gemeinschaftsprojekte, allgemein Literatur, die sich von der Printliteratur abhebt, Essays zur Literatur und zu neuen Medienkultur bieten." (Zitat aus den Teilnahmebedingungen)
   http://www.bla2.de

Literatur im Internet

D Jede Menge Literaturlinks, nach folgenden Bereichen sortiert: Autoren, Literaturwissenschaft, Werke, E-Text-Projekte, Literatur-Magazine, weitere Link-Sammlungen, Nachschlagewerke, Theater, Bibliotheken, Buchhandlungen, Preise etc.
   http://webwise.de/0866.htm

Athena – Authors & Texts

E Tausende von literarischen Texten – alphabetisch nach Autoren sortiert. Neben den alphabetischen Listen tragen mehrere Sucheinrichtungen dazu bei, dass du trotz der Fülle rasch fündig wirst.
   http://webwise.de/0867.htm

Düsseldorfer Virtuelle Bibliothek – Elektronische Texte

D   Umfangreiche Linkliste zu Online-Textsammlungen im Internet auf dem Server
     der Universitäts- und Landesbibliothek Düsseldorf.
     http://webwise.de/0868.htm

Die deutschen Klassiker

D   Ästhetisch gestaltete Website des Xlibris-Verlags: Biographien, Kurzinhalte,
     Bibliographien, Einführungen zu Werken und Epochen.
     http://www.xlibris.de/

Berliner Zimmer: Literatur-Links

D E Links zu Literaturmagazinen und -projekten, Autoren, Foren, Rezensionen und
     mehr
     http://webwise.de/0869.htm

Bibliotheken und Institutionen

Seit immer mehr Bibliotheken und Institutionen ihre Kataloge ins Web stellen,
ist selbst die aufwändigste Buch-Recherche nur noch eine Sache von Mausklicks.

Die Düsseldorfer Virtuelle Bibliothek

D   Allgemeine und fachliche Informationsquellen im Internet, nach Themenberei-
     chen gelistet. Eine integrierte Suchmaschine ermöglicht die Stichwortsuche.
     http://webwise.de/0870.htm

Goethe-Institut

D   Das Goethe-Institut bemüht sich um die weltweite Pflege der deutschen Spra-
     che. Auf der zentralen Website stellt es die eigenen Aktivitäten vor und präsen-
     tiert weiterführende Links rund um die deutsche Sprache.
     http://www.goethe.de

Libraries – Bibliotheken

D E Umfangreiche Auflistung von Links zu Bibliotheken in Deutschland, Österreich,
     Frankreich, Holland und der Schweiz.
     http://wwwwbs.cs.tu-berlin.de/bibliotheken/

Deutsche Bibliotheken Online

D   Eine Zusammenstellung aller deutschen Bibliotheken, die Dienste im Internet
     anbieten; mit integrierter Suchmaschine.
     http://webwise.de/0871.htm

Die Deutsche Bibliothek

D   Die zentrale Archivbibliothek der Bundesrepublik Deutschland
     http://bermudix.ddb.de

Und sonst

Hier findest du Links auf Sites und Seiten, die sich zwar mit Deutsch befassen, unter den übrigen Rubriken aber nicht korrekt einzuordnen waren. Darunter findet sich auch allerhand Kurioses rund um die deutsche Sprache.

Duden online

Ⓓ Auf der Site der Duden-Redaktion finden sich Informationen zur neuen Rechtschreibung, das amtliche Regelwerk, eine ausführliche Liste der Wörter, deren Schreibweise sich geändert hat, und allerhand Informationen zur Duden-Buchpalette. Was man auf dieser Site leider nicht findet, ist ein Online-Duden. Und wer sich bei der Schreibweise eines Wortes trotz Duden auf dem Schreibtisch noch immer nicht ganz sicher ist, der findet hier statt Online-Hilfe leider nur einen Verweis auf die telefonische Sprachberatung, die werktäglich zwischen 9.00 und 17.00 Uhr erreichbar ist und stolze 1,86 Euro pro Minute kostet. Bei solchen Preisen ist es sicher keine schlechte Idee, sich in der Schule schlau zu machen.
http://www.duden.bifab.de

Anagramm-Generatoren

Ⓓ Ein Anagramm erhältst du, wenn du aus den Buchstaben eines Wortes ein neues (sinnvolles) Wort bildest. So wird zum Beispiel aus dem „Bundestag" eine „Angstbude". Solche Umwandlungen können bei langen Wörtern mühsam sein. Es sei denn, du klinkst dich dazu ins Internet ein und lässt einen Anagramm-Generator für dich arbeiten:
- Anagram-Generator in deutscher Sprache – Die Ausgabe der Ergebnisliste erfolgt am Bildschirm. Außerdem kannst du dir erklären lassen, wie ein Anagramm-Generator funktioniert. Darüber hinaus enthält die Seite eine ganze Reihe von Links zu Sites und Seiten, die sich in irgendeiner Form mit Anagrammen und anderen Wortspielereien befassen:
http://www.sibiller.de/anagramme
- Optisch gelungener, aber ohne zusätzliche Informationen ist der Anagramm-Generator von Dr. Franz-Josef Huecker:
http://www.nlp.de/cgi-bin/anagrams/wordplay.cgi

Poetron4G – Günters Genialer Gedicht Generator

Ⓓ Seit die ersten PCs auf den Markt kamen, wurden immer wieder Kassandrarufe laut: „Computer killen Jobs!" Ganz verstummt sind diese Rufe nie, obwohl eher das Gegenteil der Fall ist. Doch nun könnte es einer Spezies an den Kragen gehen, die bei all den düsteren Prophezeiungen wohl kaum einer im Auge hatte: die Dichter. „Poetron4G - Günters Genialer Gedicht Generator" dichtet auf Knopfdruck, und die Ergebnisse sind den Schöpfungen manch zeitgenössischer Dichterseele gar so unähnlich nicht. Der Generator kreiert seine Werke auf zweierlei Weise: entweder ganz frei oder unter Berücksichtigung vorgegebener Wörter (an die sich Poetron, ganz Freigeist, aber nicht unbedingt hält). Was dabei herauskommt, mutet seltsam und kryptisch an. Doch gilt das nicht oft auch für moderne menschliche Dichtkunst?
http://webwise.de/0872.htm

KURZ & FÜNDIG

Palindrome

Als Palindrom wird eine sinnvolle Buchstaben- oder Wörterfolge bezeichnet, die auch rückwärts gelesen „Sinn" ergibt, z. B.: „Erika feuert nur untreue Fakire". Vier Sammlungen von Palindromen findest du unter:

http://webwise.de/0873.htm

Zungenbrecher

Zungenbrecher eignen sich ideal dazu, die Aussprache zu verbessern. Nicht umsonst sind sie Bestandteil der Ausbildung professioneller Sprecher und Schauspieler(innen). Bevor du dein nächstes Referat hältst, schadet es sicher nicht, dich an einigen Exemplaren aus dieser Sammlung deutschsprachiger Zungenbrecher zu üben:

http://www.uebersetzung.at/ twister/de.htm

Zungenbrecher in anderen Sprachen findest du in der „1st International Collection of Tongue Twisters":

http://www.uebersetzung.at/ twister/

Lexikon der deutschen Krimi-Autoren

Krimi-Autoren von A-Z auf der Website des Krimi-Autoren-Duos Karr und Wehner.

http://webwise.de/0874.htm

zitate.at

Ein treffendes Zitat an der richtigen Stelle würzt ein Referat oder eine Hausarbeit und zeugt von Allgemeinwissen. Dank dieser Zitate-Datenbank, die sich nach Stichwörtern durchsuchen lässt, ist das passende Zitat im Internet-Zeitalter nur einen Mausklick weit entfernt. Selbst wenn's mit dem Allgemeinwissen ansonsten hapern sollte ...

http://www.zitate.at

Leselupe: Geschichtenforum

Hier kann jeder, der gerne schreibt, seine Geschichten online veröffentlichen. Davon wird reichlich Gebrauch gemacht: Über 25.000 Texte warten bereits auf Leser.

http://www.leselupe.de/lw/index.php

Deutsch-Abituraufgaben

Saarländische Abituraufgaben aus den Jahren 1993-1999

http://webwise.de/0875.htm

Cyberito

[E] Cyberito, ein weiterer Cyberspace-Textgenerator, hat sich auf die Pflege zwischenmenschlicher Beziehungen spezialisiert: er schreibt Liebesbriefe. Um einen Cyberito-Brief zu verfassen, brauchst du lediglich einige Angaben zu machen, die der Generator abfragt, bevor er sich ans Schreiben macht. Der fertige Brief kann anschließend mit Grafiken und Sound versehen und schließlich per E-Mail (Benachrichtigung/Abholung) verschickt werden. Voilà!

http://webwise.de/0876.htm

DEUTSCH

Englisch allgemein

Unter dieser Rubrik findest du Links zu Sites, die sich umfassend mit Themen rund um den Englischunterricht und die englische Sprache befassen.

learn:line – Englisch

Ⓓ Materialien und Links zum Englischunterricht auf dem learn:line-Server. Obwohl in erster Linie für Lehrer(innen) bereitgestellt, ist das breit gefächerte Angebot aber auch für Schüler(innen) interessant.
http://webwise.de/0877.htm

Dave's ESL Cafe

Ⓔ Treffpunkt für Englisch Lernende aus aller Welt mit einer Reihe von Diskussionsforen, Datenbanken für Slang und Idioms, einem Help-Center, einem Job-Center, einem Chatraum, einer umfangreichen Linkliste und vielem mehr.
http://www.eslcafe.com

The English Server

Ⓔ „Accessible Writing" – rund 32.000 englische Texte aus den verschiedensten Lebensbereichen, ergänzt durch zahlreiche weiterführende Links. Eine wahre Fundgrube.
http://eserver.org

IQ — INTERNET QUIZ

Wie alt war Mary Shelley, als sie ihren weltberühmten Roman „Frankenstein" schrieb?

Mary Wollstonecraft Shelley schrieb „Frankenstein", ein klassisches Beispiel für einen Roman der romantischen Epoche, im Jahr 1817. 1797 geboren, war sie zu diesem Zeitpunkt gerade 20 Jahre alt. Kurze Biographien der britischen Schriftstellerin findest du unter *http://webwise.de/0878.htm*

ENGLISCH

English as a Second Language

[E] In zwanzig Rubriken listet die Site Hunderte von Links zu Webseiten für alle, die Englisch als Zweitsprache lernen.
http://www.rong-chang.com/

Webwise.de: Englisch

[D] Interaktive Linkliste, die von den Nutzern erweitert wird.
http://webwise.de/0879.htm

Referate und Schülerarbeiten

Es soll Leute geben, die sich von den nachfolgenden Websites Referate und andere Arbeiten herunterladen, um sie eiskalt als eigene Werke auszugeben. Durch die Schulzeit mag man sich mit dieser Tour womöglich durchmogeln können ... Im richtigen Leben auch?

ReferateFundus: Englisch

[D] Weit über 1.100 Referate hat dieser Server zu bieten. Die Texte stehen wahlweise als gezippte RFT-Dateien und als PDF-Dokumente zur Verfügung. Gezielt recherchieren kannst du über eine Maske mit diversen Optionen, die du über den Menüpunkt Erweiterte Suche erreichst. Über diese Maske hast du außerdem Zugriff auf Diplom-, Fachbereichs- und Seminararbeiten.
http://webwise.de/0882.htm

Schuelerweb.de: Englisch

[D] In über zwanzig Rubriken listet die Site Links zu Hunderten von Referaten und Schülerarbeiten sowie zu Materialien, die sich als Grundlage für eigene Arbeiten eignen. Themenschwerpunkte sind: die Amerikanische Geschichte, die US-Regierung, Geographie und bekannte englische und amerikanische Schriftsteller wie Agatha Christie, John Grisham, Aldous Huxley, Edgar Allan Poe, R. R. R Tolkien und William Shakespeare.
http://webwise.de/0880.htm

ReferateHeim.at: Englisch

[D] Über 350 Referate und Schülerarbeiten aus dem Englischunterricht stehen hier alphabetisch sortiert wahlweise im HTML- und im PDF-Format zum Download bereit. Eine Suchmaske zur gezielten Recherche findest du unten am Seitenende.
http://webwise.de/0023.htm

Hausarbeiten.de: Englisch

[D] Nach Themenbereichen sind bei Hausarbeiten.de über 500 Referate archiviert. HTML-Versionen der Arbeiten gibt es gratis, PDF-Versionen gegen Gebühr. Echt nervig: Werbung in Zusatzfenstern, die sich selbständig öffnen.
http://webwise.de/0883.htm

Young.de – Englisch

⊡ Das Young.de-Archiv ist auch für das Fach Englisch gut bestückt. Die angebotenen Texte sind übersichtlich sortiert; eine Sucheinrichtung hilft beim Fündigwerden. Zugriff auf die Texte erhalten allerdings nur angemeldete Mitglieder. Das ist jedoch kein Grund, auf das umfangreiche Angebot zu verzichten, denn die Mitgliedschaft ist gratis. Aufgepasst: „Profi-Materialien" kosten Gebühren.
http://webwise.de/0884.htm

Referate online – Englisch

⊡ Fast 600 Referate hat dieser Server zu bieten. Die Texte liegen in mehreren Formaten vor: im HTML-Format, als gezippte RTF-Dateien, als PDF-Dokumente und in einer speziellen Druckversion. Außerdem kannst du sie dir auf Wunsch per E-Mail in die eigene Mailbox liefern lassen. Eine integrierte Sucheinrichtung gibt es leider nicht, was das Fündigwerden ein bisschen mühsam macht.
http://www.referate.de/p/referate/01/4.htm?uin=1

Referate.cc: Englisch

⊡ Überschaubare Sammlung von Referaten aus dem Englischunterricht. Die Texte liegen als gezippte Word-Dateien vor. Praktisch: die angeschlossene Linksammlung zum Fach
http://webwise.de/0885.htm

Krefelder Referate-Homepage – Englisch

⊡ Überschaubare Sammlung von Referaten im HTML-Format
http://webwise.de/0887.htm

Schlaumeier.cc: Englisch

⊡ Gut 200 Referate und Schülerarbeiten hat der Server mit der originellen Optik im Angebot. Die Texte liegen alphabetisch sortiert im HTML-Format vor. Rasch fündig wirst du über die Suchmaske rechts oben.
http://webwise.de/0888.htm

Referate Commerce – Englisch

⊡ Referate Commerce war der erste Server, der für Geld anbietet, was es auf vielen anderen Hausaufgaben-Websites umsonst gibt: Referate und andere Schülerarbeiten. In der Zwischenzeit hat er diverse Nachfolger gefunden.
Wenn du zu der Ansicht tendierst, was nichts kostet, taugt auch nichts, dann kannst du hier per EC- oder Kreditkarte herausfinden, ob der Umkehrschluss gilt. Arm werden kannst du dabei nicht, denn die Sammlung zum Fach Englisch ist mit derzeit 37 Texten eher bescheiden. Die Preise für die Referate sind das übrigens auch.
http://webwise.de/0889.htm

Schoolunity: Englisch

☐☒☒ Rund 500 Referate und Aufsätze in verschiedenen Formaten stehen im School-
unity-Archiv zum Download bereit. Mit Hilfe einer integrierten Suchmaschine
lässt sich der gesamte Fundus nach Stichwörtern durchsuchen. Praktisch: Am
„Schwarzen Brett" (***http://webwise.de/ 0019.htm***) kannst du andere Besucher
gezielt um Hilfe bitten. Weniger schön: Auch hier kosten viele der angebotenen
Texte Gebühren. Die Bezahlung erfolgt über 0900-Telefonnummern. Naja, ...
http://webwise.de/0024.htm

Weitere Referate Englisch

☐ Weitere Schülerarbeiten, Referate und Aufsätze in verschiedenen Formaten findest du unter folgenden Webadressen:
http://www.borgking.de/homeworks/en.htm
http://webwise.de/0939.htm
http://www.ccc.or.at/schule/schulothek/englisch.html
http://www.gymueb.fn.bw.schule.de/mhamann/englisch.htm

Englisch direkt

Fragen zu Aufgaben und Problemen? Hier findest du per E-Mail kompetente
Ansprechpartner.

Hotbox – Englisch

☐ Du hast Fragen zu Englisch, auf die du keine Antworten findest? Dann kannst du
dich an die Hotbox – Englisch wenden. Hier bekommst du individuelle Hilfe per
E-Mail. Schüler, Studenten und Lehrer, die unentgeltlich Hilfestellung leisten,
machen diesen tollen Service möglich. Eine Garantie auf die gesuchte Antwort
gibt es natürlich nicht.
http://webwise.de/0890.htm

learnetix.de

☐ Die Lern-Community learnetix.de ist ein Service des Cornelsen-Verlag, der bereits
von über 240.000 Schülerinnen und Schülern genutzt wird. Um darauf zugreifen
zu können, musst du dich registrieren lassen. Dann steht dir ein vielfältiges
Angebot nicht nur für Englisch, sondern auch für diverse andere Fächer zur Verfügung. Außerdem kannst du mit anderen Schülern – ganz trendig mit Avataren
– chatten, dir einen persönlichen virtuellen Schreibtisch einrichten und einiges
mehr. Am besten siehst du dich selbst mal gründlich um. Innerhalb der Community ist Engagement gefragt, aber kein Muss. Wenn du einen Job übernimmst,
kannst du Cybertaler einstreichen, für die du dir Privilegien kaufen kannst. Ups,
jetzt hätten wir das Beste fast vergessen: Die Mitgliedschaft bei „learnetix" und
die Nutzung des Angebots sind gratis!
http://www.learnetix.de

Englisch interaktiv

Fragen zu oder Probleme mit Englisch? Unter den folgenden Webadressen kannst du sie mit anderen Schüler(inne)n diskutieren.

TAK – Das Transatlantische Klassenzimmer

☐Ⓔ Wenn du zwischen 13 und 20 Jahre alt bist und gerne auf Englisch oder Deutsch Kontakt zu Teenagern in den USA haben würdest, dann bist du im hier genau richtig. Neben der Möglichkeit zum transatlantischen E-Mail-Austausch, bietet die Site Anregungen zu Klassenprojekten, mehrere Foren und einiges mehr. *http://www.tak.schule.de*

Schüler-Community IG-Englisch

☐Ⓔ Probleme mit Englisch? In dieser Community wirst du per E-Mail oder online deine Fragen los, kannst mit anderen Schüler(inn)en diskutieren und Antworten bekommen. Die Community wurde als Ersatz für ein vordem gut besuchtes Forum bei einem Provider eingerichtet, der leider den Betrieb eingestellt hat. Seit dem Umzug herrscht hier sonderbarerweise Flaute. Wahrscheinlich, weil es noch niemand entdeckt hat. Doch das ändert sich mit dem Erscheinen dieser Ausgabe des *Internet-Guide für Schüler* sicher: *http://webwise.de/0891.htm*

Englisch im Usenet

Auch in einer Reihe von Newsgroups wird rund um die englische Sprache diskutiert:

Ⓔ alt.usage.english: *http://webwise.de/0892.htm*

Ⓔ misc.education.language.english: *http://webwise.de/0893.htm*

Ⓔ alt.english.usage: *http://webwise.de/0894.htm*

Ⓔ can.english: *http://webwise.de/0895.htm*

Ⓓ maus.talk.english: *http://webwise.de/0896.htm*

Ⓓ schule.sprachen: *http://webwise.de/0897.htm*

ⒹⒺ k12.lang.deutsch-eng: *http://webwise.de/0898.htm*

ⒹⒺ school.subjects.languages: *http://webwise.de/0899.htm*

Ⓔ uk.culture.language.english: *http://webwise.de/0900.htm*

Rechtschreibung, Grammatik, Wortschatz

Du möchtest deinen englischen Wortschatz erweitern, deine Grammatikkenntnisse verbessern oder mit der Rechtschreibung ins Reine kommen? Das Web bietet dir dafür eine Vielfalt von Möglichkeiten.

English Grammar Clinic

Ⓔ Probleme mit englischer Grammatik? In diesem stark frequentierten Forum kannst du Fragen stellen und erhältst Antworten von Experten des Lydbury

English Centre (England). Natürlich kannst du auch aus den Fragen anderer und den Antworten darauf lernen. Ein Chatroom ergänzt das hilfreiche Angebot.
http://www.lydbury.co.uk/grammar/index.htm

The Online English Grammar

🇪 Anthony Hughes (*http://webwise.de/0901.htm*), ein erfahrener Lehrer, vermittelt in seinem übersichtlichen Webangebot profundes Grammatikwissen.
http://webwise.de/0902.htm

WritingDEN

🇪 „Improve your English!" ist das Motto dieser Site, die einiges bereitstellt, um dir dabei zu helfen, dieses Ziel zu erreichen.
http://www2.actden.com/writ_den/index.htm

Word of the Day

🇪 Täglich ein neues Wort zu lernen, dürfte nicht schwierig sein – und leicht lässt sich so ein zusätzlicher Wortschatz entwickeln. Unter den beiden nachfolgenden URLs kannst du dich in Maillisten eintragen und bekommst von Stund an täglich ein englisches Wort samt Erklärung in die Mailbox.
http://webwise.de/0903.htm
http://wordsmith.org/awad/

Martins Infopool – Zeiten und If-Sätze

🇩 Eine komprimierte Zusammenfassung der Regeln
http://webwise.de/0904.htm

Verbentrainer

🇩 Auf dieser Seite kannst du online unregelmäßge Verben üben.
http://members.aol.com/wwwschule/VERBEN/VERBEN.HTM

Vocabulary Quizzes

🇪 Wortschatzübungen aus der Reihe „Activities for ESL Students"
http://a4esl.org/q/h/vocabulary.html

Grammar Quizzes

🇪 Grammatikübungen aus der Reihe „Activities for ESL-Students"
http://a4esl.org/q/h/grammar.html

Wörterbücher und Nachschlagewerke

Selbstverständlich hält das Internet auch Lexika, Wörterbücher und Nachschlagewerke bereit. Darunter auch solche, die es in gedruckter Form gar nicht gibt!

Babel Fish

🇪 Falls du je das Kultbuch „Per Anhalter durch die Galaxis" gelesen hast, ist dir der „Babelfisch" vielleicht noch ein Begriff: ein klitzekleiner Fisch, der – dauerhaft ins menschliche Ohr gesteckt – als Simultanübersetzer zwischen allen möglichen Sprachen des Universums fungiert. Ganz so fit und praktisch ist der „Babel Fish" von Alta Vista zwar nicht, aber immerhin. Gib einen englischen Text in das Bildschirmfenster ein und er wird maschinell ins Deutsche oder in eine andere Sprache deiner Wahl übersetzt. Das geht relativ fix und funktioniert auch umgekehrt. Statt eines Textes kannst du aber auch eine URL in das Fenster eintragen. Dann ruft das Programm die entsprechende Seite auf und übersetzt die darauf vorhandenen Textpassagen – sogar unter weit gehender Beibehaltung des Layouts!

Einen kleinen Haken hat die Sache freilich: Computergenerierte Übersetzungen, deren Entwicklung noch immer am Anfang steht, sind meist ziemlich holprig, manchmal schlicht falsch oder sinnentstellend und nicht selten unfreiwillig komisch. Deinem Englischlehrer brauchst du mit einer solchen Übersetzung sicher nicht zu kommen, doch als Hilfsmittel sowie für den persönlichen Bedarf kann die Einrichtung hin und wieder ganz praktisch sein.

http://babelfish.altavista.com/translate.dyn

QuickDic Online

Ⓓ   Hier kannst du dir online Begriffe blitzschnell vom Englischen ins Deutsche und umgekehrt übersetzen lassen.

http://www.quickdic.de

Encarta World English Dictionary

Ⓔ   Ausgezeichnetes Online-Wörterbuch, das nicht nur Worterklärungen, sondern auch Bezüge zu verwandten Begriffen und Anwendungsbeispiele liefert. Besonderer Clou: Du kannst dir (installierte Soundkarte vorausgesetzt) das abgefragte Wort vorlesen lassen!

http://dictionary.msn.com

Merriam Webster – WWWebster Dictionary

Ⓔ   Nur auf den ersten Blick etwas unscheinbar wirkt das Merriam Webster Online Wörterbuch mit angeschlossenem Thesaurus. Dass die Site viel mehr zu bieten hat, zeigt sich rasch, wenn du die Sitemap (*http://www.m-w.com/mw/map. htm*) anklickst. Unter anderem findest du hier: „Word for the Wise" (Online-Version einer beliebten, täglich ausgestrahlten Radiosendung in den USA), „Word of the Day" (Tag für Tag wird ein wenig bekanntes Wort unter die Lupe genommen) und „Word Game of the Day" (täglich wechselnde Wortspielereien mit einem Archiv früherer Aufgaben).

http://www.m-w.com/mw/Dictionary.htm

OneLook Dictionary Search

Ⓔ Meta-Suchmaschine, die in insgesamt über 900 Wörterbüchern und anderen Onli-
ne-Nachschlagewerken gleichzeitig sucht. Unter ***http://webwise.de/0905.htm***
findest du eine Liste aller in die Suche eingeschlossenen Quellen. Wenn du ein
englisches Wort hier nicht findest, hast du dich höchstwahrscheinlich vertippt.
http://www.onelook.com

yourDictionary.com

Ⓔ In den englischsprachigen Ländern werden nebenbei auch ein paar andere Sprachen gesprochen, z. B. Walisisch, Hawaiianisch oder Gälisch. Auf dieser Website
findest du Links zu Wörterbüchern für über 240 Sprachen und zu spezialisierten
englischen Nachschlagewerken.
http://www.yourdictionary.com/

Yucca.de: Online-Übersetzungen

Ⓓ Die Übersetzungsmaschine auf dieser Seite übersetzt einzelne Wörter und Text-
passagen Aber auch ganze Webseiten überträgt sie von einer Sprache in eine
andere. Dazu wird lediglich die Webadresse der betreffenden Seite eingegeben.
Zur Auswahl steht eine ganze Latte von Sprachen: Bulgarisch, Dänisch, Deutsch,
Englisch, Finnisch, Französisch, Griechisch, Holländisch, Isländisch, Italienisch,
Japanisch, Kroatisch, Norwegisch, Polnisch, Portugiesisch, Russisch, Schwedisch,
Serbisch, Slowenisch, Spanisch, Tschechisch, Ungarisch und Walisisch. Übersetzt
wird auch hier von einem Computerprogramm. Sprachliche Meisterleistungen
darfst du also nicht erwarten. Eher das Gegenteil.
http://www.yucca.de/online-uebersetzung

Heisoft Online-Übersetzung

Ⓓ Auch diese Maschine übersetzt Wörter, Textpassagen und komplette Webseiten.
Zur Verfügung stehen die Sprachpaare: Englisch-Deutsch / Deutsch-Englisch,
Französisch-Deutsch / Deutsch-Französisch, Englisch-Französisch / Französisch-
Englisch, Englisch-Italienisch / Italienisch-Englisch, Englisch-Portugiesisch /
Portugiesisch-Englisch, Englisch-Spanisch / Spanisch-Englisch und Englisch-
Schwedisch: ***http://systran.heisoft.de***

LEO English/German Dictionary

Ⓔ Online-Wörterbuch Englisch-Deutsch / Deutsch-Englisch mit mittlerweile über
375.000 Einträgen, die laufend ergänzt werden.
http://dict.leo.org

Deutsch <-> Englisches Wörterbuch

Ⓓ Einfaches, aber funktionelles Online-Wörterbuch, das auf etwa 145.000 Einträgen basiert und in beiden Richtungen übersetzt. Dabei stellt das Programm
selbstständig fest, in welcher der beiden Sprachen es suchen muss.
http://dict.tu-chemnitz.de

Logos

ⒹⒺ Die Datenbank des Logos-Online-Wörterbuches enthält mehr als 7.500.000 Einträge in über 200 Sprachen von Abkhazian bis Zulu, darunter natürlich auch

Deutsch und Englisch. Abgefragt werden kann es in jeder beliebigen Richtung. Über die Menüleiste am linken Bildschirmrand erreichst du übrigens eine Reihe weiterer interessanter Services rund um Sprachen – die meisten auch in Deutsch.
http://webwise.de/0906.htm

Weitere Nachschlagewerke

Eine Vielzahl weiterer Nachschlagewerke wie Enzyklopädien, Wörterbücher, Lexika und Thesauri findest du bei Yahoo unter:

D   *http://de.dir.yahoo.com/Nachschlagen*

E   *http://dir.yahoo.com/Reference/*

Landeskunde

Um einen Einblick in die Länder zu bekommen, in denen Englisch die Amtssprache ist, brauchst du nicht zu verreisen – eine Tour durchs Web tut's auch.

Großbritannien und Irland

The British Monarchy – The Official Website

E   Hier präsentiert sich das britische Königshaus mit offiziellen Verlautbarungen, ebensolchen Fotos und einem geschichtlichen Abriss der Monarchie. Du kannst dich ins königliche Gästebuch eintragen und eine kleine Auswahl von Einträgen lesen, die andere vor dir hinterlassen haben. Eine Linkliste zu weiteren hochoffiziellen Websites rundet das Angebot ab.
http://www.royal.gov.uk

The official Internet website of HRH The Prince of Wales

E   „Volksnäher als das Königshaus gibt sich His Royal Highness, The Prince of Wales, hierzulande besser bekannt als Prince Charles, der auf seiner Website ein Forum hat einrichten lassen, um des Volkes Stimme Gehör zu schenken", stand in den früheren Ausgaben des *Internet-Guide für Schüler*. Das war mal. Die Stimmen der Untertanen wurden zwischenzeitlich entfernt. Dafür kannst du weiterhin einige der Reden Seiner Durchlaucht lesen und einen Blick in seinen Terminkalender werfen.
http://www.princeofwales.gov.uk/

Britische Zeitungen und Magazine online

E   - Über diese Seite versorgt eine Abteilung (BIS) der Britischen Botschaft in den USA die US-Bürger mit Nachrichten aus Großbritannien:
http://www.britainusa.com/Media_Review
- The Mirror: *http://www.mirror.co.uk*
- The Economist: *http://www.economist.com*
- The Telegraph: *http://www.telegraph.co.uk*
- The Guardian: *http://www.guardian.co.uk*
- The Independent: *http://www.independent.co.uk*
- The Irish Times: *http://webwise.de/0907.htm*
- The Sunday Times: *http://webwise.de/0908.htm*
- The Times: *http://www.timesonline.co.uk*

Britische Fernsehsender online

E   - BBC Online: *http://www.bbc.co.uk*
     - Sky Online: *http://www.sky.co.uk*

NewsNow

E   Brandaktuelle Nachrichten – Update erfolgt alle fünf Minuten.
     http://www.newsnow.co.uk

EuroWEB – Online Kiosk

E   Breit gefächertes Nachrichtenangebot mit Links zu zahllosen Magazinen
     http://www.onlinekiosk.com

USA

Welcome to the White House

E   Ein umfangreiches Angebot findest du auf der offiziellen Website der Regierung
     der Vereinigten Staaten von Amerika. Der Präsident und sein Vize werden samt
     Familie vorgestellt. Wenn du willst, kannst du den beiden führenden Köpfen der
     USA eine E-Mail schicken. Auch an die jüngsten Bürger und Besucher wurde ge-
     dacht: Für sie gibt es unter *http://www.whitehouse.gov/kids* den Extra-Bereich
     „White House for Kids".
     http://www.whitehouse.gov

CIA Publications

E   Meist geht die CIA ihrer Tätigkeit im Geheimen nach. Ein Teil der gesammelten
     Informationen wird jedoch veröffentlicht und im Internet präsentiert. Eine inte-
     grierte Suchmaschine hilft beim Finden.
     http://www.odci.gov/cia/publications

Presidents

E   Alle Präsidenten der USA im Überblick
     http://odur.let.rug.nl/~usa/P

Native American Indian Resources

E   Nordamerikanische Indianer im Web – eine umfangreiche Linkliste zu Websites,
     die sich mit den Ureinwohnern befassen.
     http://www.kstrom.net/isk/mainmenu.html

Late Show with David Letterman

E   Keine Frage: David Letterman ist eine Ikone der amerikanischen Gesellschaft und
     seine Late Show liefert einen tiefen Einblick in den „American Way of Life".
     http://www.cbs.com/latenight/lateshow

The Library of Congress

E   Die wahrscheinlich größte Bibliothek der Welt online – a must see!
http://marvel.loc.gov

Amerikanische Zeitungen und Magazine online

E   - The New York Times: *http://www.nytimes.com*
- The Chicago Tribune: *http://www.chicagotribune.com*
- The Boston Globe: *http://www.boston.com/globe*
- Los Angeles Times: *http://www.latimes.com*
- Newsweek: *http://www.newsweek.com*
- Time Magazine: *http://www.time.com*
- USA TODAY: *http://www.usatoday.com*
- The Washington Post: *http://www.washingtonpost.com*
- Yahoo.com: Links zu über 1.200 US-Magazinen
http://webwise.de/0909.htm

Amerikanische Fernsehsender

E   - ABC: *http://www.abc.com*
- CBS: *http://www.cbs.com*
- CNN: *http://www.cnn.com*
- NBC: *http://www.nbc.com*

Excite News

E   News in den Rubriken: Top News – Business News – National News (USA) – Technology News – Entertainment News – Sports News – World News – Strange News
http://news.excite.com

Internetadressen für den Englischunterricht: Geschichte USA

D E   Gut sortierte Linkliste von Kurt Sester
http://webwise.de/0910.htm

Quo Vadis, USA?

D E   Wohin steuern die USA? - Interaktive Linksammlung
http://webwise.de/0915.htm

Kanada

Botschaft von Kanada

D E F   Die kanadische Botschaft in Berlin hält auf ihrer Website eine Vielzahl von Informationen zu Land und Leuten bereit.
http://www.kanada-info.de/main

Government of Canada/Gouvernement du Canada

E F   Eine Unmenge an Zahlen, Fakten und Informationen aus dem flächenmäßig zweitgrößten Land der Erde bietet die Website der kanadischen Regierung.
http://canada.gc.ca/

INTERNET QUIZ

Welches historische Ereignis wird als „Boston Tea Party" bezeichnet?

Empört über die korrupte Teepolitik der englischen Kolonialherren gegenüber den amerikanischen Kolonien, stürmten am Abend des 16. Dezember 1773 drei als Indianer verkleidete Gruppen von jeweils 50 Mann drei im Hafen von Boston vor Anker liegende Schiffe. Diese hatten Tee der East Indian Tea Company an Bord, der in den Amerika verkauft werden sollte. Angeführt von Samuel Adams, überwältigten die aufgebrachten Kolonisten die Schiffsmannschaften und warfen insgesamt 342 Kisten Tee ins Meer. Dieses für die englische Regierung höchst unerfreuliche Ereignis ging als „The Boston Tea Party" in die Geschichte ein und führte letzten Endes zum amerikanischen Unabhängigkeitskrieg. Mehr zu diesem folgenreichen Ereignis in der Geschichte der USA findest du unter: *http://webwise.de/0914.htm*

Travel Canada

Ⓓ Das Kanadische Fremdenverkehrsamt liefert auf seiner Site jede Menge Infos zu Land und Leuten. Sehenswert: die virtuellen Reisen.
http://webwise.de/0940.htm

Canada.com

Ⓔ Das Portal bildet einen hervorragenden Startpunkt für eine Recherche in Sachen Kanada.
http://www.canada.com

Canoe

Ⓔ Kanada- und andere Nachrichten.
http://www.canoe.ca

Englischsprachige kanadische Zeitungen im Web

Ⓔ - The Toronto Star: *http://www.thestar.com*
- The Montreal Gazette: *http://webwise.de/0912.htm*
- The Globe and Mail: *http://www.globeandmail.ca*
- National Post: *http://www.nationalpost.com*
- The Calgary Sun: *http://www.fyicalgary.com/calsun.shtml*
- The Edmonton Sun: *http://www.fyiedmonton.com/htdocs/edmsun.shtml*
- The Winnipeg Free Press: *http://www.winnipegfreepress.com*
- The Vancouver Sun: *http://webwise.de/0913.htm*

Guide to Australia

E   Die Website vermittelt mit umfangreichen Linkssammlungen einen guten Eindruck vom Leben down under. Gelistet sind u. a. Webadressen aus den Bereichen Kultur, Geographie, Wissenschaft, Land und Leute.
http://www.csu.edu.au/australia

Koala Net

E   Eine hervorragende Startadresse für einen virtuellen Ausflug nach Australien.
http://www.koalanet.com

Australien-Info.de

D   Jede Menge Links und vielfältige Informationen zum Kontinent Australien
http://australien-info.de

Englische Literaturgeschichte

Unter den nachfolgenden Webadressen findest du umfangreiche Linklisten zu den einzelnen Epochen und Gebieten, die zu Biographien jeweiliger Autorinnen und Autoren und deren Werken führen und darüber hinaus auf weitere einschlägige Webressourcen verweisen. Hinter jeder einzelnen English-Literature-URL verbirgt sich eine wahre Fundgrube, die den jeweiligen Bereich nahezu erschöpfend abdeckt.

Voice of the Shuttle – English Literature

E   Riesensammlung von Links zu Webseiten mit literarischen Texten und verwandten Themen aus verschiedenen Epochen (vom Mittelalter bis zur Neuzeit) und Regionen.
http://webwise.de/0916.htm

Mitsuharu Matsuoka's Home Page

E   Auch in Japan interessiert man sich für englische Literaturgeschichte. Auf seiner ansprechend gestalteten Homepage bietet Mitsuharu Matsuoka umfangreiche Informationen zu allen Epochen der englischen Literatur. Der Schwerpunkt liegt allerdings auf Autoren und Werken des viktorianischen Zeitalters.
http://www.lang.nagoya-u.ac.jp/~matsuoka/

Electronic Text Center – Collections

E   - The Middle English Collection – Großes Online-Archiv englischer Texte aus dem Mittelalter: *http://etext.lib.virginia.edu/mideng.browse.html*
- The Modern English Collection – Riesiges Online-Archiv mit englischen Texte aus der Zeit nach 1500: *http://webwise.de/0917.htm*
- British Poetry 1780-1910 – Englische Lyrik aus der Zeit von 1780 bis 1910:
http://etext.lib.virginia.edu/britpo.html

Autor(inn)en im Web – Biographien und Werke

Noch vor ein paar Jahren musste man sich zu derlei Recherchen in die nächst gelegene Bibliothek bequemen und in staubigen Folianten blättern. Heute findest du auf der Suche nach Schriftsteller(innen) nicht nur reichlich Informationen, sondern oft sogar deren Werke per Mausklick im Internet.

Jane Austen - Steventon/England (1775-1817)

E - Biographie:
http://search.biography.com/print_record.pl?id=1506
- Ein Fülle von Informationen über Leben und Werk sowie weiterführende Links bietet die „Jane Austen Info Page":
http://www.pemberley.com/janeinfo/janeinfo.html
- Emma:
http://www.bibliomania.com/0/0/6/7/frameset.html
- Pride and Prejudice:
http://www.bibliomania.com/0/0/6/8/frameset.html
- Northanger Abbey:
http://www.bibliomania.com/0/0/6/10/frameset.html
- Persuasion:
http://www.bibliomania.com/0/0/6/11/frameset.html
- Mansfield Park:
http://www.bibliomania.com/0/0/6/9

Lewis Carroll (Charles Dodgson) - Daresbury/Engl. (1832-1898)

E - Lewis Carroll: An Overview. Eine Fülle von Informationen zu Lewis Carroll, seinem Leben, seinem Werk und zum politischen Kontext:
http://webwise.de/0918.htm
- The Complete Stories of Lewis Carroll:
http://www.bibliomania.com/0/0/11/frameset.html

James Fenimore Cooper - Burlington/USA (1789-1851)

E - Biographie:
http://search.biography.com/print_record.pl?id=13818
- The Last of the Mohicans:
http://www.bibliomania.com/0/0/23/50

Daniel Defoe - London/England (1660-1731)

E - Biographie:
http://search.biography.com/print_record.pl?id=2017
- Robinson Crusoe:
http://www.bibliomania.com/0/0/17/31/frameset.html
- Moll Flanders:
http://www.bibliomania.com/0/0/17/30

Charles Dickens - Landport/England (1812-1870)

E   Charles Dickens: An Overview. Eine Fülle von Informationen zu Charles Dickens, seinem Leben, seinem Werk und zum politischen Kontext.
http://webwise.de/0919.htm
- A Christmas Carol:
http://webwise.de/0025.htm
- Ein Weihnachtslied:
http://webwise.de/0920.htm
- Oliver Twist:
http://www.bibliomania.com/0/0/19/46
- David Copperfield:
http://webwise.de/0026.htm

Sir Arthur Conan Doyle - Edinburgh/Schottland (1859-1930)

E   Kurzbiographie, Porträt und Links, Links, Links ...:
http://www.sherlockian.net/acd/index.html
Alle Sherlock Holmes Geschichten im Volltext, 4 Novels und 56 Short Stories:
http://www.citsoft.com/holmes3.html

F(rancis) Scott Fitzgerald - St. Paul/USA (1896-1940)

E   - Für alle, die es genau wissen wollen, liefert die F. Scott Fitzgerald Centenary Homepage eine umfangreiche Biographie, Stories, Essays, Fakten, Memorabilien, eine Bibliografie, Zitate und vieles mehr:
http://www.sc.edu/fitzgerald
- Wer's lieber kurz und bündig mag, ist mit dieser kompakten Biographie gut bedient:
http://search.biography.com/print_record.pl?id=14778
- „This Side of Paradise" im Volltext mit einer Einführung
http://webwise.de/0027.htm

Ernest Hemingway - Oak Park/USA (1899-1961)

E   - Biographie:
http://search.biography.com/print_record.pl?id=15753
- Homepage der „Ernest Hemingway Foundation of Oakpark":
http://www.oprf.com/hemingway/
- Homepage der „Hemingway Society":
http://www.hemingwaysociety.org/
- The Life and Work of Ernest Hemingway in Oak Park. Infos, Fotos, Links:
http://www.ehfop.org/life

James Joyce - Dublin/Irland (1882-1941)

E   - Biographie:
http://search.biography.com/print_record.pl?id=2568
- A website devoted to the writing of James Joyce:
http://www.2street.com/joyce
- Dubliners:
http://www.bibliomania.com/0/0/29/63

- A Portrait of the Artist as a Young Man:
http://www.bibliomania.com/0/0/29/62
- Ulysses:
http://www.bibliomania.com/0/0/29/61

Rudyard Kipling - Bombay/Indien (1865-1936)

Ⓔ - Biographie:
http://search.biography.com/print_record.pl?id=2594
- The Jungle Book:
http://webwise.de/0028.htm
- Kim:
http://www.bibliomania.com/0/0/31/66

D(avid) H(erbert) Lawrence - Eastwood/England (1885-1930)

Ⓔ - A View on D. H. Lawrence:
http://webwise.de/0921.htm
- Lady Chatterley's Lover:
http://www.bibliomania.com/0/0/32/68
- Sons and Lovers:
http://webwise.de/0029.htm
Linksammlung für den Unterricht: Primärtexte, Biographien, Kritiken
http://webwise.de/0922.htm

Herman Melville - New York/USA (1819-1891)

Ⓔ - Biographie:
http://search.biography.com/print_record.pl?id=17583
- Moby Dick:
http://webwise.de/0030.htm

George Orwell (Eric Arthur Blair) - Motihari/Indien (1903-1950)

Ⓔ - Biographie:
http://search.biography.com/print_record.pl?id=3011
- Georg Orwell Homepage:
http://www.k-1.com/Orwell/

Edgar Allan Poe - Boston/USA (1809-1849)

Ⓓ Ⓔ - Biographien: *http://mysterynet.com/poe/*
- Wissenswertes über Leben und Werk
http://www.edgarallanpoe.de
- Qrisse's Edgar Allan Poe Pages:
http://www.poedecoder.com/Qrisse/
- The Fall of the House of Usher:
http://webwise.de/0923.htm
- The Pit and the Pendulum:
http://webwise.de/0924.htm

- The Raven – Originaltext und ergänzende Materialien

http://www.poedecoder.com/essays/raven

- The Tell-Tale Heart:

http://webwise.de/0925.htm

- Tales of Mystery and Imagination

http://www.bibliomania.com/0/0/101/1979

J(erome) D(avid) Salinger - New York/USA (geb. 1919)

E - Biographie:
http://search.biography.com/print_record.pl?id=19150
- Salinger.org bietet mehr Material, als dem schrulligen Autor lieb sein dürfte ...:
http://www.salinger.org/

William Shakespeare - Stratford-upon-Avon/England (1564-1616)

E - Biographie:
http://search.biography.com/print_record.pl?id=3298

E - Shakespeare's Works: Portal mit Links zu Shakespeares Werken im Internet, zu
Zeitdokumenten und –beschreibungen, zu Biographien und zu vielen verwandten
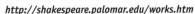
Webressourcen:
http://shakespeare.palomar.edu/works.htm

Mary Wollstonecraft Shelley - London/England (1797-1851)

E - Biographie:

http://search.biography.com/print_record.pl?id=3300

- Frankenstein:

http://webwise.de/0927.htm

John Steinbeck - Salinas/USA (1902-1968)

E - Biographie:
http://search.biography.com/print_record.pl?id=19729
- The John Steinbeck Page:
http://webwise.de/0928.htm

Robert Louis Stevenson - Edinburgh/Schottland (1850-1894)

E - Biographie:
http://search.biography.com/print_record.pl?id=3391
- Dr Jekyll and Mr Hyde:
http://www.bibliomania.com/0/0/46/86/frameset.html
- Treasure Island:
http://www.bibliomania.com/0/0/46/88

Jonathan Swift - Dublin/Irland (1667-1745)

E - Biographie: *http://search.biography.com/print_record.pl?id=3419*

- Gulliver's Travels – Hier findest du nicht nur den kompletten Text, sondern darüber hinaus eine Sammlung von Illustrationen, Zitaten, ein Wörterbuch und Informationen zum zeitgenössischen Leben:

http://www.jaffebros.com/lee/gulliver/index.html

Mark Twain (eig. S. L. Clemens) - Florida (Mo.)/USA (1835-1910)

E - Biographie:
http://search.biography.com/print_record.pl?id=3500
- The Adventures of Huckleberry Finn:
http://webwise.de/0031.htm
- The Adventures of Tom Sawyer:
http://webwise.de/0032.htm
- A Tramp Abroad:
http://www.literatureclassics.com/etexts/731

H(erbert) G(eorge) Wells - Bromley/England (1866-1946)

E - Biographie:
http://search.biography.com/print_record.pl?id=3591
- The Time Machine:
http://webwise.de/0033.htm
- The War of the Worlds:
http://webwise.de/0034.htm

Oscar Wilde - Dublin/Irland (1854-1900)

E - Biographie:
http://search.biography.com/print_record.pl?id=3606
- The Picture of Dorian Gray:
http://www.literatureclassics.com/etexts/82
- The Importance of Being Ernest:
http://webwise.de/1837.htm

Biographien und Autor(inn)en-Infos

E - Über 20.000 Kurzbiographien mehr oder weniger bekannter Persönlichkeiten liegen auf diesem Server zum Abruf bereit, darunter natürlich auch zahlreiche Schriftsteller(innen). Gesucht wird mittels integrierter Suchmaschine.
http://www.biography.com/

E - Mit rund 28.000 Kurzbios wartet das „Biographical Dictionary" auf:
http://www.s9.com/biography

D E - Von Schüler(inne)n verfasste Biographien der verschiedensten Personen und Persönlichkeiten findest du unter:
http://webwise.de/0929.htm

D - - Kurzbiographien von über 400 klassischen Schriftsteller(inne)n stehen beim Projekt Gutenberg bereit
http://www.gutenberg2000.de
Weitere Links zu Biographien:
http://webwise.de/0930.htm

Englischsprachige Literatur online

Riesige Textsammlungen im Web laden zu stundenlangem Stöbern ein. Dabei kannst du nicht selten Texte entdecken, die es gedruckt gar nicht (mehr) gibt.

Electronic Text Center

E   Das "Electronic Text Center" an der University of Virginia verfügt über ein gewaltiges elektronisches Archiv literarischer und anderer Texte aus aller Welt in insgesamt 12 Sprachen, darunter Englisch, Deutsch, Französisch und Latein. Daneben stehen unzählige dazugehörige Bilder zur Verfügung. Unter
http://etext.lib.virginia.edu/english.html kommst du direkt zum Hauptmenü der englischsprachigen Online-Ressourcen. Hier findest du auch Links zu weiteren virtuellen Textarchiven.
http://etext.lib.virginia.edu

Project Gutenberg – Fine Literature Digitally Re-Published

E   Das „Project Gutenberg" wurde bereits im Jahr 1971 gestartet – ein echtes Urviech also im vergleichsweise jungen Internet – und dürfte das Vorbild für das deutsche „Projekt Gutenberg" sein. Es erfüllt eine ähnliche Funktion: Auch hier werden literarische Texte gesammelt, elektronisch archiviert und via Web der Öffentlichkeit zugänglich gemacht – allerdings in englischer Sprache. Auf der Suche nach Klassikern der Weltliteratur hast du gute Chancen, auf der Site des Project Gutenberg fündig zu werden. Der schnellen Zugänglichkeit halber sind die gesammelten Dateien in mehrfacher Ausführung auf mehreren Servern rund um die Welt gelagert. Das Archiv kann alphabetisch nach Titeln oder Autoren geordnet, aber auch nach Stichwörtern via Suchmaschine durchforstet werden.
http://promo.net/pg

The Oxford Text Archive

E   Gegründet 1976, ist das „Oxford Text Archive" eines der ältesten elektronischen Textarchive. Der Bestand umfasst etwa 2500 Texte in über 25 Sprachen mit Schwerpunkt Englisch.
http://ota.ahds.ac.uk/index.html

Athena – The Internet Library

E   Tausende von literarischen Texten – alphabetisch nach Autorennamen geordnet.
http://webwise.de/0931.htm

The Internet Public Library

E   Elektronisches Textarchiv mit einer Fülle von Texten aus den verschiedensten Bereichen, darunter:
- American and Canadian Literature in English:
http://webwise.de/0932.htm
- English and Old English Literatures:
http://webwise.de/0933.htm

American Verse Project

E Elektronische Textsammlung amerikanischer Dichtung vor 1920.
http://www.hti.umich.edu/a/amverse

Public Domain Modern English Collection

E Umfangreiche elektronische Sammlung frei verfügbarer neuerer Texte.
http://www.hti.umich.edu/p/pd-modeng

Victorian Women Writers Project

E Umfangreiche elektronische Sammlung von Texten britischer Autorinnen aus dem 19. Jahrhundert.
http://www.indiana.edu/~letrs/vwwp/

Bibliomania – Free Online Literature

E Über 2.000 Werke von Autoren von A wie „Louisa M. Alcott" bis W wie „P. G. Wodehouse", deren Urheberrechte abgelaufen sind, im Volltext..
http://www.bibliomania.com/0/0

Software

Im Internet steht auch jede Menge Software zur Verfügung, die sich rund um den Englischunterricht einsetzen lässt. Eine kleine Auswahl findest du hier.

Babylon

E „Babylon" macht deinen Computer zum persönlichen Übersetzer. Du klickst mit der rechten Maustaste ein englisches Wort oder auch eine Wortfolge irgendwo auf dem Bildschirm an, und schon übersetzt das Programm es blitzschnell ins Deutsche, auf Wunsch aber auch in verschiedene andere Sprachen. Das funktioniert selbst mit Wörtern in Menüleisten oder ähnlichem. Alternativ kannst du aber auch manuell ein Wort in die Babylon-Maske eingeben. Das Programm gab es lange Zeit gratis. Die aktuelle Version steht leider nur noch in einer Test-Version kostenlos zur Verfügung. Die funktioniert aber lediglich 30 Tage lang. Anschließend werden die Funktionen nach und nach eingeschränkt. Die Vollversion kostet 49,50 Euro. Für Schüler, Schulen, Lehrer und Studenten gibt es allerdings Sonderkonditionen, die sich per E-Mail abrufen lassen.
http://www.babylon.com

GAP

D Grammatikprogramm mit über 100 Lückentextübungen unterschiedlicher Schwierigkeitsstufen und einem integrierten Texteditor zum Verfassen neuer Übungen. Grammatische Hilfestellung kann eingeblendet werden. Nach dem Ausfüllen der Lückentexte werden diese auf Tippfehler und Richtigkeit überprüft und ausgewertet. Technisch ist das Programm nicht auf dem neuesten Stand – das muss es aber auch gar nicht. Im Gegenteil: Als simples DOS-Programm braucht es wenig Platz und läuft selbst auf Uralt-PCs ohne Probleme. Außerdem geht das Herunterladen blitzschnell, denn die ZIP-Datei ist gerade mal 96 KB „groß". Und dafür leistet es eine Menge.
http://webwise.de/0934.htm

The Linguistic Funland

Das Motto der Site: „Language is chaos! Language is fun! Language is way cool!"
http://www.linguistic-funland.com

Commonly-Used American Slang

Awesome!
http://www.aitech.ac.jp/~itesls/slang

Dilbert Zone

Jede Menge Spaß mit Dilbert.
http://www.unitedmedia.com/comics/dilbert

MysteryNet.com

Hier gibt es in regelmäßigen Abständen wechselnde knifflige Kriminalfälle in Form von Miniromanen zu lösen. Mitraten macht Spaß – und ganz nebenbei trainierst du dein Sprachverständnis. Ergänzt wird das Angebot durch Diskussionsforen, News aus der TV- und Film-Welt sowie Infos und Links zu berühmten Kriminal-, Thriller- und Horror-Autoren.
http://www.mysterynet.com

QuickDic für Windows

Das elektronische Wörterbuch, das unter derselben Adresse online im Web zu Verfügung steht, gibt es auch als Offline-Version, die du dir herunterladen und zu Hause auf dem eigenen Computer einsetzen kannst. So sparst du Online-Gebühren. Die Software läuft unter Windows 95/98/NT und ist Freeware, also kostenlos und frei kopierbar. Zur Downloadseite kommst du, wenn du in der Menüleiste links unter Download auf Windows-Version klickst. Die gezippte Datei enthält das Programm und das Wörterbuch und ist etwa 2,3 MB groß. Eine ausführliche Anleitung erklärt, wie das Programm installiert und benutzt wird.
http://quickdic.org/index_d.html

Vokabeltrainer Belearn

Der Vokabeltrainer Belearn basiert auf dem bewährten alten Zettelkasten-Prinzip oder, wie der Hersteller das formuliert, „auf neuesten Erkenntnissen der Sprachforschung".

Sei es, wie es will, das Programm dient jedenfalls dazu, am Computer Vokabeln zu lernen, die man vorher eingegeben hat. Das funktioniert nicht nur für Englisch, sondern auch für andere Sprachen wie Französisch und sogar Chinesisch. Die Software wird als Shareware vertrieben. Du kannst dir das Programm also kostenlos herunterladen, auf Herz und Nieren prüfen und dich anschließend gegen eine Gebühr (ab 15 Euro) als Nutzer registrieren lassen, falls du es auf Dauer nutzen möchtest. Die Testversion kann sich übrigens nur 80 Vokabeln merken, die Vollversion beliebig viele. Die Software läuft unter Windows 95/98/NT/ME/2000/XP.
http://www.bpst.de/vokabeltrainer

Und sonst

Hier findest du Links auf Sites und Seiten, die sich zwar mit Englisch befassen, unter den übrigen Rubriken aber nicht korrekt einzuordnen waren.

10 Things I Used to Hate About English

Ⓔ Genervt und gestresst wegen einer bevorstehenden Englischarbeit? Hier findest du Tipps, Anregungen und Hilfen.
http://webwise.de/1838.htm

Englisch zum Hören

ⒹⒺ Fällt es dir schwer, gesprochenes Englisch zu verstehen? Dann hilft nur eines: Hör dir möglichst oft gesprochene englische Texte an. Das muss nicht langweilig sein und kann sogar Spaß machen. Im Internet gibt es massenweise geeignetes Übungsmaterial. Bei MP3.com findest du beispielsweise Nachrichten, Stories, Gedichte, Interviews, Witze und sogar komplette Romane im MP3-Format. Um den kostenlosen Service nutzen zu können, brauchst du lediglich einen x-beliebigen MP3-Player. Aber den hast du sicher schon längst installiert.
http://webwise.de/0938.htm

Internetadressen für den Englischunterricht

Ⓓ Links zur Landeskunde Großbritannien, Irland, USA und Australien und zu englischer Literatur, übersichtlich und nach Jahrgangsstufen zusammengestellt von Kurt Sester.
http://webwise.de/0935.htm

Landeskunde Englisch & Tourismus

Ⓓ Links zu interessanten Informationen über englischsprachige Länder und ihre Bewohner.
http://webwise.de/0936.htm

WWW-Addresses für EFL Teachers

Ⓔ Online-Adressen für Englischlehrer - Diese lange Liste mit Links zu vielen Aspekten des Englischunterrichts beinhaltet auch für Schüler zahlreiche interessante Webadressen, vor allem in den Bereichen „Medien" und „Landeskunde".
http://webwise.de/0937.htm

Erdkunde allgemein

Unter dieser Rubrik findest du Links zu Sites, die sich umfassend mit Themen rund um Geographie und den Erdkundeunterricht befassen.

E@rthView®: The World in Motion

[D] Hier wird nicht die Erde mit all ihren Facetten und Details, sondern auch das Sonnensystem präsentiert. Das hervorragend gestaltete, breit gefächerte Angebot ist übersichtlich in folgende Themenbereiche gegliedert: Atmosphäre, Tag und Nacht, Wasserwelt, Sonnensystem, Ansichten der Erde, Blick auf den Mond, Erdbeben, Schneewelt
http://www.g-o.de/index08.htm

wissen.de: Erdkunde/Geographie

[D] Bei wissen.de stehen im Bereich Schulwissen A-Z – Erdkunde/Geographie unter den Rubriken: Physische Geographie der Erde, Klima/Meteorologie, Kulturgeographie, Ökologie, Angewandte Geographie, Länder und Regionen sowie Bundesländer und Städte zahlreiche fundierte, teilweise multimedial aufbereitete Artikel zur Verfügung. Handverlesene Links verweisen auf weiterführende externe Angebote im Web.
http://webwise.de/0036.htm

learn:line: Erdkunde

[D] Materialien und Links zum Erdkundeunterricht auf dem learn:line-Server. Obwohl in erster Linie für Lehrer(innen) bereitgestellt, ist das breit gefächerte Angebot aber auch für Schüler(innen) interessant.
http://webwise.de/0944.htm

Webwise.de: Erdkunde

[D] Interaktive Liste mit über 250 Links, die von den Nutzern erweitert wird.
http://webwise.de/0943.htm

Forum Erdkunde

[D] Rundes Angebot zum Fach Erdkunde. Das Angebot wird leider nicht mehr gepflegt, die langlebigen Links sind aber zum großen Teil noch aktuell.
http://webwise.de/0941.htm

Referate und Schülerarbeiten

Bevor du dich daran machst, ein Erdkundereferat zu verfassen, bist du sicher gut beraten, erst einmal nachzusehen, was sich andere zum selben Thema bereits haben einfallen lassen. Wozu das Rad jedes Mal neu erfinden?

ReferateFundus: Geographie

[D] Mehr als 1.200 Texte aus dem Erdkundeunterricht stehen hier wahlweise im PDF-Format und als gezippte RTF-Dokumente zur Verfügung stehen. Dass es keine

Unterkategorien gibt, macht die Suche nach einem bestimmten Thema ein bisschen mühsam. Alternativ kann über die Suchmaschine auf der Eingangsseite zum Archiv *(http://www.fundus.org)* recherchiert werden.
http://www.fundus.org/menu.asp?CatID=8

ReferateHeim.at: Geographie

Ⓓ Ⓔ Alphabetisch nach dem Titel sortiert stehen hier rund 650 Referate und Schülerarbeiten aus dem Erdkunterricht wahlweise im HTML- oder im PDF-Format zum Download bereit.
http://webwise.de/0037.htm

Schuelerweb.de: Erdkunde

Ⓓ

In über vierzig Rubriken listet die Site mehr als 1.200 Links zu Referaten und Schülerarbeiten, sowie zu Materialien, die sich als Grundlage für eigene Arbeiten eignen. Das Format, in dem die Arbeiten vorliegen, hängt von der jeweiligen Quelle ab.
http://webwise.de/0945.htm

Young.de: Erdkunde

Ⓓ Umfangreiche, thematisch in zwei Ebenen geordnete Sammlung von Schülerarbeiten für das Fach Erdkunde. Zugriff darauf erhalten allerdings nur Mitglieder. Die Anmeldung als Mitglied ist kostenlos. Achtung: Nicht alle Texte sind gratis! Da macht es Sinn, du siehst dich erst einmal anderweitig um, bevor du hier Gebühren zahlst.
http://webwise.de/0946.htm

People.de: Erdkunde

Ⓓ Fast 800 Referate hat dieser Server zu bieten. Die Texte liegen in mehreren Formaten vor: im HTML-Format, als gezippte RTF-Dateien, als PDF-Dokumente und in einer speziellen Druckversion. Außerdem kannst du sie dir auf Wunsch per E-Mail in die eigene Mailbox liefern lassen. Eine integrierte Sucheinrichtung gibt es leider nicht, was das Fündigwerden etwas mühsam macht. Außerdem nerven hier reichlich Pop-up-Werbefenster.
http://webwise.de/0947.htm

Referate.cc: Geographie

Ⓓ Lediglich eine kleine Sammlung von Referaten aus dem Erdkundeunterricht hat dieser österreichische Server zu bieten. Die Texte liegen als gezippte Word-Dateien vor. Links zum Fach ergänzen das übersichtliche Angebot.
http://webwise.de/0948.htm

Hausarbeiten.de: Geowissenschaften/Geographie

Ⓓ In Rubriken sortiert sind bei Hausarbeiten.de über 800 Referate zum Themenbereich Geowissenschaften/Geographie archiviert. HTML-Versionen kürzerer Text gibt es gratis, PDF-Versionen gegen Gebühr. Umfangreichere Arbeiten kosten auf jeden Fall und nicht zu knapp. Echt nervig: Werbung in Zusatzfenstern, die sich selbständig öffnen.
http://www.hausarbeiten.de/rd/faecher/geo_0.html

ERDKUNDE

Krefelder Referate-Homepage: Erdkunde

Ⓓ Überschaubare Sammlung von Schülerarbeiten zum und aus dem Erdkundeunterricht. Die Texte liegen als HTML-Dateien vor, können also auch online eingesehen werden.

http://webwise.de/0949.htm

Referate Commerce: Erdkunde

Ⓓ Kleine Sammlung von Schülerarbeiten zum Erdkundeunterricht. Achtung: Hier kostet jedes Referat Geld.

http://webwise.de/0964.htm

Weitere Referate Erdkunde

Ⓓ Links zu weiteren Schülerarbeiten, Referaten und Aufsätzen in verschiedenen Formaten:

http://webwise.de/0965.htm

Erdkunde direkt

Fragen zu Aufgaben und Problemen? Hier findest du per E-Mail kompetente Ansprechpartner.

Schüler fragen Mineralogen!

Ⓓ Wolltest du immer mal schon wissen, warum das Meerwasser salzig ist? Oder wieso es auf der Erde so viel Eisen, aber nur so wenig Gold gibt? Dann kannst du dich per E-Mail (*erde@mineral.ba-freiberg.de*) schlau machen. Am Institut für Mineralogie an der TU Bergakademie Freiberg stehen Wissenschaftler bereit, Fragen aus den Bereichen Mineralogie, Geochemie, Gesteinslehre, Lagerstättenkunde und Technische Mineralogie zu beantworten. Bleibt zu wünschen, dass bald auch andere universitäre Fachbereiche so einen tollen Service einrichten.

http://www.tu-chemnitz.de/ods/freiberg.html

Hotbox – Erdkunde

Ⓓ Hier kannst du dir knifflige Fragen von freiwilligen Helfern – Schüler, Studenten und Lehrer – per E-Mail beantworten lassen.

http://webwise.de/0966.htm

Forum Erdkunde: Fragen

Ⓓ Studierende und Dozent(inn)en der Abteilung Geographie in der Erziehungswissenschaftlichen Fakultät der Uni Kiel bemühen sich, deine Fragen schnell und erschöpfend zu beantworten.

http://webwise.de/0967.htm

ERDKUNDE

Erdkunde interaktiv

Unter den folgenden Adressen kannst du mit anderen Schülern und Schülerinnen Fragen zu und Probleme mit Erdkunde diskutieren.

Schüler-Community IG-Erdkunde

[D][E]   Auch für das Fach Erdkunde haben wir eine Yahoo!-Group eingerichtet, in der du
online oder per E-Mail deine Fragen los wirst, Antworten bekommen und mit
anderen Schüler(inn)en diskutieren kannst. Das funktioniert natürlich nur, wenn
dieses Forum auch genutzt wird.
http://webwise.de/0968.htm

Erdkunde im Usenet

Auch im Usenet werden geographische, geologische und verwandte Themen in
diversen Newsgroups diskutiert.

[D]   – Geowissenschaften (einschl. Geographie): de.sci.geo –
http://webwise.de/0960.htm

[D]   – Geographie im Maus-Netz: maus.wissenschaft.geographie –
http://webwise.de/0961.htm

[D]   – Geowissenschaften im Z-Netz: z-netz.wissenschaft.geo –
http://webwise.de/0962.htm

[D]   – Meteorologie: de.sci.meteorologie – *http://webwise.de/0963.htm*

IQ – INTERNET QUIZ

Wo befindet sich die tiefste Höhle der Erde?

An dieser Stelle haben wir in früheren Ausgaben des *Internet-Guide für Schüler* unverfroren behauptet, die Lechuguilla Cave in der Nähe von Carlsbad, New Mexico (USA), wäre die tiefste bisher bekannte Höhle der Erde. Damit
lagen wir kilometerweit daneben. Zum Glück hat uns ein aufmerksamer Leser zwischenzeitlich auf unseren Irrtum
und auf den Lamprechtsofen im österreichischen Bundesland Salzburg hingewiesen, der – mit 1632 Meter mehr
als dreimal so tief wie das Höhlensystem in New Mexico – seit August 1998 als tiefste Höhle der Welt galt. Die
Lechuguilla Cave ist lediglich die tiefste Höhle der USA. Mittlerweile gibt es allerdings eine neue Meldung, die
den Lamprechtsofen auf Platz 2 verweist: Am 16. Januar 2001 gelang es einem Expeditionsteam, in der Voronya-
Höhle im Westkaukasus bis in eine Tiefe von 1680 Meter vorzudringen – und hat dabei die tiefste Stelle noch gar
nicht erreicht! Infos über den Lamprechtsofen und die Voronya-Höhle findest du unter
http://www.lochstein.de/lampo.htm und *http://www.hoefo.de/lampo/lampo.htm*. Der Lechuguilla Cave kannst
du unter *http://webwise.de/0969.htm* einen virtuellen Besuch abstatten.

- Erdbeben: sci.geo.earthquakes – *http://webwise.de/0951.htm*
- Geologie: sci.geo.geology – *http://webwise.de/0952.htm*
- Hydrologie: sci.geo.hydrology – *http://webwise.de/0953.htm*
- Mineralogie: sci.geo.mineralogy – *http://webwise.de/0954.htm*
- Meteorologie: sci.geo.meteorology – *http://webwise.de/0955.htm*
- Ozeanographie: sci.geo.oceanography – *http://webwise.de/0956.htm*
- Petroleum: ci.geo.petroleum – *http://webwise.de/0957.htm*
- Flüsse und Seen: sci.geo.rivers+lakes - *http://webwise.de/0035.htm*
- Planetenkunde: alt.sci.planetary – *http://webwise.de/0958.htm*
- Satellitennavigation: sci.geo.satellite-nav – *http://webwise.de/0959.htm*

Topographie

Unseren Planeten Erde in all seinen Facetten kennen zu lernen, dabei hilft das Web mit unzähligen Sites und Seiten besser als jede andere Informationsquelle.

Stromboli online – Vulkane der Welt

Umfangreiche Informationen über den Stromboli und viele andere Vulkane. Dazu gibt es Karten, Diagramme, Hintergrundinformationen, Fotos, Video-Clips, Unterrichtsmaterialien, Links und vieles mehr.

http://webwise.de/0970.htm

Volcano World – The Web's Premier Source of Volcano Info

Neben Infos über Vulkane in aller Welt, findest du hier reichlich Links zu Vulkanseiten im Web. Leider wird die Seite offensichtlich nicht mehr aktualisiert, so dass nicht mehr alles funktioniert. Schade! Einen Besuch ist sie trotzdem noch immer wert.

http://volcano.und.nodak.edu

Volcano Watch

ist ein wöchentlicher Newsletter von Wissenschaftlern am US Geological Survey's Hawaiian Volcano Observatory. Neben der aktuellen Ausgabe steht auf dieser Site ein Archiv früherer Ausgaben, Infos zu Vulkanen und Erdbeben, sowie eine Fotogalerie zur Verfügung.

http://hvo.wr.usgs.gov/volcanowatch

Vulkane live – Webcams

- Santorini (Griechenland): *http://www.santorini.net/volcano.html*
- Mount Pelee (Martinique): *http://webwise.de/0971.htm*
- Laufend aktualisierte Bilder von 5 Vulkanen in Neuseeland, dazu ein Archiv mit älteren Aufnahmen: *http://www.geonet.org.nz/volcanocam.htm*
- Haleakala (Hawaii): *http://banana.ifa.hawaii.edu/crater/*
- Mt. Erebus (Antarktis) – Wegen der extremen Kälte und der oft widrigen Witterung ist die Webcam nicht immer in Betrieb: *http://webwise.de/0038.htm*

g-o.de: Die vereinigten Platten von Europa

🔲 Der Tektonik unseres Kontinents auf der Spur – Die Deutsche Forschungsgemein-
schaft (DFG) informiert über den aktuellen Stand der Forschung.
http://webwise.de/0972.htm

g-o.de: Sonderfall Erde

🔲 Warum nur unser Planet so ist, wie er ist.
http://webwise.de/0973.htm

Rock Hounds

🔲 Rocky, der Rock Hound, begleitet dich auf einer geologischen Exkursion. Dabei
erfährst du anhand von Animationen, wie bestimmte Gesteinsformationen entstehen, lernst verschiedene Gesteinsarten kennen und kannst dich darüber informieren, worauf du achten solltest, falls du dich selbst ans Graben machen möchtest.
http://webwise.de/0974.htm

g-o.de: Die Erde in 3-D

🔲 Bilder von den Höhen und Tiefen der Welt – Aufnahmen, die vom Spaceshuttle
Endeavor von der Erde gemacht wurden, geben neue Einblicke.
http://webwise.de/0975.htm

g-o.de: Tsunami – Das Geheimnis der Riesenwellen

🔲 Erdbeben am Meeresboden verursachen gewaltige Flutwellen, die selbst noch
tausende Kilometer entfernt mit verheerender Wirkung zuschlagen. Der
Schrecken aus der Tiefe des Ozeans hat einen Namen: Tsunami. Auf dieser Seite
findest du eine beeindruckende Fotoreportage, Computersimulationen sowie
Links zu verwandten Webressourcen.
http://webwise.de/0976.htm

Driest Place

🔲 Die Atacama-Wüste in Chile, die zwischen dem Pazifischen Ozean und den Anden
liegt, gilt als die trockenste Gegend der Welt. An manchen Stellen hat es dort
seit über 400 Jahren nicht mehr geregnet. Einige der ältesten Mumien der Welt
wurden hier gefunden – sie sind bis zu 20.000 Jahre alt!
http://www.extremescience.com/DriestPlace.htm

Wetter und Klima

Das Web verrät dir nicht nur, wie das Wetter morgen wird. Du erfährst auch,
wodurch Wetter und Klima beeinflusst werden. Und nicht zuletzt kannst du
jederzeit herausfinden, was du im Moment für Wetter hättest, wenn du gerade
auf Hawaii wärst – oder in Kualalumpur, oder wo auch immer.

Wetter.de

🔲 Aktuelle Wetterberichte und Vorhersagen aus Deutschland, Europa und aller Welt
 präsentiert diese Site, die Daten aus über 4.000 Stationen rings um den Globus

sammelt und bündelt. Außerdem erwarten dich hier Klimainformationen, Satellitenfilme, Links zu Webcams in aller Welt, Wetterspiele und einiges mehr.
http://wetter.de

Das Klimasystem

D   Anschaulich erklärt: Troposphäre, Atmosphäre, Aerosole, die Ozeane im KLimasystem, Klima und Landwirtschaft
http://webwise.de/0039.htm

Deutsches Klimarechenzentrum

D   Informationen über die Projekte des Instituts. Dazu zahlreiche Links zu Satellitenbildern und Wettersite.
http://www.dkrz.de

Greenpe@ce – Fakten zum Klimawandel

D   „Die Menschheit verheizt ihre Zukunft", behauptet Greenpeace. Weltweite Signale deuten darauf hin: Unser Klima wandelt sich. Die Umweltorganisation informiert über Ursachen und Folgen.
http://webwise.de/0977.htm

Aspekte zur Klimakatastrophe

D   Von Wolkenschichten, Wärmespeichern und Vulkanen – eine gut gemachte illustrierte Zusammenfassung von Dr. Alfons Baier (Assistent am Lehrstuhl für Angewandte Geologie der Uni Erlangen), ergänzt durch ein umfangreiches Literaturverzeichnis und weiterführende Links.
http://webwise.de/0978.htm

Physik der Atmosphäre

D   Auf seiner Site präsentiert Micha Gryschka (Meteorologie-Student in Hannover) eine Einführung in die Meteorologie, Publikationen zur Wetterkunde, eine Wolken-Galerie mit Fotos sowie Links zu Wetterkarten, Satellitenbildern für Europa und diversen allgemeinen Wetter-Websites.
http://www.physik-der-atmosphaere.de

Klimaerwärmung – ja oder nein?

D   Statements und eine umfangreiche Liste von Links zu Sites, die verschiedene – auch kontroverse – Standpunkte präsentieren.
http://webwise.de/0979.htm

Twister: The Tornado Story

E   Was sind Tornados? Woher nehmen sie ihre gewaltige Energie? Welchen Einfluss haben sie auf Landschaften? Auf diesen interessant gemachten Seiten findest du Antworten auf diese und weitere Fragen zu den verheerenden amerikanischen Wirbelstürmen.
http://whyfiles.org/013tornado

Storm Track

[E]   Die meisten Menschen fürchten sie, einige Wagemutige sind, ungeachtet der damit verbundenen Gefahren, ständig auf der Jagd nach ihnen. Die Rede ist von Tornados, die in den USA Jahr für Jahr verheerende Schäden anrichten. Auf der Storm-Track-Homepage erfährst du alles, was du schon immer über Tornados wissen wolltest – und noch einiges mehr!
http://www.stormtrack.org

Länderkunde

„So klein ist die Welt", sagt man höchst verwundert, wenn man zufällig einen Bekannten an einem Ort trifft, an dem man ihn ganz und gar nicht erwartet hat. Dabei weiß doch jeder Websurfer längst: Die Welt ist so klein, dass sie bequem auf jeden Computerbildschirm passt.

Deutschland

Meine Stadt

[D]   Die Startseite wirkt eher unscheinbar - doch dieses Webangebot ist ein echter Hammer! Für jede einzelne der rund 13.500 deutschen Städte und Gemeinden sind hier nützliche Informationen und Links zusammengestellt, darunter Branchenverzeichnisse, Verkehrsinformationen, Stadtpläne und vieles mehr. Gesucht werden kann über eine anklickbare Deutschlandkarte, durch Anklicken des betreffenden Bundeslandes oder über ein Suchfeld. Dabei kannst du wahlweise den gesuchten Ortsnamen oder das betreffende KFZ-Kennzeichen eingeben.
http://meinestadt.de

Statistisches Bundesamt Deutschland

[D]   Fakten und Zahlen zur Bundesrepublik
http://www.destatis.de

GEO.de: Deutschland

[D]   Die GEO-Redaktion präsentiert wechselnde Reportagen aus Deutschland.
http://webwise.de/0983.htm

Datenbank der Kulturgüter in der Region Trier

[D]   Trier ist die älteste Stadt Deutschlands. Kein Wunder, dass es in und um die Stadt herum zahlreiche Kulturgüter gibt. Die Datenbank, die 1998 eingerichtet wurde enthält mittlerweile fast 6.000 Einträge und knapp 5.000 Bilder.
http://www.roscheiderhof.de/kulturdb

Datenbank Europa: Deutschland im Überblick

[D]   Die „Datenbank Europa" (näheres dazu siehe nächsten Eintrag) hält auch eine Fülle von Informationen, Zahlen, Fakten und Links zur Politik, Geschichte, Wirtschaft und Geographie Deutschlands bereit.
http://webwise.de/0980.htm

Datenbank Europa

 Ein toller Service, der von Schülern und Lehrern des Albert-Schweitzer-Gymnasiums in Erlangen gepflegt wird: Aktuelles zu Geographie, Wirtschaft, Politik und Bevölkerung der Länder Europas. Neben einigem Zahlenmaterial findest du hier Informationen zu Politik und Geschichte, zu Städten und Regionen und zur Kultur der einzelnen Länder. Nicht nur alle europäischen Flaggen werden präsentiert, sondern du kannst dir per Mausklick sogar die jeweilige Hymne vorspielen lassen. Abgerundet wird das vorbildliche Angebot durch zahlreiche weiterführende Links.

http://www.datenbank-europa.de/index.htm

Die Bundesregierung: Europäische Union

Die Bundesregierung informiert über die EU. Themen sind unter anderem: Organe und Institutionen, EU-Recht, Grundzüge der Europa-Politik, Euro, Europa-Lexikon, Erweiterung der EU, EU-Präsidentschaft, Leben und Arbeiten in Europa, etc.

http://webwise.de/0981.htm

GEO.de: Europa

Die GEO-Redaktion präsentiert wechselnde Reportagen aus Europa, die sich nicht zuletzt durch hervorragendes Bildmaterial auszeichnen.

http://webwise.de/0982.htm

Europa im Überblick

Rubrizierte Linksammlung des Albert-Schweitzer-Gymnasiums in Erlangen

http://www.datenbank-europa.de/eu/index.html

Die Mitgliedsstaaten der Europäischen Gemeinschaft

Einfache Landkarten mit mehrsprachiger Beschriftung

http://webwise.de/0984.htm

Norwegen als Land

Infos und Fakten über das Land der Fjorde.

http://webwise.de/0985.html

Nordamerika

Datenbank Amerika: Nordamerika

Daten, Fakten, Infos und Links

http://webwise.de/0986.htm

Yahoo.de: USA

Der Webkatalog deckt mit ausgewählten Links die wichtigsten Themenfelder ab, und eignet sich als Startpunkt für die eigene Recherche.

http://webwise.de/0987.htm

Indianer

Ⓓ Die Schüler einer 8. Klasse in Troisdorf haben sich eingehend mit den Indianern Nordamerikas beschäftigt und die Resultate ihrer Arbeit auf dieser Site veröffentlicht: *http://webwise.de/0988.htm*

CanadaOnline.de

Ⓓ Der Internet-Reiseführer liefert Informationen zu Geschichte, Geographie und Lebensstil, sowie Reiseberichte, Fotos und Links. Falls du eine Reise nach Kanada planst, findest du außerdem ein Unterkunftsverzeichnis und Reisetipps. *http://www.canadaonline.de*

Die Welt

Auswärtiges Amt

Ⓓ Das Auswärtige Amt präsentiert auf seiner Website reichlich offizielle Informationen zur Außenpolitik. Dazu gehören auch ein Archiv und eine integrierte Suchmaschine. Daneben findest du Länder- und Reiseinfos. Hier erfährst du zum Beispiel, in welche Länder Reisen aktuell als risikobehaftet eingeschätzt werden. *http://www.auswaertiges-amt.de*

Expedia.de: Karten & Ziele

Ⓓ Du suchst einen Ort irgendwo auf der Welt? Hier findest du ihn auf einer Karte angezeigt, die sich zoomen lässt! Doch damit nicht genug: Du kannst sogar nach bekannten Sehenswürdigkeiten suchen und bekommst auf Mausklick einen detaillierten Lageplan auf den Bildschirm. *http://webwise.de/0989.htm*

CIA – The World Factbook

Ⓔ Kaum zu glauben – aber hier verraten tatsächlich Agenten des US-amerikanischen Geheimdienstes CIA Details über jedes Fleckchen unserer Erde. Die umfangreiche Faktensammlung ist ganz und gar nicht geheim, sondern jedermann zugänglich. Die Informationen sind übersichtlich aufbereitet, die Länder alphabetisch geordnet. Dadurch ist die gesuchte Information immer nur ein paar Mausklicks entfernt. *http://www.odci.gov/cia/publications/factbook*

About: World Atlas

Ⓔ Zahlreiche Karten und eine Fülle von geographischen Infos aus aller Welt. *http://webwise.de/0990.htm*

GUS-Links

Ⓓ Umfangreiche Sammlung von Links zur Gemeinschaft Unabhängiger Staaten. *http://webwise.de/0991.htm*

Africa Homepage

Ⓔ Portalsite zum Schwarzen Kontinent mit News, Fakten, Infos und Links. *http://www.africahomepage.org*

ERDKUNDE

Earth Trends

E   Die Online-Datenbank liefert Daten und Fakten zu ökologischen, sozialen und ökonomischen Trends, die die Entwicklung unseres Planeten beeinflussen. Eine rubrizierte Linksammlung ergänzt das umfassende Angebot.
http://earthtrends.wri.org

Indien

D   Infos und Links zu Kunst und Kultur, Religionen, Landeskunde, Fauna und Flora sowie zur Geschichte.
http://www.destination-asien.de/indien

Sozialgeographie

Seit es Menschen gibt, leben sie in Wechselwirkung mit dem Planeten. Anfangs musste der Mensch sich voll und ganz den Umweltbedingungen anpassen, doch mit der Zeit hat er gelernt, sie zunehmend nach seinen Wünschen und Bedürfnissen zu beeinflussen. Wie sich Menschen rings um die Erde mit den natürlichen Gegebenheiten arrangieren, lässt sich in vielen Fällen übers Web recherchieren. Das und wie Menschen miteinander zurechtkommen – oder auch nicht.

World POPClock Projection

E   Es liegt in der Natur der Sache, dass niemand genau weiß, wie viele Menschen auf unserem Planeten leben. Sie alle zu zählen, ist technisch (noch) unmöglich. Deshalb sind wir bei der Bestimmung der tatsächlichen Anzahl auf Schätzungen angewiesen. Der hochgerechnete Stand der Weltbevölkerung wird auf dieser Webseite des U.S. Census Bureaus präsentiert.
http://www.census.gov/cgi-bin/ipc/popclockw

World Population

E   Dynamische Weltbevölkerungs-„Uhr". Die angezeigte Zahl kann von der offiziellen Hochrechnung des U. S. Census Bureaus zwar etwas abweichen, dafür zählt das Java-Applet kontinuierlich weiter. Gleichzeitig kann ihr die hochgerechnete Bevölkerungszahl an einem frei gewählten Datum in der Vergangenheit (ab 1970) oder in der Zukunft (bis 2037) gegenübergestellt werden.
http://www.ibiblio.org/lunarbin/worldpop

Ethnologue – Languages of the World

E   In welchem Land werden welche Sprachen gesprochen? Diese Frage wird auf dieser Website für alle Länder der Erde beantwortet. Daneben gibt es zu jedem Kontinent eine Karte und zu allen Ländern zusätzliche Informationen.
http://www.ethnologue.com/web.asp

Menschen für Menschen

D   Das Land und seine Menschen stehen im Mittelpunkt der Website der von Karl-Heinz Böhm gegründeten Äthiopienhilfe „Menschen für Menschen". Die Organisa-

tion stellt nicht nur sich und ihre Projekte vor, sondern liefert auch reichlich Fakten und Informationen zu Ökologie, Ökonomie und Infrastruktur in Äthiopien.
http://www.mfm-online.org

Amnesty International – Annual Report

E   Die Menschenrechte sind für alle Menschen auf diesem Planeten da – theoretisch zumindest. Leider werden sie in vielen Gebieten missachtet und mit Füßen getreten. Der Annual Report von Amnesty International zeigt auf, wo, in welcher Form und in welchem Ausmaß. Betroffen stellt man fest, dass dies auch in Ländern geschieht, in denen man es nicht erwartet.
http://www.amnesty.org/report2003
Reports aus vorangegangenen Jahren findest du hier:
http://www.amnesty.org/ailib/aireport/index.html

Armut in der Dritten Welt

D   „Die Dritte Welt. Ursachen der Armut und die bisherige Entwicklungspolitik" – Ein illustriertes Referat.
http://webwise.de/0992.htm

Kiribati

D   Zum Jahreswechsel 1999/2000 stand das Inselreich Kiribati (wird „Kiribias" ausgesprochen) im Mittelpunkt des Weltinteresses: als der geographische Ort an der Datumsgrenze, an dem das neue Jahrtausend begann. Das Inselreich in der Südsee hat aber noch einiges mehr zu bieten ...
http://webwise.de/0993.htm

Ökologie und Umweltschutz

Wir haben nur den einen Planeten zur Verfügung, und doch behandeln wir ihn vielfach so, als könnten wir uns jederzeit einen neuen aus dem Supermarkt holen. Fragt sich nur, wie lange das noch gut geht ...

Ozon, Smog, Waldsterben

D   Unorthodoxe Statements des Webmasters („Das Waldsterben ist fast gestorben!") und viele Links zum Thema mit verschiedenen – auch kontroversen – Standpunkten.
http://webwise.de/0994.htm

Antarktis Online

D   Infos und Links rund um den sechsten Kontinent.
http://antarktis.here.de/

Antarktis

D   Wie lebt es sich auf der deutschen Antarktis-Station O'Higgins? Hier erfährst du es.
http://www.antarktis-station.de

Treibhauseffekt

Ⓓ Geballte Informationen rund um den Treibhauseffekt und erneuerbare Energien. Wenn du ein Referat über das Thema halten musst, findest du hier einige „Vorlagen". Für Fragen und Antworten steht ein Forum zur Verfügung.
http://www.treibhauseffekt.com

Umweltschutz-News

Ⓓ Tagesaktuelle Nachrichten zu Umweltthemen mit rubriziertem Archiv und mehreren Online-Foren
http://umweltschutz-news.de

GEO.de: Regenwaldverein

Ⓓ Seit 1989 engagiert sich GEO für den Regenwald und die Menschen, die von ihm leben. Auf den Seiten des Regenwaldvereins berichtet das Magazin über aktuelle Projekte und präsentiert wechselnde Reportagen über die grüne Lunge der Erde.
http://webwise.de/0040.htm

Webprojekte

Vor gar nicht langer Zeit musste man schon ein Buch verfassen oder für eine Zeitung schreiben, um die Öffentlichkeit zu erreichen. Seit sich das Internet zum Alltagsmedium gemausert hat, steht diese Möglichkeit – zumindest in der westlichen Hemisphäre – praktisch jedem offen: Eine Site im Web genügt. So kann man selbst mit kleinstem Budget ein weltweites Publikum erreichen.

Webside-story Entwicklungsländer

Ⓓ Über die Macher und die Zielsetzung des Projekts verrät die Seite leider herzlich wenig. Offensichtlich ist aber, dass sich der Erdkunde-Leistungskurs 2 MSS 13 am Gymnasium zu St. Katharinen Oppenheim unter Leitung von OStR Püschel mächtig ins Zeug gelegt hat, um unzählige Informationen zu 16 Ländern in Afrika, Asien und Lateinamerika zu sammeln und ins Web zu stellen. Wegen des Titels hätten sie sich allerdings mal mit ihrem Englischlehrer unterhalten sollen.
http://webwise.de/0995.htm

Die USA

Ⓓ ist ein Unterrichtsprojekt einer 8. Klasse, deren Schüler(innen) sich mit verschiedenen Aspekten der US-amerikanischen Gesellschaft befasst haben. Das Themenspektrum ist breit gefächert, die Beiträge sind gut recherchiert. Kaum zu glauben, was sich in wenigen Unterrichtsstunden auf die Beine stellen lässt.
http://webwise.de/0041.htm

Kempen weltweit

Ⓓ Kempen ist eine beschauliche kleine Stadt am Niederrhein. Wie viele andere kleine und große Städte auch, ist sie seit einiger Zeit im Internet vertreten. Das wäre an und für sich nichts Besonderes. Umso erstaunlicher ist die Entstehung der Site. Gestaltet wurde sie von der Internet-AG des Luise-von-Duesberg-Gymnasiums am Ort. Über ein Jahr lang haben Schüler und Lehrer daran gewerkelt und gefeilt und dabei über 1.300 Arbeitsstunden investiert. Im September 1998 wurde die Arbeit daran (vorerst) beendet und die Site ganz offiziell der Stadt übergeben. Näheres dazu lässt sich unter *http://www.lvd.de/internet.htm* nachlesen.

Durch die Arbeit an der Website haben sich Schüler (und Lehrer) eine Menge Kenntnisse in Webdesign angeeignet und mittlerweile arbeiten einige von ihnen als Webdesigner für diverse Firmen. Besser kann Schule wohl kaum aufs „richtige Leben" vorbereiten.

Kurioser Zufall: In nämlicher Kleinstadt hat der Verlag seinen Sitz, bei dem dieses Buch erscheint – der moses. Verlag (*www.moses-verlag.de*).

http://www.kempen.de

Der Mittelpunkt Deutschlands

Ⓓ Hast du dich je gefragt, wo eigentlich der Mittelpunkt Deutschlands liegt? Wenn ja, erhältst du hier die Antwort – bzw. deren fünf … Kaum zu glauben, aber ausgerechnet in Deutschland, wo sonst jede Nichtigkeit genormt und verwaltet wird, erheben nach wie vor fünf Gemeinden, jeweils unterstützt durch wissenschaftliche Gutachten, den Anspruch, der Mittelpunkt Deutschlands zu sein!

http://www.mittelpunkt-deutschlands.de

Around the World in 80 Clicks

Ⓔ Ganz offensichtlich inspiriert durch den Roman „In 80 Tagen um die Welt" von Jules Verne, wurde diese Website eingerichtet, von der aus du eine virtuelle Reise antreten kannst, die dich per Mausklick um die ganze Welt führt. Die 80 „Stationen" sind Webcams, die Einblicke in alltägliche Situationen an fernen Orten gewähren. Früher konnte man sich auf einer Karte die Lage des jeweiligen Ortes anzeigen lassen, doch das funktioniert leider nicht mehr. (Mal sehen, wie lange es dauert, bis Webmaster Steve das merkt). Statt wie im Original in London, beginnt und endet der Trip in New York – dazwischen liegen so exotische Orte wie Isafjordur (Island), Szeged (Ungarn) oder Miraflores (Panama).

http://www.steveweb.com/80clicks

Die Neun Planeten – Multimedia-Tour durch unser Sonnensystem

Ⓓ Vorgestellt werden die Sonne, die neun Planeten mit sämtlichen Monden sowie einige kleinere Himmelskörper: Kometen, Asteroide, Meteoriten. Auch Raumfahrzeuge, deren Einsatz einen großen Teil des hier veröffentlichten Materials erst möglich gemacht haben, werden präsentiert. Und ein Wörterbuch hält Erläuterungen zu Fachbegriffen bereit. Zu allen Himmelsobjekten gibt es Fotos, zu manchen auch Videos und Sound. Außerdem gibt es zusätzliche Links, darunter auch solche, die aus unserem Sonnensystem „hinausführen".

http://webwise.de/0996.htm

Ⓔ „Die Neun Planeten" werden in verschiedenen Sprachen auf diversen Sites rings um den Globus gespiegelt. Eine Liste der Mirror-Sites findest du unter:

http://webwise.de/1840.htm

The Nine Planets – For Kids!

Ⓔ Auf jüngere Surfer zugeschnittene Spezialversion von „The Nine Planets".

http://webwise.de/0997.htm

Windows to the Universe

E Diese hervorragend gestaltete Multimedia-Website befasst sich nicht nur ausführlich mit der Erde und unserem Sonnensystem, sondern vermittelt darüber
hinaus tiefe Einblicke ins Universum und informiert über die aktuelle Forschung.
Du erfährst, wie ein Stern entsteht, wie sich unser Sonnensystem weiterentwickelt, was es Neues vom Mond gibt und was es mit den Schneebällen auf sich
hat, die unsere Atmosphäre bombardieren. Lange Zeit verband die Menschheit
Himmelskörper mit Göttern und Göttinnen der jeweiligen Kultur. Auch über diesen Aspekt findest du auf dieser Site reichlich Informationen.
http://www.windows.ucar.edu

geomagazin.net

D Das Webprojekt geomagazin.net liefert Informationen, News und Links zu geographischen Themen. Die kategorisierte Linksammlung wird ständig aktualisiert
und fortlaufend erweitert. Diverse Foren laden zu Diskussionen ein.
http://www.geomagazin.net

Die Stadt im Orient

D Die „Orientalische Stadt" unterscheidet sich in mehrerlei Hinsicht von der Stadt
in anderen Kulturkreisen. Schülerinnen und Schüler eines 12. Jahrgangs haben
sich ausführlich mit dem Städtetyp befasst und ihre Erkenntnisse ins Web
gestellt.
http://webwise.de/1015.htm

Berühmte Geographen und Entdecker

Wir leben in einer Zeit, in der man innerhalb von Stunden fast jeden größeren
Ort per Flugzeug erreichen kann. Mühelos und mit Bordverpflegung. Da vergisst
man leicht, welchen Wagemut Forscher und Entdecker vor dieser Zeit besessen
haben müssen und welche Strapazen sie auf sich nahmen, um die unbekannten
Flecken auf der Weltkarte für ihre Generation und die Nachwelt zu erkunden.
Was waren das für Menschen? Das Internet gibt Antworten auf diese Fragen.

Roald Amundsen - Borge/Norwegen (1872-1928)

E - Kurze Biographie des berühmten Polarforschers:
http://search.biography.com/print_record.pl?id=3888

D - Mehr über Roald Amundsen erfährst du unter:
http://webwise.de/0998.htm

James Cook - Marton/England (1728-1779)

E Kurze Biographie
http://search.biography.com/print_record.pl?id=4623

Leif Eriksson - Island (970-1020)

E Kurzbiographie
http://search.biography.com/print_record.pl?id=23029

IQ – INTERNET QUIZ

Wer war der erste Europäer, der nordamerikanischen Boden betrat?

WELCOME TO AMERICA

http://webwise.de/1001.htm

Als erster Europäer setzte Leif Eriksson, ein Wikinger, im Jahr 1000 n. Chr., also ein halbes Jahrtausend vor Christoph Kolumbus, den Fuß auf nordamerikanischen Boden. Dafür, wie es zu seiner Entdeckung Amerikas kam, gibt es zwei Theorien. Die eine besagt, dass er auf dem Weg nach Grönland vom Kurs abwich und dabei zufällig auf Amerika stieß. Der zweiten Theorie zufolge hatte der isländische Kaufmann Bjarni Herjulfsson im Jahr 986, als er auf dem Weg von Island nach Grönland durch einen Sturm vom Kurs abgetrieben worden war, weitab im Westen dicht bewaldetes Land gesichtet. Leif hörte von dessen Erzählungen und machte sich auf die Suche nach diesem Land, das er schließlich auch fand: Nordamerika. Mehr dazu findest du unter:

Georg Forster - Nassenhuben b. Danzig/[heute] Polen (1754-1794)

D   Kurze Biographie
http://webwise.de/0999.htm

Alexander Freiherr von Humboldt - Berlin (1769-1859)

E   Kurzbiographie
http://search.biography.com/print_record.pl?id=5603

Christoph Kolumbus - Genua/Italien (1451-1506)

E   - Kurzbiographie:
http://search.biography.com/print_record.pl?id=4596
- Columbus and the Age of Discovery – Text Retrieval System mit Zugriff auf über 1100 Artikel und Dokumente:
http://muweb.millersville.edu/~columbus/

Fridtjof Nansen - Oslo/Norwegen (1861-1930)

E   - Kurzbiographie:
http://search.biography.com/print_record.pl?id=10046

D   - Weitere Informationen über Fridtjof Nansen findest du unter:
http://webwise.de/1000.htm

Friedrich Ratzel - Karlsruhe (1844-1904)

D   Sein Leben, sein Weltbild, sein wissenschaftliches Werk und ein Porträt
http://webwise.de/1002.htm

GEO-Links

Umfangreiche Linkliste rund um die Geographie.
http://webwise.de/1005.htm

Links for Mineralogists

Umfangreiche Linkliste zu Websites und -seiten rund um die Mineralogie
http://webwise.de/1006.htm

National Geographic

ist nicht nur eine Zeitschrift, sondern so etwas wie eine Institution. Die Website des Magazins ist eine wahre Fundgrube in Sachen Geographie.
http://www.nationalgeographic.com

G.O. – Wissen online

Ein Online-Magazin zu Geo- und Naturwissenschaften mit interessanten News und Fakten, ergänzt durch weiterführende Links. Besonderes Highlight: Galerie mit umwerfenden Fotos unseres Planeten.
http://www.g-o.de

Vulkane online

Das eZine zum Thema Vulkanismus liefert leicht verständliche Artikel, Reportagen, Fotos, Videos und Links.
http://webwise.de/1009.html

Mount Everest - 50 Jahre Höhenrausch

Das GEO-Special zum 50. Jahrestag der Erstbesteigung präsentiert Artikel und Reportagen rund um den höchsten Berg unseres Planeten. Dass es dazu tolle Bilder gibt, ist bei GEO selbstverständlich. Highlight: Eine 360°-Panorama-Aufnahme vom Dach der Welt
http://webwise.de/1008.htm

Carl Ritter - Quedlinburg (1779-1859)

E   Kurzbiographie
http://search.biography.com/print_record.pl?id=10653

Alfred Wegener - Berlin (1880-1930)

D   - Biographie und Porträtfoto:
http://webwise.de/1003.htm
D   - Biographie auf der Site des Alfred-Wegener-Instituts:
http://webwise.de/1004.htm

Weitere Biographien

E   - Über 20.000 Kurzbiographien mehr oder weniger bekannter Persönlichkeiten liegen auf diesem Server zum Abruf bereit, darunter natürlich auch zahlreiche von Geographen und Entdeckern. Aufgespürt werden sie mittels integrierter Suchmaschine.
http://www.biography.com
- Mit über 28 000 Kurzbios wartet das „Biographical Dictionary" auf:
http://www.s9.com/biography

Software

Auch zur Geographie gibt es Software im Internet.

Geographie-Trainer

Ⓓ Mit diesem Lernprogramm kannst du an Hand verschiedener Testverfahren (Multiple Choice, Memory, etc.) deine Geographie-Kenntnisse überprüfen und gezielt ergänzen. Inhaltlich deckt die Software die ganze Welt ab. Das Programm darf kopiert und weitergegeben werden. Wenn du damit zufrieden bist, wird eine Registrierungsgebühr von ca. 20 Euro fällig. Der Trainer läuft unter Windows 95/98/NT. Download (1,7 MB) unter:
http://www.geotrainer.de

Dehmer-GEO-Homepage

Ⓓ Kommerzielle Geographiesoftware für die Sekundarstufen I und II. Von den meisten Programmen gibt es kostenlose Demoversionen zum Downloaden.
http://webwise.de/1014.htm

Und sonst

Hier findest du Links auf Sites und Seiten, die sich zwar mit Geographie befassen, unter den übrigen Rubriken aber nicht korrekt einzuordnen waren.

Geo-Astro-Applets

Ⓓ Sammlung hervorragender interaktiver Java-Applets, die von der Sonnenfinsternis bis zum alltäglichen Sonnenuntergang Bewegungen der Erde, der Sonne und des Mondes berechnen und illustrieren.
http://www.jgiesen.de/GeoAstro

StarChild – ein Ausbildungszentrum für junge Astronauten

Ⓓ Hier erfährst du alles über unser Sonnensystem, die Planeten, den Mond, Kometen, Asteroiden, Galaxien, die Sterne, schwarze Löcher, die Milchstraße, Raumfahrt und Astronauten. Begleitet werden die interessanten Informationen von hervorragenden Bildern, Weltraummusik, kurzen Filmen und tollen Spielen. Jeden Monat wird eine Frage, die dem Webmasterteam besonders häufig gestellt wird, zusammen mit der Antwort darauf veröffentlich. In einem Archiv stehen alle früheren Fragen und Antworten zum Nachlesen zur Verfügung. Fazit: astronomisch gut! *http://www.avgoe.de/StarChild*

StarGazer

Ⓔ Einen informativen Blick in den Sternenhimmel ermöglicht dieses interaktive Java-Applet. *http://www.outerbody.com/stargazer*

Wissen.de: Faszination Erde

Ⓓ Das Special stellt 12 geowissenschaftliche Fachrichtungen vor: Geologie, Seismologie, Vulkanologie, Paläontologie, Geographie, Mineralogie, Bodenkunde, Gletscherkunde, Lawinenkunde, Meteorologie, Klimatologie und Geomorphologie.
http://webwise.de/0942.htm

Französisch allgemein

Unter dieser Rubrik findest du Links zu Sites, die sich umfassend mit Themen rund um den Französischunterricht und die französische Sprache befassen.

The French Connection

E F Dass sich „The French Connection" ausgerechnet am anderen Ende der Welt auf einem Server im englischsprachigen Australien befindet, hat einen noblen Grund. Die Australian National University hat diese umfangreiche und ausgesprochen gut sortierte Sammlung von Links rund um Frankreich und die französische Sprache für ihre Französisch-Studenten eingerichtet. Nachahmenswerte Idee.
http://online.anu.edu.au/french

Fremdsprache Französisch

D F Riesen-Sammlung von kommentierten Links zu Materialien und Informationen für den Französischunterricht mit den Hauptrubriken: Outils de Recherche – Civilisaton (Landeskunde) – Litterature - Bibliothèques – Musées – Webchat – Journaux / Revues – Librairies – Dictionnaires – Humour. Praktisch: Weil der überwiegende Teil der Links auf einer einzigen Seite gelistet ist, lässt sich das Angebot mit der Suchfunktion des Browsers durchstöbern.
http://webwise.de/1016.htm

ClicNet: Français langue étrangère et langue seconde

F Umfangreiche, übersichtlich sortierte Linkliste für Schüler und Lehrer der französischen Sprache.
http://webwise.de/0045.htm

INTERNET QUIZ

Frankreichs Hauptstadt ist untertunnelt. Wie lange sind die Tunnel unter Paris zusammengenommen?

Bis ins 19. Jahrhundert hinein wurden im Großraum Paris Gips und Kalk unter Tage abgebaut. 1810 wurde der Abbau innerhalb der Stadtgrenzen zwar untersagt, doch da die Stadt damals weniger Fläche einnahm als heute, ging der unterirdische Abbau in einigen Gegenden, die heute zum Stadtgebiet gehören, noch etwa 50 Jahre lang weiter. Insgesamt 300 Kilometer Tunnel erstrecken sich unter Paris – und da sind Metrostrecken und Abwasserkanäle noch nicht mitgerechnet. Ein gefährliches Fundament: In den siebziger Jahren drohte ein gigantischer unterirdischer Hohlraum den Gare du Nord zu verschlingen. Mehr zum löcherigen Untergrund von Paris findest du unter: *http://webwise.de/0051.htm*

learn:line – Französisch

D Materialien und Links zum Französischunterricht auf dem learn:line-Server. Obwohl in erster Linie für Lehrer(innen) bereitgestellt, ist das breit gefächerte Angebot aber auch für Schüler(innen) interessant.
http://webwise.de/1017.htm

Referate und Schülerarbeiten

Alles in allem ist das Angebot an Schülerarbeiten aus dem Französischunterricht verblüffend bescheiden. Da musst du schon ziemliches Glück haben, um etwas Passendes zu finden. Aber: Du willst dir schon lange eine eigene Website einrichten, weißt aber nicht so recht, womit du sie füllen sollst? Hier klafft eine echte „Markt"lücke im Webangebot!

Schuelerweb.de: Französisch

D F In Rubriken sortiert erwartet dich hier eine ansehnliche Sammlung von Links zu Referaten aus dem Französischunterricht. Das Format einer Arbeit hängt vom jeweiligen Server ab, auf dem sie abgelegt ist.

http://webwise.de/1023.htm

ReferateFundus: Französisch

D F Etwa 180 Referate für den Französischunterricht hat dieser Server zu bieten. Die Texte stehen wahlweise als gezippte RFT-Dateien und als PDF-Dokumente zur Verfügung. Gezielt recherchieren kannst du über eine Maske mit diversen Optionen, die du über den Menüpunkt „Erweiterte Suche" erreichst. Über diese Maske hast du außerdem Zugriff auf Diplom-, Fachbereichs- und Seminararbeiten.
http://www.fundus.org/menu.asp?CatID=7

ReferateHeim.at: Französisch

D F Rund 80 Referate zum Fach Französisch hat ReferateHeim.at im Angebot. Die Arbeiten sind alphabetisch sortiert gelistet und wahlweise im HTML- und PDF-Format erhältlich. Auch die Suche per Stichworteingabe ist möglich. Dazu steht am unteren Seitenende eine Eingabemaske zur Verfügung.
http://webwise.de/0044.htm

Hausarbeiten.de: Französisch

D F In Rubriken sortiert sind bei Hausarbeiten.de rund 80 Schülerarbeiten aus dem Französischunterricht archiviert. Aufgepasst: Hier ist nicht alles kostenlos. Je nach Umfang und Format eines Textes, werden Gebühren erhoben. Echt nervig: Werbung in Zusatzfenstern, die sich selbständig öffnen.
http://webwise.de/1022.htm

Weitere Referate Französisch

D F Weitere Schülerarbeiten, Referate und Aufsätze in verschiedenen Formaten findest du unter folgenden Webadressen:
http://webwise.de/1024.htm

Französisch direkt/interaktiv

Du hast Probleme mit Französisch? Im Web gibt es viele Leute, die dir weiterhelfen können und das auch gerne tun.

Hotbox – Französisch

[D] Du hast Fragen zu Französisch, auf die du keine Antworten findest? Dann kannst du dich an die Hotbox – Französisch wenden. Hier findest du Hilfe per E-Mail.
http://webwise.de/0043.htm

Französische Newsgroups im Usenet

[F] Im Usenet gibt es eine ganze Reihe von Newsgroups in französischer Sprache. Eine kleine Auswahl:
- Bibliophilie: fr.rec.bibliophilie – *http://webwise.de/1025.htm*
- Humor: fr.rec.humour – *http://webwise.de/1026.htm*
- Literatur: fr.rec.arts.litterature – *http://webwise.de/1027.htm*
- Literatur: fr.lettres.langue.francaise – *http://webwise.de/1028.htm*
- Politik: fr.soc.politique – *http://webwise.de/1029.htm*
- Umwelt: fr.soc.environnement – *http://webwise.de/1030.htm*
- Wirtschaft: fr.soc.economie – *http://webwise.de/1031.htm*

[E] Wenn du weitere Diskussionsgruppen suchst, kannst du die Liste verfügbarer Newsgroups deines Internet-Providers durchforschen. In allen Newsgroups, deren Adresse mit "fr." beginnt, wird in Französisch parliert. Eine andere Möglichkeit ist eine Recherche bei Google *(http://www.google.de)*. Einen Überblick über alle fr.-Gruppen findest du unter *http://webwise.de/1032.htm*. Außerdem kannst du mittels Stichworteingabe in die Maske „Google-Suche" auch gezielt nach Usenet-Beiträgen forschen.

Rechtschreibung, Grammatik, Wortschatz

Du möchtest deinen französischen Wortschatz erweitern, deine Grammatik-kenntnisse verbessern oder mit der Rechtschreibung besser klar kommen? Eine ganze Reihe von Websites helfen dir dabei.

Le Devoir conjugal

[F] Auf dieser Seite kannst du dir französische Verben online konjugieren lassen. Du gibst das Verb (oder einen Teil von ihm) in die Maske ein und erhältst im Handumdrehen eine vollständige Übersicht mit allen Personen, Zeiten und Modi.
http://www.pomme.ualberta.ca/devoir

Links für Französischlehrer – Grammaire

[F] Sicher nicht nur für Französischlehrer von Interesse ist diese Site: Sie bietet eine stattliche Sammlung von Links zu Webseiten, die sich mit den unterschiedlichsten Themen der französischen Grammatik beschäftigen. Zusammengetragen hat sie Jürgen Wagner, Englisch- und Französischlehrer am Gymnasium am Rotenbühl in Saarbrücken.
http://www.wagner-juergen.de/franz

Nouveau exercices

F Übung macht den Meister: Diese Seite bietet jede Menge interaktive Trainings-
einheiten zu Grammatik, Orthographie und Vokabular des Französischen.
http://webwise.de/1033.htm

Wortschatztests Deutsch-Französisch/Französisch-Deutsch

DEF Du möchtest deinen Wortschatz aufpolieren? Hier stehen über 100 Lückentexte
bereit, die du dir ausdrucken und ausfüllen kannst. Anschließend kannst du
deine Antworten überprüfen, indem du die jeweilige Lösungsseite aufrufst. Sim-
pel, aber praktisch.
http://www.goethe-verlag.com/tests/DF/DF.HTM (Deutsch-Französisch)
http://www.goethe-verlag.com/tests/FD/FD.HTM (Französisch-Deutsch)

FLIQ! – Friedman's Little Interactive Quizzes

EF Übungen zur französischen Grammatik. Die Beschreibung des Angebotes ist in
englischer, die Übungen selbst sind in französischer Sprache.
http://webwise.de/1034.htm

Wörterbücher und Nachschlagewerke

Auch Lexika, Wörterbücher und Nachschlagewerke stehen im Web bereit, darunter auch solche, die es in gedruckter Form gar nicht gibt.

Das LOGOS Wörterbuch

DE Die Datenbank des Logos-Online-Wörterbuches, die von Freiwilligen in aller Welt
 mit Einträgen gespeist wird, enthält mehr als 7.500.000 Einträge in über 200
Sprachen von Abkhazian bis Zulu, darunter natürlich auch Deutsch und Französisch. Abgefragt werden kann es in jeder beliebigen Richtung. Über die Menüleiste am linken Bildschirmrand erreichst du übrigens eine Reihe weiterer interessanter Services rund um Sprachen – die meisten auch in Deutsch.
http://webwise.de/0906.htm

LinguaDict: Französisch

D Das Online-Wörterbuch mit einem Datenbestand von über 540.000 Wörtern übersetzt aus dem Deutschen ins Französische und umgekehrt.
http://webwise.de/1036.htm

Travlang's On-line Dictionary – German-French/French-German

E - Online-Wörterbuch Deutsch-Französisch – die zugrundeliegende Datenbank enthält etwa 10 000 Begriffe.
http://dictionaries.travlang.com/GermanFrench
- Das Gegenstück dazu für die Übersetzung von Begriffen aus dem Französischen
ins Deutsche.
http://dictionaries.travlang.com/FrenchGerman

Landkarte Frankreich
http://webwise.de/1037.htm

Yahoo! France
Die französische Ausgabe des bekannten Webkatalogs Yahoo!
http://fr.yahoo.com

Les Liens Médias
Webkatalog Medien online
http://www.liensmedias.com

Nomade – le guide qui trouve
Französischer Webkatalog
http://www.nomade.tiscali.fr

Dictionnaire des mots croisés
Französisches Kreuzworträtsellexikon mit über 7.800 Definitionen, ergänzt durch Links.
http://dico-motscroises.com

French Index from Purdue
Linkliste: Städte, Regionen und Museen in Frankreich
http://webwise.de/1039.htm

Les sites didactiques de français langue étrangère
Umfangreiche Linksammlung von Manfred Overmann
http://webwise.de/1040.htm

Dictionnaire Universel Francophone

F   Einsprachiges Online-Wörterbuch Französisch
     http://webwise.de/1038.htm

Dictionnaire des synonymes

F   Französisches Synomymwörterbuch mit fast 50.000 Einträgen und knapp 400.000
     Synonymen
     http://elsap1.unicaen.fr/dicosyn.html

Mosimaches – dictionnaire des mots-images

D F   Dieses kleine Bildwörterbuch ist als Projekt einer 8. Klasse entstanden und für
       Anfänger gedacht. Apropos Anfänger: Der Titel „Mosimaches" hat seinen Ur-
       sprung in einem „faux pas" einer Schülerin aus der Gruppe. Eigentlich hätte es
       „mots-images" heißen sollen, aber wenn man das Wort zum ersten Mal hört und
       erst seit kurzem Französisch lernt ...
       http://webwise.de/1041.htm
       Zur Dokumentation der Aussprache hat sich die Projektgruppe ebenfalls etwas
       einfallen lassen. Was dabei herausgekommen ist, kannst du dir – vorausgesetzt
       du hast den RealPlayer oder ein vergleichbares Plugin installiert – unter
       http://webwise.de/1042.htm anhören.

Weitere Nachschlagewerke

F   Eine Fülle weiterer Nachschlagewerke wie Enzyklopädien, Wörterbücher, Lexika
     und Thesauri findest du bei Yahoo.fr unter:
     http://webwise.de/1043.htm

Landeskunde

Französisch wird in einer ganzen Anzahl von Ländern gesprochen. Um dieses Kapitel übersichtlich zu halten, haben wir uns auf zwei davon beschränkt – Frankreich und eine Provinz Kanadas: Quebec. Dessen Bewohner machen sich alle paar Jahre lautstark Gedanken darüber, ob sie sich nicht auf eigenen Füße stellen wollen. Damit jagen sie regelmäßig den übrigen Kanadiern einen Schrecken ein. Doch bisher ist es jedes Mal bei der bloßen Überlegung geblieben. Also, wenn das nicht irgendwie an ein kleines Dorf in Gallien erinnert ...

Frankreich

Ville de Paris

F E Die offizielle Website von Paris. Technisch hervorragend gemacht ist die virtuelle Tour durch das Rathaus. Zwei Versionen stehen zur Auswahl. Wenn dein Browser es zulässt, empfehlen wir dir unbedingt die Panorama-Tour. Was hier auf den ersten Blick wie ganz normale Farbfotos aussieht, sind interaktive Rundum-Ansichten. Um dich darin zu bewegen, klickst du mit der Maus auf das Bild und hältst die linke Taste gedrückt. Bewegst du nun die Maus, dreht sich der Raum um dich herum. Du kannst ihn auch kippen lassen, um Boden und Decken zu betrachten.
Außerdem findest du hier Neuigkeiten, Einblicke in das Pariser Leben, Zahlen und Fakten zur französischen Hauptstadt, zum Eiffelturm und zur Seine sowie eine große Auswahl an touristischen Highlights. Ein interaktiver Stadtplan und eine integrierte Suchmaschine helfen dabei, dich sowohl auf der Site als auch in Paris zurechtzufinden.
http://www.paris.fr

Les Pages de Paris

F Optisch wirkt diese Site ein wenig unbeholfen gestrickt – aber sie steckt voller Informationen. „Eine Sammlung von allem, was die Stadt des Lichts betrifft", versprechen die Macher der Site auf der Einstiegsseite zur englischsprachigen Version vollmundig. Und wenn man sich eine Weile umgesehen hat, stellt man fest: Sie haben wohl tatsächlich Recht. Von Museen bis zu Cafés, vom Stadtplan bis zu digitalen Ansichtskarten, die man von hier aus portofrei versenden kann, von Sehenswürdigkeiten bis zum Verkehrssystem, von Ausstellungen bis zu Restaurants – einfach alles da. Fragt sich nur, wozu man dann überhaupt noch hinreisen sollte?
http://www.paris.org./parisF.html

E Falls du beim Besuch der Site Probleme mit der Sprache hast, kommt es dir sicher gelegen, dass auch eine englische Version zur Verfügung steht:
http://www.paris.org

Online-Reiseführer Paris

D Noch eine Site voller interessanter Informationen über die „Ville Lumière", ergänzt durch einen Sprachführer Französisch, der alle Bereiche abdeckt, die Touristen am Herzen oder im Magen liegen.
http://www.uwefreund.com/paris/index.htm

Voyage virtuel

F Virtuelle Reise durch Frankreich. Die Eingangsseite zeigt eine schlichte Karte
Frankreichs. Die eingetragenen Orte – deren Namen du erfährst, indem du den
Cursor darauf platzierst – kannst du anklicken, um zu einer Informationsseite zur
jeweiligen Stadt zu gelangen. Dort findest du Texte, Bilder und weiterführende
Links.
http://webwise.de/1044.htm

FranceLink

F Links, Links, Links – zu Zeitungen, Radiostationen, Fernsehsendern, Botschaften,
Institutionen, Suchdiensten, Telefonbüchern aus aller Welt und vielem mehr.
http://www.francelink.com

Le site du Premier ministre

F D
E S
Auf der Portalseite der Regierung von Frankreich informieren der Premierminister
und seine Mannschaft über ihre Arbeit.
http://www.premier-ministre.gouv.fr

Französische Geschichte

F D
E S
- Hier werden vom französischen Ministère des Affaires Étrangères ausführliche
Informationen zur Geschichte Frankreichs präsentiert.
http://webwise.de/1045.htm

F - Auch auf der Website des Premierministers finden sich Fakten zur französischen Geschichte. Klicke auf "Histoire" und wähle dann aus dem Untermenü den
gewünschten Bereich.
http://www.premier-ministre.gouv.fr

Histoire de la France

F Wenn offizielle Stellen eines Landes Geschichtsschreibung betreiben, kann das
leicht einseitig geraten. Da ist es sicher nicht verkehrt, auch auf andere Quellen
zurückzugreifen. Auf dem Server der Uni Münster steht ein breit gefächertes
Angebot zur Geschichte Frankreichs zur Verfügung, das durch eine Sammlung
weiterführender Links ergänzt wird. Schade, dass die Site nicht mehr aktualisiert
wird.
http://webwise.de/1046.htm

Französische Zeitungen und Magazine online

F - Agence France-Press (Pressedienst): *http://www.afp.com/francais/home*
- L'Express: *http://www.lexpress.presse.fr*
- L'Humanité: *http://www.humanite.presse.fr*
- Libération: *http://www.liberation.fr*
- Le Monde: *http://www.lemonde.fr*
- Le Nouvel Observateur: *http://www.nouvelobs.com*
- Le Parisien: *http://www.leparisien.fr*
- Sud Ouest: *http://www.sudouest.com*
- Le Figaro: *http://www.lefigaro.fr*

FRANZÖSISCH

- Le Monde diplomatique: *http://www.monde-diplomatique.fr/index.html*
- La Voix du Nord: *http://www.lavoixdunord.fr*
- Weitere französische Zeitungen und Zeitschriften online findest du unter:
http://webwise.de/1047.htm

Französische Fernsehsender online

Ⓕ   - Canal+: *http://www.cplus.fr*
- France 2: *http://www.france2.fr*
- TV5: *http://www.tv5.org*
- Arte: *http://www.arte-tv.com*

EuroWEB – Online Kiosk

Ⓓ   Breit gefächertes Nachrichtenangebot mit Links zu zahllosen Magazinen
http://www.euroweb.de

Québec

Guide touristique du Québec

ⒻⒺ   Infos und Links zu Québec – nicht nur für Touristen.
http://webwise.de/1048.htm

Quebec: Zeitungen und Magazine online

Ⓕ   - L'Action: *http://www.laction.com*
- Le Devoir: *http://www.ledevoir.com*
- Le Droit: *http://www.cyberpresse.ca/droit*
- La Presse: *http://www.cyberpresse.ca/reseau*
- Le Quotidien: *http://www.cyberpresse.ca/quotidien*
- La Voix de l'Est: *http://vde.endirect.qc.ca*
- Planète Québec: *http://planete.qc.ca*
- Weitere Zeitungen und Zeitschriften aus Québec findest du unter:
http://webwise.de/1049.htm

Frankokanadische Fernsehsender online

Ⓕ   - CFER: *http://cfer.tva.ca*
- CHEM: *http://chem.tva.ca*
- CJPM: *http://cjpm.tva.ca*
- Radio-Canada: *http://radio-canada.ca/television*
- Télé 4 Québec: *http://webwise.de/0046.htm*

Frankokanadische Radiosender online

Ⓕ   - CBC Montreal: *http://montreal.cbc.ca*
- CKAC 730: *http://www.ckac.com*
- CHRC80: *http://www.chrc.com*
- Radio-Canada: *http://radio-canada.ca/radio*
- Radio RockDétente.com: *http://www.rockdetente.com*

Französische Literaturgeschichte

Du bist auf der Suche nach französischer Literatur und/oder deren Autoren aus einer bestimmten Epoche? Dann können wir dir für den Start nachfolgende Webadressen empfehlen.

La littérature française et francophone/Généralités Littérature

[F] Umfangreiche Liste von Links zu französischer Literatur im Web, nach Epochen, Jahrhunderten und Gattungen sortiert.
http://webwise.de/1050.htm

Littérature française – Périodes et Mouvements

[F] Webkatalog: Perioden und Strömungen in der französischen Literatur
http://webwise.de/1051.htm

Autor(inn)en im Web – Biographien und Werke

Das Web hält in geballter Form Infos über Schriftsteller bereit, die man sich andernorts mühsam zusammensuchen müsste. Vorausgesetzt, dass man sie außerhalb des Internets überhaupt findet, denn „Fan"seiten zu verschiedenen Autoren gibt es eben nur hier.

Honoré de Balzac - Tours/Frankreich (1799-1850)

[D][F][E] Links zu Biographien und Werken
http://webwise.de/1035.htm

Charles Baudelaire - Paris/Frankreich (1821-1867)

[E][F] Links zu Biografien und Werken
http://webwise.de/1052.htm

Pierre A. Caron de Beaumarchais - Paris/Frankreich (1732-1799)

[F][E] - Links zu Biografien und Werken
http://webwise.de/1053.htm

Simone de Beauvoir - Paris/Frankreich (1908-1986)

[E] Kurzbiographie
http://search.biography.com/print_record.pl?id=2014

Albert Camus - Mondovi/Algerien (1913-1960)

[F][E] Links zu Biographien, Werksverzeichnissen, Fotos, Sekundärliteratur und weiteren Informationen
http://webwise.de/1054.htm

François René de Chateaubriand - St. Malo/Frankreich (1768-1848)

Ⓔ   - Kurzbiographie:
http://search.biography.com/print_record.pl?id=1864

Ⓕ   - Génie du Christianisme, ou Beautés de la Religion chrétienne:
http://webwise.de/0049.htm

Pierre Corneille - Rouen/Frankreich (1606-1684)

ⒻⒺ   Links zu Biographen und Werken
http://webwise.de/1055.htm

René Descartes - La Haye/Frankreich (1596-1650)

ⒻⒺ   Links zu Biographien und Werken
http://webwise.de/1056.htm

Denis Diderot - Langres/Frankreich (1713-1784)

ⒻⒺ   Links zu Biographien und Werken
http://webwise.de/1057.htm

Alexandre Dumas - Villerts-Cotterêts/Frankreich (1802-1870)

Ⓔ   Links zu Biographien und Werken
http://webwise.de/0047.htm

Gustave Flaubert - Rouen/Frankreich (1821-1880)

ⒻⒺ   Links zu Biographien und Werken
http://webwise.de/1058.htm

Victor Hugo - Besançon/Frankreich (1802-1885)

ⒻⒺ   Links zu Biographien und Werken
http://webwise.de/1059.htm

Eugène Ionesco - Slatina/Rumänien (1912-1994)

Ⓔ   Links zu Biographien und Werken
http://webwise.de/1060.htm

Jean de La Fontaine - Château Thierry/Frankreich (1621-1695)

ⒻⒺ   Links zu Biographien und Werken und weiteren Informationen
http://webwise.de/1061.htm

Guy de Maupassant - Misromesnil b. Dieppe/Frankreich (1850-1893)

ⒹⒺ   Links zu Biographien, Werken und weiteren Informationen
http://webwise.de/1062.htm

Molière (Jean-Baptiste Poquelin) - Paris/Frankreich (1622-1673)

ⒻⒺ   Links zu Biographien, Werken und weiteren Informationen
http://webwise.de/1063.htm

François Rabelais - Chinon/Frankreich (1494-1553)

- E - Kurzbiographie: *http://webwise.de/1064.htm*
- F - Œuvres de Rabelais: *http://webwise.de/1065.htm*

Jean Racine - La Ferté-Milon/Frankreich (1639-1699)

- E - Kurzbiographie: *http://webwise.de/1066.htm*
- F - Andromaque: *http://webwise.de/1067.htm*

Arthur Rimbaud - Charleville/Frankreich (1854-1891)

- F E Links zu Biographien, Werken und weiteren Informationen
  http://webwise.de/1068.htm

Jean-Jacques Rousseau - Genf/Schweiz (1712-1778)

- F E Links zu Biographien, Werken und weiteren Informationen
  http://webwise.de/1069.htm

Antoine de Saint-Exupery - Lyon/Frankreich (1900-1944)

- F E Links zu Biographien, Werken und weiteren Informationen
  http://webwise.de/1070.htm

George Sand - Paris/Frankreich (1804-1876)

- D E F Links zu Biographien, Werken und weiteren Informationen
  http://webwise.de/1071.htm

Jean-Paul Sartre - Paris/Frankreich (1905-1980)

- F E Links zu Biographien, Werken und weiteren Informationen
  http://webwise.de/1072.htm

Stendhal (Marie Henri Beyle) - Grenoble/Frankreich (1783-1842)

- F E Links zu Biographien, Werken und weiteren Informationen
  http://webwise.de/1073.htm

Paul Verlaine - Metz/Frankreich (1844-1896)

- E - Kurzbiographie:
  http://webwise.de/1074.htm
- F - Romances sans Paroles:
  http://webwise.de/1075.htm

Jules Verne - Nantes/Frankreich (1828-1905)

- D E F Links zu Biographien, Werken und weiteren Informationen
  http://webwise.de/1076.htm

Voltaire (François Marie Arouet) - Paris/Frankreich (1694-1778)

- F E Links zu Biographien, Werken und weiteren Informationen
  http://webwise.de/1080.htm

Emile Zola - Paris/Frankreich (1840-1902)

D E F Links zu Biographien, Werken und weiteren Informationen
http://webwise.de/1081.htm

Weitere Biographien und Autor(inn)en-Infos

F - Linkliste französische Romanautoren bei Yahoo.fr:
http://webwise.de/1082.htm

E - Über 25.000 Kurzbiographien mehr oder weniger bekannter Persönlichkeiten liegen auf diesem Server, darunter natürlich auch zahlreiche Schriftsteller(innen). Gesucht wird mittels integrierter Suchmaschine.
http://www.biography.com/

E - Mit rund 28.000 Kurzbios wartet das „Bibliographical Dictionary" auf:
http://www.s9.com/biography

F - Kleine Sammlung von Biographien in französischer Sprache:
http://webwise.de/1083.htm

F - Sammlung von Links zu Biographien französischer Schriftsteller:
http://webwise.de/1084.htm

D E - Von Schüler(inne)n verfasste Biographien der verschiedensten Personen und Persönlichkeiten findest du unter:
http://webwise.de/1085.htm

http://webwise.de/0050.htm

http://webwise.de/1086.htm

D - Kurzbiographien von über 400 klassischen Schriftsteller(inne)n stehen beim Projekt Gutenberg bereit.
http://gutenberg2000.de

Französischsprachige Literatur online

Ein Buch, das man in die Hand nehmen und in dem man mit einem leisen Rascheln umblättern kann, ist durch nichts zu ersetzen. Doch wenn man sich Literatur in Minutenschnelle aus dem Web herunterladen kann, hat das auch Vorteile. So kommt man rasch und billig zu Klassikern. Und kaufen kann man sich die gedruckte Version schließlich immer noch, vor allem dann, wenn man das Werk im Bett, in der U-Bahn oder auf einer lauschigen Bank im Park lesen möchte.

Wordtheque – French Literature

E F Umfangreiche Sammlung von Texten französischer und anderer Schriftsteller (alphabetisch wahlweise nach dem Autoren oder dem Titel des Werks sortiert) in französischer Sprache, kombiniert mit ausführlichen Biographien. Eine integrierte Suchmaschine erleichtert das Finden.
http://webwise.de/1087.htm

Gallica Classique

F Elektronische Textsammlung der „Bibliothèque nationale de France": „A la fin du XIXe siècle, la Bibliothèque nationale diffusait à l'intention de tous les lecteurs francophones une collection des écrivains classiques. A la veille de l'an 2000, à l'heure des hypermédias, la BnF renouvelle cette initiative en mettant à la disposition d'un public plus large encore, celui de l'Internet, les œuvres des auteurs que l'histoire littéraire a consacrés comme les ‚grands écrivains de la France'." (Zitat aus dem Vorwort zur Site)
http://gallica.bnf.fr/classique/

Athena – Textes d'auteurs d'expression française

E F Riesenarchiv mit Texten französischsprachiger Autoren – alphabetisch nach deren Namen geordnet.
http://webwise.de/1088.htm

ClicNet: Littérature francophone virtuelle

F Umfangreiche Sammlung von literarischen Texten in französischer Sprache, nach Sparten gegliedert und mit einer integrierten Suchmaschine zu durchsuchen: Romane, Erzählungen, Autobiographien, Biographien, Briefwechsel, Kinder- und Jugendliteratur, Reiseberichte, Kriminalromane, Lyrik, Theaterstücke und vieles mehr.
http://webwise.de/1089.htm

Poésie française

F Über 6.000 französische Gedichte aus verschiedenen Epochen (Renaissance bis 20. Jahrhundert) sind in einer Datenbank abgelegt, auf die du über eine Suchmaschine Zugriff hast. Gesucht werden kann nach dem Autor, dem Titel des Gedichts oder auch nach einer Verszeile. Der Clou: Eine ganze Reihe von Gedichten kannst du dir akustisch vortragen lassen (vorausgesetzt du hast das Plugin RealPlayer installiert). Eine hervorragende Möglichkeit, an deiner Aussprache zu feilen – selbst wenn du kein Fan französischer Dichtkunst sein solltest.
http://www.poesie.webnet.fr

Anthologie de Poésie Francophone

F „Le Club des Poètes" präsentiert französische Dichter von A wie „Guillaume Apollinaire" bis V wie „François Villon" mit ausgewählten Werken. Im Forum kannst du über Poesie diskutieren und, falls du selbst in Französisch dichtest, eigene Werke vorstellen. Und weil es Poesie nicht nur in Frankreich gibt, präsentiert der „Club der Dichter" auch eine Sammlung von ins Französische übersetzten Gedichten von Poeten rings um den Erdball.
http://webwise.de/1090.htm

Electronic Text Center – French Online Resources

E F Texte französischer Autor(inn)en im Archiv des Electronic Text Center an der University von Virgina, einer umfangreichen Online-Sammlung literarischer Texte aus aller Welt.
http://webwise.de/1091.htm

FRANZÖSISCH

Welcher französische Schriftsteller beschrieb lange vor dem tatsächlichen Ereignis eine Reise zum Mond?

1865 veröffentlichte Jules Verne seinen Roman "De la terre à la lune", den du unter *http://webwise.de/1077.htm* in Französisch nachlesen kannst. Unter Einbeziehung des Wissens seiner Zeit beschreibt er darin mit technischer Ausführlichkeit eine Reise zum Mond, die allerdings nicht reibungslos verläuft: Zur geplanten Landung auf dem Mond kommt es nicht. 104 Jahre dauert es, bis am 21. Juli 1969 Neil Armstrong als erster Mensch tatsächlich den Mond betritt und Vernes Vision Realität werden lässt – wenn man auch nicht ganz nach den technischen Vorstellungen des Autors. Trotzdem lag der mit einigen Details erstaunlich nahe an der späteren Wirklichkeit. So hat beispielsweise seine Moncrew eine amerikanische Flagge im Gepäck, die sie auf dem Erdtrabanten hissen will – so wie über 100 Jahre später die Mannschaft, die wirklich auf dem Mond landete und dort das Sternenbanner in den Mondstaub pflanzte. Noch heute starten amerikanische Weltraumraketen unweit der Stelle, an der Verne seine Riesenkanone bauen ließ. Doch dies sind bei weitem nicht alle Parallelen. Mehr dazu erfährst du unter *http://webwise.de/1078.htm*. Auch über dreißig Jahre nach dem spektakulären Ereignis gibt es Ungereimtheiten. Diese scheinen die Mondlandung nach wie vor zu einer Glaubensfrage zu machen: Hat sie tatsächlich stattgefunden oder wurde sie in einem Filmstudio inszeniert? Links zu Pros und Contras findest du unter: *http://webwise.de/1079.htm*.

La Bibliothèque Électronique de Lisieux

[F] Umfangreiche Webbibliothek – ein Service der Bibliothèque municipale de Lisieux.
http://www.bmlisieux.com

Software

Auch Software, die sich für und rund um den Französischunterricht einsetzen lässt, gibt es im Internet. Eine kleine Auswahl findest du hier.

FREELANG Dictionnaire Allemand-Français/Français-Allemand

[F] Hier stehen zwei Wörterbücher in einem Paket zum Download bereit. Das Wörterbuch Deutsch-Französisch hat einen Bestand von rund 37.000 Begriffen, das Wörterbuch Französisch-Deutsch beinhaltet ca. 36.000 Begriffe. Das Programm ist Freeware, läuft unter Windows 95/98/NT und liegt als gezippte, selbst extrahierende Datei (275 KB) vor. Nicht vergessen, auch die Wörterliste herunterzuladen (672 KB)!
http://webwise.de/1092.htm

FRANZÖSISCH

Vokabeltrainer Belearn

Ⓓ Ein Schüler hat diesen Vokabeltrainer programmiert, für den er den Sonderpreis für die beste Schulsoftware beim Schülerwettbewerb der Universität Rostock (1997) sowie diverse Auszeichnungen erhalten hat. Das Programm, das unter Windows läuft und nun bereits in Version 6.0 vorliegt, basiert auf dem Kartei-kastenprinzip und bietet mittlerweile vier verschiedene Abfragemodi. Vokabelda-teien gibt es für Englisch, Französisch, Latein und Spanisch. Zum Ausprobieren steht eine Demoversion zur Verfügung, deren Funktionsumfang auf die Eingabe von 80 neuen Vokabeln beschränkt ist. Sie liegt als gezippte Datei (917 KB) zum Download bereit. Die Freischaltung auf die Vollversion kostet ab 15 Euro.
http://www.bpst.de/vokabeltrainer

Magic Verb

Ⓓ Mit Magic Verb kannst du die Konjugation französischer Verben üben. Das Pro-gramm bringt etwa 400 Verben mit. Es läuft unter Windows ab Version 95, ist Freeware und steht als ZIP-Datei zum kostenlosen Download (1,08 MB) bereit. Magic Verb ist eine Datenbank-Anwendung und benötigt die Borland Database Engine (BDE). Falls BDE auf deinem PC nicht bereits vorhanden ist und du beim Start des Programms eine entsprechende Fehlermeldung erhältst, kannst du dir diese Engine über einen Link unter derselben Adresse ebenfalls kostenlos herun-terladen (3.57 MB), um sie vor einem Neustart zu installieren.
http://webwise.de/1093.htm

Babylon

Ⓓ Die Software „Babylon" macht deinen Computer zum persönlichen Übersetzer. Du klickst mit der rechten Maustaste ein französisches Wort oder auch eine Wortfol-ge irgendwo auf dem Bildschirm an, und schon übersetzt das Programm es blitz-schnell ins Deutsche, auf Wunsch aber auch in verschiedene andere Sprachen. Das funktioniert selbst mit Wörtern in Menüleisten oder ähnlichem. Alternativ kannst du aber auch manuell ein Wort in die Babylon-Maske eingeben. Das Pro-gramm gab es lange Zeit gratis. Die aktuelle Version steht leider nur noch in einer Test-Version kostenlos zur Verfügung. Die funktioniert aber nur 30 Tage lang. Anschließend werden die Funktionen nach und nach eingeschränkt. Die Vollversion kostet 49,50 Euro. Für Schüler, Schulen, Lehrer und Studenten gibt es allerdings Sonderkonditionen, die sich per E-Mail abrufen lassen.
http://www.babylon.com/

Und sonst

Hier findest du Links auf Sites und Seiten, die sich zwar mit Französisch befas-sen, unter den übrigen Rubriken aber nicht korrekt einzuordnen waren.

Sommaire complet de mes liens

Ⓕ Sehr umfangreiche rubrizierte Linksammlung mit Tausenden von Webadressen für Frankophile. Eine wahre Fundgrube.
http://webwise.de/1021.htm

Fluide Glacial

F   Wenn Lernen mit Spaß verbunden ist, klappt's damit bekanntlich schneller und
    besser. Auf der Site des Satire-Magazins *Fluide Glacial* findest du Unmengen von
    Comics in französischer Sprache. Wenn du die alle gelesen und verstanden hat,
    solltest du ein Ass in Französisch sein. Eine lange Liste von Links führt zu einer
    Vielzahl verwandter Angebote.
    http://webwise.de/1020.htm

Chansons et musique françaises

F   Große Sammlung von Links zu Sites, die sich mit französischer Musik befassen,
    darunter auch Verweise zu Webauftritten von bekannten Interpreten.
    http://webwise.de/1019.htm

Astérix – Le site officiel

D E F   Zu den bekanntesten Vertretern Frankreichs zählen mit Sicherheit Asterix und
S   Obelix. Die offizielle Asterix-Website vermittelt Einblicke in die Welt der beiden
N L   Zeichentrick-Gallier: Alle wichtigen Charaktere werden vorgestellt und jede
        Menge Bilder bringen den typischen Asterix-Charme auf den Bildschirm. Alle in
        deutscher, französischer, englischer spanischer, holländischer Sprache und in
        diversen Mundarten erschienen Bände werden mit Cover und diversen Infos prä-
        sentiert. Was es sonst noch zu sehen gibt, schaust du dir am besten selbst an.
        http://www.asterix.tm.fr

E   Eine Unmenge von Links zu Asterix-Seiten im Web findest du auf der „International
    Asterix Page" unter:
    http://webwise.de/1018.htm

Site officiel de TINTIN par la Fondation Hergé

F E   Tritt ein in die Welt des ewig jungen Reporters und Abenteurers Tintin. Auf der
N L   offiziellen Tintin-Website triffst du nicht nur ihn, sondern auch die anderen
      Figuren aus dem weltbekannten belgischen Comic, der im Januar 1929 seinen
      Anfang nahm und bei uns unter dem Titel „Tim und Struppi" bekannt wurde:
      Milou, Dupond et Dupont, le Capitaine Haddock, Rastapopoulos und all die
      anderen kauzigen Typen. Hier erfährst du so ziemlich alles, was es über Tintin
      und seine Abenteuer zu wissen gibt. Neben einer riesigen Auswahl von hoch
      auflösenden Grafiken zum Herunterladen steht selbstverständlich auch eine aus-
      führliche Biographie des Illustrators Hergé (1907-1983) zur Verfügung.
      http://www.tintin.be

Geschichte allgemein

Unter dieser Rubrik findest du Links zu Sites, die sich umfassend mit Themen rund um den Geschichtsunterricht beschäftigen.

Geschichte im Internet

Ⓓ Ein „Schule-ans-Netz-Projekt" am Heisenberg-Gymnasium in Karlsruhe. Neben gut sortierten Links rund um den Geschichtsunterricht findest du hier ein „Stichwortlexikon Geschichte", das kontinuierlich ergänzt wird. Eine integrierte Suchmaschine erleichtert das Auffinden von Links nach Stichwörtern.
http://webwise.de/1113.htm

learn:line – Geschichte

Ⓓ Materialien und Links zum Geschichtsunterricht auf dem learn:line-Server. Obwohl in erster Linie für Lehrer(innen) bereitgestellt, ist das gut sortierte Angebot aber auch für Schüler(innen) interessant.
http://webwise.de/1114.htm

Wissen.de – Lernen online: Geschichte

Ⓓ In zehn Rubriken sortiert stehen hier hunderte von illustrierten Informationen aus dem Wissen.de-Archiv zur Verfügung: Ur- & Frühgeschichte – Hochkulturen & Antike – Mittelalter – Frühe Neuzeit – Das 18. und 19. Jahrhundert – Weltkriege & die Zeit dazwischen – Nachkriegszeit & Kalter Krieg – Deutsche Geschichte – Europäische Geschichte – Weltgeschichte. Praktisch: über die Suchmaske kann der Bestand per Stichworteingabe durchstöbert werden.
http://webwise.de/1182.htm

Webwise.de: Geschichte

Ⓓ Nach Stichworten durchsuchbare interaktive Liste mit über 200 Links, die von den Nutzern erweitert wird.
http://webwise.de/1115.htm

Referate und Schülerarbeiten

Bevor du damit beginnst, ein Geschichtsreferat zu verfassen, ist es sicher nicht verkehrt, wenn du erst einmal sichtest, was andere zum selben Thema bereits zu Papier gebracht haben.

Schuelerweb.de: Geschichte

Ⓓ Übersichtlich in Rubriken sortiert erwarten dich auf dem Schuelerweb-Server
☺ Hunderte von Links zu Referaten und Schülerarbeiten aus dem Geschichtsunterricht. In welchem Format die Texte vorliegen, hängt vom jeweiligen Anbieter ab.
http://webwise.de/1127.htm

ReferateFundus: Geschichte

ⒹⒺ Gigantisch: Rund 2.000 Arbeiten aus dem Geschichtsunterricht stehen hier – alphabetisch nach dem Titel sortiert – wahlweise als PDF- und als gezippte RTF-

Dateien zum Abholen bereit. Bei einem so großen Angebot fündig zu werden, kostet Zeit. Schneller klappt die Recherche über die interne Suchmaschine, die du oben auf der Seite über den Menüpunkt „Erweiterte Suche" erreichst.
http://webwise.de/1128.htm

Hausarbeiten.de – Geschichte

▢ Nach Epochen sortiert, sind bei Hausarbeiten.de über 2.300 Referate und andere Schülerarbeiten archiviert. Ein Teil der Texte ist kostenlos verfügbar, andere, vor allem umfangreichere Arbeiten gibt es nur gegen Gebühr.
Eine integrierte Suchmaske (rechts oben unter den Werbebannern) hilft dabei, fündig zu werden.
http://webwise.de/1178.htm

Referate.de: Geschichte

▢ Gut 1.000 Arbeiten aus dem Geschichtsunterricht hat Referate.de im Archiv. Leider fehlt eine Sucheinrichtung, was das Fündigwerden etwas mühselig macht. Dafür werden die einzelnen Texte vorbildlich präsentiert. Du hast die Wahl zwischen mehreren Formaten: Druckversion, PDF und gezipptes RTF-Dokument. Schade, dass einem mittlerweile auch hier Pop-up-Werbefenster auf den Geist gehen.
http://webwise.de/1179.htm

Referate.cc: Geschichte

▢ Überschaubare Sammlung von Referaten aus dem Geschichtsunterricht, ergänzt durch einige Links zum Fach.
http://webwise.de/0058.htm

Krefelder Referate-Homepage – Geschichte

▢ Mit etwas über 100 Referaten nimmt sich das Angebot der Krefelder Referate-Homepage eher bescheiden aus. Die Arbeiten liegen im HTML-Format vor. Eine Sucheinrichtung gibt es nicht, aber das überschaubare Archiv ist auch ohne schnell durchsucht. *http://webwise.de/1180.htm*

Weitere Referate Geschichte

▢ Weitere Schülerarbeiten, Referate und Aufsätze zum Geschichtsunterricht in verschiedenen Formaten findest du unter folgender Webadresse:
http://webwise.de/1181.htm

Geschichte direkt

Fragen zu Aufgaben und Problemen? Hier findest du per E-Mail kompetente Ansprechpartner.

Hotbox – Geschichte

▢ Offene Fragen zum Geschichtsunterricht? Dann kannst du dich an die Hotbox – Geschichte wenden. Hier bekommst du individuelle Hilfe per E-Mail von Schülern, Lehrern und Studenten, die diesen Service durch unentgeltlichen Einsatz möglich machen. Das Angebot ist in mehrere Sparten aufgeteilt – achte darauf, die richtige Maske auszufüllen.
http://webwise.de/1177.htm

Geschichte interaktiv

Unter den folgenden Adressen kannst du mit anderen Schülern und Schülerinnen Fragen zu und Probleme mit Geschichte diskutieren.

Geschichtsforum

 Die Community für Geschichtsinteressierte gliedert sich in 6 Hauptrubriken: Altertum, Mittelalter, Neuzeit, Deutsche Geschichte, Historische Orte und Sonstiges, die in rund 80 Kategorien untergliedert sind. So ist kaum ein wichtiges geschichtliches Thema denkbar, das hier nicht zur Diskussion steht. In jeder Kategorie gibt es zusätzlich Nachrichten und zahllose Buchtipps. Ein Ausbau des Angebots ist in Vorbereitung. Man darf also gespannt sein!
http://www.geschichtsforum.de/community

Schüler-Community Geschichte

Probleme mit Geschichte? In dieser Community wirst du per E-Mail oder online deine Fragen los, kannst mit anderen Schüler(inn)en diskutieren und Antworten bekommen.
Die Community wurde als Ersatz für ein vordem gut besuchtes Forum bei einem Provider eingerichtet, der leider den Betrieb eingestellt hat. Seit dem Umzug herrscht hier sonderbarerweise Flaute. Wahrscheinlich, weil es noch niemand entdeckt hat. Doch das ändert sich mit dem Erscheinen dieser Ausgabe des *Internet-Guide für Schüler* sicher. Oder?
http://webwise.de/1176.htm

Wer-weiss-was: Geschichte

Gut frequentiertes Diskussionsforum zur Geschichte bei wer-weiss-was.de
http://webwise.de/1174.htm

Geschichte im Usenet

Im Usenet gibt es eine Vielzahl von Newsgroups zu den verschiedensten geschichtlichen Themenkreisen. Eine kleine Auswahl:

de.sci.geschichte – *http://webwise.de/1094.htm*

e.alt.sci.geschichte-spekulativ – *http://webwise.de/1111.htm*

schule.polhist – *http://webwise.de/0055.htm*

europa.historia – *http://webwise.de/1112.htm*

alt.history.ancient-egypt – *http://webwise.de/1095.htm*

alt.history.ancient-worlds – *http://webwise.de/1096.htm*

alt.history.british – *http://webwise.de/1097.htm*

alt.history.colonial – *http://webwise.de/1098.htm*

alt.history.future – *http://webwise.de/1099.htm*

alt.history.ocean-liners.titanic – *http://webwise.de/1100.htm*

alt.history.what-if – *http://webwise.de/1101.htm*

sci.space.history – *http://webwise.de/0048.htm*

soc.history – *http://webwise.de/1102.htm*

soc.history.ancient – *http://webwise.de/1103.htm*

E soc.history.early-modern – *http://webwise.de/1104.htm*

E soc.history.living – *http://webwise.de/1105.htm*

E soc.history.medieval – *http://webwise.de/1106.htm*

E soc.history.war.us-civil-war – *http://webwise.de/1107.htm*

E soc.history.war.us-revolution – *http://webwise.de/1108.htm*

E soc.history.war.vietnam – *http://webwise.de/1109.htm*

E soc.history.what-if – *http://webwise.de/1110.htm*

Epochen

Zahlreiche Ressourcen im Web beschäftigen sich gezielt mit bestimmten geschichtlichen Perioden.

Steinzeit

Website des Neandertal Museums, Mettmann

D Zur selben Zeit, als Charles Darwin das Weltbild des 19. Jahrhunderts mit seiner Evolutionstheorie umkrempelte, wurden im Sommer 1856 im Neandertal bei Mettmann Überreste von Menschen aus der Steinzeit entdeckt. 140 Jahre später wurde in der Nähe der Fundstelle das Neandertal Museum eingeweiht. Es dokumentiert den langen Weg der Menschheit aus Afrika bis in die Gegenwart und berichtet über die aktuelle Forschung.

http://www.neanderthal.de

Ötzi – Der Mann aus der Steinzeit

D Vor über 5000 Jahren kam am heutigen Hauslabjoch in Südtirol ein Mann ums Leben. Ein Gletscher konservierte ihn über Jahrtausende hinweg, um ihn im Jahr 1991 schließlich wieder freizugeben. Eine Mumie in Europa? Klar, dass der spektakuläre Fund die Gemüter bewegt hat, und dass die Medien abendfüllend darüber berichteten. Mittlerweile hat sich die Aufregung etwas gelegt und viele der Webseiten zum Thema Ötzi, die wir in früheren Ausgaben des *Internet-Guide für Schüler* gelistet haben, blieben keine 5 Jahre erhalten und sind mittlerweile leider verschwunden. Zum Glück sind neue entstanden, von denen wir eine kleine Auswahl zu einer Linkliste zusammengestellt haben.

http://webwise.de/1173.htm

Archäologie Online – Steinzeit

D Umfangreiche Sammlung kommentierter Links zu deutsch- und englischsprachigen Webressourcen zur Alt-, Mittel- und Jungsteinzeit

http://webwise.de/0054.htm

Megalithic Pages

E Die grafisch ansprechend gestaltete Site beschäftigt sich mit Megalithen in Europa und präsentiert neben umfangreichen Informationen und einer Zeittafel Hunderte von Fotos.

http://www.lessing4.de/megaliths

GESCHICHTE

Wie die Affen menschlich wurden

Die Evolution des Menschen steht im Mittelpunkt dieser Site. In Wort und Bild informiert sie ausführlich und kompetent über die bekanntesten Fossilienfunde, die wichtigsten Schritte in Richtung Mensch, die Besiedlung der Erde, hominide Werkzeuge, die kulturelle Entwicklung, die Anfänge der Kunst, den Ursprung des Homo sapiens und die bekanntesten Wissenschaftler, die sich mit dem Thema befassen bzw. befasst haben. Ein kleiner Webkatalog weist den Weg zu weiterführenden und ergänzenden Internetquellen.

http://evo.editorsnet.de

Die Höhle von Lascaux

Die 1940 entdeckte Höhle von Lascaux in Frankreich ist vor allem durch ihre prähistorischen Felsmalereien bekannt geworden. Mitte der 50er-Jahre stellte man allerdings fest, dass der Atem der gewaltigen Besucherströme den Verfall der Kunstwerke aus der Vorzeit erheblich beschleunigte. Deshalb wurde die Höhle 1963 geschlossen. So ist ein realer Besuch schon seit Jahrzehnten nicht mehr möglich. Stattdessen lädt diese Site zu einer virtuellen Besichtigungstour ein. Dabei kannst du dir nicht nur sämtliche Felsmalereien auf den Bildschirm holen, sondern erhältst darüber hinaus auch noch eine Fülle an zusätzlichen Informationen. Falls dich das holprige Deutsch stört, kannst du wahlweise auch auf eine englische, eine französische und eine spanische Version umschalten.

http://webwise.de/1175.htm

Antike

Ägypten – ein Erlebnis

Hier erfährst du alles, was du schon immer über das Alte Ägypten, die Pyramiden, die Pharaonen, die Tempel und den mysteriösen Totenkult wissen wolltest. Aber auch das heutige Ägypten kommt nicht zu kurz. Falls dir – was unwahrscheinlich ist – die Informationen auf der Site nicht reichen sollten, weist dir die Linksammlung den Weg zu verwandten und weiterführenden Webangeboten. Darüber hinaus liefern zahlreiche ausführliche Literaturhinweise Tipps für die zusätzliche Recherche außerhalb des Internets.

http://www.manetho.de

Pyramids – The Inside Story

Virtueller Rundgang durch die Cheopspyramide, bei dem du wesentlich mehr zu sehen bekommst als bei einem realen Besuch. Auch der Rundblick von der Pyramidenspitze aus ist nur virtuell möglich, da das Besteigen der Großen Pyramide seit Jahren streng verboten ist. Alles was du für den beeindruckenden Ausflug benötigst, ist das Plugin Quick Time. Darüber hinaus gibt es auf dieser Site auch viele Informationen zu den beiden anderen Pyramiden von Gise.

http://webwise.de/1172.htm

Die Virtuelle Mumie

Beinahe so geheimnisvoll und aufregend wie der reale Vorgang: Auf diesen Seiten kannst du den Kopf der 2.300 Jahre alten Mumie einer etwa dreißigjährigen Frau aus dem alten Ägypten auswickeln. Digital aufbereitete Röntgenaufnahmen machen darüber hinaus einen Blick ins Innere des Kopfes möglich. Benötigtes Plugin: Quick Time: *http://webwise.de/1171.htm*

http://webwise.de/1153.htm

Etwa 2,3 Millionen Steinblöcke wurden für die Cheopspyramide bei Gise (Ägypten), die auch als „Große Pyramide" bekannt ist, verbaut. Jeder dieser Kalksteinquader wiegt 2,5 Tonnen. Die Bauarbeiten nahmen etwa 30 Jahre in Anspruch. Das gewaltige, 146,6 Meter hohe Monument ist das einzige der so genannten Sieben Weltwunder, das bis zur heutigen Zeit erhalten blieb. Wie viele Menschen am Bau der Cheopspyramide, die vor etwa 4600 Jahren errichtet wurde, beteiligt waren, ist nicht bekannt. Mangels zeitgenössischer Aufzeichnungen lässt sie sich heute nur schätzen. Was meinst du? Mehr zu den ägyptischen Pyramiden findest du unter:

Mehr Informationen zum alten Ägypten

findest du unter nachfolgenden Webadressen:

🔲 - Religion und Totenkult:
http://webwise.de/1168.htm

🔲 - Tempel von Abu Simbel:
http://webwise.de/1169.htm

🔲 Ägypten – Das Land am Nil
http://webwise.de/1170.htm

AERIA – Antikensammlung ERlangen Internet Archive

🔲 Virtuelles Museum und Bildersammlung mit Exponaten aus dem Römischen Reich, dem antiken Griechenland und dem alten Ägypten. In der Forschungsstation werden die neuesten Ergebnisse präsentiert. Wechselnde Sonderausstellungen ergänzen das breit gefächerte Angebot.
http://webwise.de/1167.htm

The Ancient City of Athens

🄴 Bildarchiv: archäologische Funde und Bauwerke im antiken Athen
http://webwise.de/1166.htm

Hellas

🄳🄴 Das Ernst-Moritz-Arndt-Gymnasium in Bonn hat auf dieser Seite eine beeindruckende Linkliste zum antiken Griechenland zusammengestellt.
http://www.emabonn.de/hellas.htm

Imperium Romanum

D   Kultur und Geschichte des Römischen Weltreiches - Attraktiv gestaltete Site mit einer Zeittafel (zu finden unter: Suchen, Download: Histogramm), einer Karte des Römischen Reiches, einer Animation der Schlacht von Cannae (zu finden unter: Geschichte: Zweiter Punischer Krieg), Bildern, zahllosen Informationen und weiterführenden Links.
http://www.romanum.de

Hannibal und der Feldzug gegen Rom

D   Ausführlicher Bericht mit Illustrationen (teilweise animiert) und einer Karte zu jeder Etappe.
http://www.geocities.com/CollegePark/Center/3400

Die Hunnen (374-454) und ihr König Attila

D   Sie schienen aus dem Nichts aufzutauchen und unterwarfen andere Völker, um bereits 80 Jahre später wieder im Dunkel der Geschichte zu verschwinden: die gefürchteten und berüchtigten Hunnen. Viele Menschen ihrer Zeit mutmaßten ernsthaft, sie seien direkt aus der tiefsten Hölle emporgestiegen. Völlig geklärt ist ihr Ursprung bis heute nicht.
http://webwise.de/1154.htm

Mittelalter

Köln im Mittelalter

D   Wie sah Köln im Mittelalter aus? Wer lebte damals in der Stadt? Welche Bauwerke stammen aus dieser Epoche? Diese und andere Fragen werden hier ausführlich beantwortet. Eine Chronik von 1000 bis 1400 berichtet über wichtige Ereignisse. Zugang zum mittelalterlichen Köln erhältst du über den Button „Köln im Mittelalter" in der Menüleiste links.
http://www.die-koelner.de

Hildegard von Bingen (1048-1179)

D E   Eine außergewöhnliche Frau des Mittelalters
    - Lebenslauf, Werk und Links: *http://www.bistum-trier.de/bingen*
    - Linksammlung: *http://www.hildegard.org*

The Internet Medieval Sourcebook

E   Gut sortierte Sammlung kommentierter Links zu Mittelalter-Webressourcen
http://webwise.de/1155.htm

The Labyrinth: Resources for Medieval Studies

E   Umfangreiche rubrizierte Sammlung von Verweisen auf Internet-Quellen zum Thema Mittelalter
http://labyrinth.georgetown.edu/

Kreuzzüge und Stauferzeit

D   Das schulübergreifende Projekt liefert ausführliche Informationen.
http://webwise.de/1156.htm

Virtual Library Geschichte: Frühe Neuzeit

🔲 Der umfangreiche Webkatalog listet Internetangebote, die sich mit der Zeit vom ausgehenden 15. Jahrhundert bis zum Ende des Alten Reichs und der Napoleonischen Ära befassen.
http://webwise.de/1157.htm

Die Französische Revolution

🔲 Ausgewählte Links zu Webressourcen rund um die Französische Revolution
http://webwise.de/1158.htm

Leben um 1800

🔲 Wie lebten die Menschen hierzulande vor 200 Jahren? Schüler und Schülerinnen eines Gymnasiums in Villingen-Schwenningen sind dieser Frage in einem Fächer verbindenden Projekt nachgegangen. Im Web berichten sie ausführlich über die Lebensbereiche Alltag, Familie, Adel und Bürgertum, Erziehung, Alter, Frauenleben und Wissenschaft.
http://webwise.de/1159.htm

4 x 1848

🔲 Geschichten aus der Berliner Märzrevolution
http://www.zlb.de/projekte/1848

Deutsche Revolution 1848

🔲 Die Philosophen und Wegbereiter der Deutschen Revolution 1848
http://revolution48.virtualave.net

Das 20. Jahrhundert

Die Weimarer Republik

🔲 Arbeitsblätter zur Wiederholung und Festigung des Stoffs. Themenbereiche: Die Revolution vom November 1918 – Der Friedensvertrag von Versailles – Die Weimarer Verfassung – Krisenjahre der Republik – Außenpolitik – Weltwirtschaftskrise - Ursachen und Gründe für das Scheitern. Ergänzend gibt es eine Zeittafel sowie weiterführende Links.
http://webwise.de/1160.htm

Das Dritte Reich

🔲 Umfangreiche Linkliste auf Yahoo.de zum dunkelsten Kapitel der deutschen Geschichte
http://webwise.de/1161.htm

Holocaust

🔲 HaShOAH: Sammlung kommentierter Links zum Holocaust:
http://www.hagalil.com/shoah/links.htm

🔲 Shoa.de – Webprojekt mit den Schwerpunkten Holocaust, 3. Reich, 2. Weltkrieg und Nachkriegszeit: *http://shoa.de*

E   - Cybrary of the Holocaust:
       http://remember.org

D   Links zum Thema Holocaust – Umfangreiche und kontinuierlich wachsende
       Sammlung kommentierter Webverweise:
       http://webwise.de/1162.htm

Die Nürnberger Prozesse 1945-1949

D   Ausführliche Informationen über den Prozess gegen die Hauptkriegsverbrecher,
       der am 20. November 1945 im Nürnberger Justizpalast begann und bei dem 21
       führende Vertreter des „1000jährigen Reiches" auf der Anklagebank saßen.
       http://webwise.de/1163.htm

Die deutschen Bundespräsidenten

D   Biographien und Porträts der Bundespräsidenten der Bundesrepublik Deutschland
       http://webwise.de/1164.htm

Kanzlergalerie

D   Galerie der Bundeskanzler seit 1949 mit Porträts und tabellarischen Lebensläufen
       http://webwise.de/1165.htm

Der Kalte Krieg

D   - Zeittafel:
       http://webwise.de/1145.htm
       - Propagandaplakate während des Kalten Krieges:
       http://webwise.de/1146.htm

Da schlug's 13

D   13. August 1961 – Bau der Berliner Mauer. Die Online-Version des 1961 erschie-
       nenen Heftes „Da schlug's 13!", das von der Abteilung Agitation und Propagan-
       da der SED herausgegeben wurde. Bizarr und informativ zugleich.
       http://www.august1961.de/

Die RAF

D   Kurze Dokumentation des Deutschen Historischen Museums
       http://webwise.de/1841.htm

Der Bundesbeauftragte

D   für die Unterlagen des Staatssicherheitsdienstes der ehemaligen DDR (BStU) –
       Website der so genannten „Gauck-Behörde", auf der du diverse Stasi-Akten on-
       line einsehen kannst.
       http://www.bstu.de

Die Landesbeauftragte des Freistaates Thüringen

D   für die Unterlagen des Staatssicherheitsdienstes der ehemaligen DDR (TLStU)
       http://www.thueringen.de/TLStU

Webprojekte

Im World Wide Web sind Projekte möglich, die außerhalb dieses Mediums nicht oder nur eingeschränkt realisierbar wären.

Das GenerationenProjekt

Das GenerationenProjekt, das die Zeitspanne von 1900-2000 abdeckt, ist „Geschichtsschreibung von unten". An diesem Projekt kann jeder mitwirken, indem er Erfahrungen und Eindrücke zur Verfügung stellt, die sich auf ein Ereignis aus dem 20. Jahrhundert beziehen. So wird ein differenzierteres, anderes Geschichtsbild dokumentiert, als wir es aus den klassischen Medien kennen.
http://www.generationenprojekt.de

LeMO – Lebendiges virtuelles Museum Online

„LeMO", ein gemeinsames Projekt des Deutschen Historischen Museums (DHM), des Hauses der Geschichte der Bundesrepublik Deutschland (HdG) sowie des Fraunhofer-Instituts für Software- und Systemtechnik (ISST), ist eine virtuelle Reise durch die deutsche Geschichte des 20. Jahrhunderts. Die erste Hälfte bis 1945 wurde vom DHM, die zweite ab 1945 vom HdG bearbeitet. Das ISST trug vor allem die virtuellen dreidimensionalen „Erlebniswelten" zu den einzelnen Epochen bei, die mittels VRML programmiert wurden. „Diese 3-D-Welten ermöglichen ein freies Navigieren durch den Raum, losgelöst von jeglicher Schwerkraft, und sind mit den musealen Objektbeständen und Informationstexten sowie Film- und Tondokumenten verknüpft." (Zitat aus der Einführung)
Neben den musealen Objekten und den dazugehörenden historischen Informationen hält LeMO derzeit rund 750 Biographien von Politikern, Künstlern, Wissenschaftlern und ähnlichen Persönlichkeiten bereit. Für jedes Jahr des 20. Jahrhunderts gibt es außerdem eine Jahreschronik.
http://www.dhm.de/lemo/home.html

Archeological Adventure

Virtuelle archäologische Expedition in die Vergangenheit, die Gegenwart und die Zukunft mit umfangreichen Textinformationen, Bildern und Sound.
http://library.thinkquest.org/3011

The Upuaut Project

Noch immer bergen die ägyptischen Pyramiden Geheimnisse und ungelöste Rätsel. 1987 begann sich der deutsche Ingenieur Rudolf Gantenbrink dafür zu interessieren und sich speziell mit der Cheopspyramide intensiv zu beschäftigen. Nach jahrelanger Forschungsarbeit konstruierte er einen kleinen Roboter, den er „Upuaut" (altägyptisch für „Wegbereiter") nannte und mit dessen Hilfe er bis dato unzugängliche Schächte der Cheopspyramide erkundete. An einer Steinplatte endete der vorerst letzte „Spähausflug" des Upuaut. Seitdem wird gerätselt und spekuliert, was sich hinter der Platte verbirgt. Zwischenzeitlich hat der Ingenieur seine Forschungen und Entdeckungen multimedial aufbereitet und ins Netz gestellt. Auf der Projekt-Site bekommst du nun bequem vom Schreibtisch aus Einblicke in verborgene Innenbereiche der geheimnisumwitterten Pyramide, die bis vor ein paar Jahren selbst für Forscher vor Ort Terra incognita waren.
http://www.cheops.org

GESCHICHTE

Nachschlagewerke

Auch zum Thema Geschichte halten Online-Nachschlagewerke Antworten bereit.

Online-Lexikon Geschichte

Ⓓ Interaktives Schülerlexikon mit Fachbegriffen aus der Geschichte.
http://webwise.de/1143.htm

2000 Jahre Chronik – Geschichte online

Ⓓ Du gibst in die Suchmaske eine beliebige Jahreszahl von 0 bis 2001 ein und bekommst in Sekundenschnelle interessante Fakten aus dem betreffenden Jahr auf den Bildschirm. Daneben gibt es eine Literaturliste, Fakten zu Orten, Ländern und Persönlichkeiten.
http://www.geschichte.2me.net

Virtual Library Geschichte

Ⓓ Die Virtual Library Geschichte, eine Sektion der Virtual Library Deutschland und Teil der Virtual Library History (University of Kansas), versucht, die WWW-Angebote im Bereich der deutschsprachigen Geschichtswissenschaft zu bündeln und übersichtlich zu präsentieren. Nach Epochen sortiert findest du hier Links von der Ur - und Frühgeschichte bis zum 20. Jahrhundert.
http://webwise.de/1142.htm

Eine Reise durch die Geschichte der Technik

Ⓓ Entlang einer Zeitleiste, die vom Jahr 5000 vor bis 1700 nach Christi Geburt reicht, werden technische Entwicklungen dokumentiert.
http://webwise.de/1141.htm

Weitere Nachschlagewerke

Eine Vielzahl weiterer Nachschlagewerke wie Enzyklopädien, Lexika und ähnliche Informationsquellen findest du bei Yahoo.de und Yahoo.com unter:

Ⓓ *http://webwise.de/1140.htm*

Ⓔ *http://dir.yahoo.com/Reference*

Persönlichkeiten der Geschichte

Mehr als in jedem anderen Fach spielen in Geschichte Persönlichkeiten eine wesentliche Rolle. Egal zu welcher du Infos suchst, im Web wirst du fündig.

Alexander der Große - Pella/Griechenlad (356-323 v. Chr.)

Ⓓ Biographie und Porträt
http://www.uni-paderborn.de/Admin/corona/chris/Alexander_0.html

Otto von Bismarck - Schönhausen (1815-1898)

Ⓓ Vernetzte Links zu Leben und Schaffen des „Eisernen Kanzlers"
http://webwise.de/1116.htm

Gaius Julius Caesar - Rom/Italien (100-44 v. Chr.)

▢ - Biographie des römischen Staatsmanns, Feldherrn und Schriftstellers:
http://webwise.de/1842.htm
- Eine weitere ausführliche Biographie findest du unter:
http://webwise.de/1117.htm

Dschingis Khan - Deligün Boldogh/Mongolei (1155-1227)

▢ Ausführliche Biographie – unkonventionell, aber interessant
http://webwise.de/1118.htm

Friedrich I. Barbarossa - Waiblingen (1122-1190)

▢ Schülerreferat über „Rotbarts" Leben und Wirken
http://webwise.de/1119.htm

Friedrich II. der Große - Berlin (1712-1786)

▢ Kurze Biographie und Porträt des „Alten Fritz"
http://webwise.de/1120.htm

Hannibal - Karthago/[heute] Tunesien (246-183 v. Chr.)

▢ Ausführliche, unkonventionelle Biographie
http://www.uni-paderborn.de/Admin/corona/chris/Hannibal_0.html

Adolf Hitler - Braunau/Österreich (1889-1945)

▢ Foto und Biographie des Diktators: *http://webwise.de/1122.htm*

Jeanne d'Arc - Domrémy-la-Pucelle/Frankreich (1412-1431)

▢ Links zu Biographien der „Jungfrau von Orléans" und weiteren Materialien
http://webwise.de/1123.htm

Karl der Große - Aachen (etwa 742-814)

▢ Ausführliche Biographie und Porträt: *http://webwise.de/1124.htm*

Napoléon Bonaparte - Ajaccio/Korsika/Frankreich (1769-1821)

▢ Ausführliches, vernetztes Referat über Napoléon Bonaparte mit Zeittafel und
einer Bilder-Galerie: *http://napoleon.here.de/*

Solon - Athen - Griechenland (etwa 640-560 v. Chr.)

▢ Wikipedia: Kurzbiographie
http://webwise.de/1843.htm

Wilhelm II. - Berlin (1859-1941)

▢ Deutscher Kaiser und König von Preußen – Vernetzte tabellarische Biografie und
einige Fotos: *http://webwise.de/1126.htm*

Weitere Biographien

E   - Über 25.000 Kurzbiographien mehr oder weniger bekannter Persönlichkeiten liegen auf diesem Server zum Abruf bereit, darunter natürlich auch viele von Personen und Persönlichkeiten aus der Geschichte. Gesucht wird mittels integrierter Suchmaschine.
http://www.biography.com/
- Mit über 28.000 Kurzbios wartet das „Bibliographical Dictionary" auf:
http://www.s9.com/biography

Software

Das Lieblingsgebiet von Softwareprogrammierern ist Geschichte offensichtlich nicht. Einiges zum Thema lässt sich trotzdem finden.

Chronik

D   Die Shareware liefert die wichtigsten historischen Ereignisse auf Mausklick. Die Datenbank des Programms ist unter anderem mit Informationen über mehr als 26.000 prominenten Personen und gut 18.000 Ereignissen bestückt. Obwohl die Software als Shareware vertrieben wird, will der Autor kein Geld. Stattdessen verpflichtet sich der Nutzer des Programms nach gründlicher Prüfung einen angemessenen Betrag an das Kinderhilfswerk Terre des Hommes zu überweisen. Eine nachahmenswerte Idee!
http://webwise.de/1138.htm

Quiz

D E   Mit diesem Programm kannst du Lerninhalte zu trainieren, die du zuvor selbst eingegeben hast. Natürlich lässt sich die Freeware, die unter Windows läuft, nicht nur für Daten aus dem Geschichtsunterricht, sondern auch für andere Fächer nutzen.
http://webwise.de/1139.htm

Cheops Transformer

E   Würdest du gerne wissen, wie dein Name in altägyptischen Hieroglyphen aussieht? Dieses Programm (Freeware, Windows 95/98/NT, 1,085 MB) macht es möglich. Aber auch andere Wörter und sogar kurze Sätze lassen sich in die Bilderschrift der Pharaonen „übersetzen."
http://webwise.de/1137.htm

We the people

E   Diese Software ist ein heißer Tipp für all diejenigen, die sich für Demokratie und Menschenrechte interessieren. Sie enthält die folgenden wichtigen historischen Dokumente: The Magna Carta – The Declaration of Independence – The Articles of Confederation – The Constitution of the United States of America – United Nations Declaration of Human Rights – Legacy: From the Constitutions of ten Nations. Die Shareware benötigt Windows 3.1 oder höher und steht als gezippte Datei (172 KB) zum Download bereit.
http://webwise.de/1136.htm

Und sonst

Hier findest du Links auf Sites und Seiten zum Thema Geschichte, die unter den übrigen Rubriken nicht korrekt einzuordnen waren.

Geschichtswettbewerb des Bundespräsidenten

D   Seit 1973 veranstaltet die Körber Stiftung im Namen des jeweils amtierenden Bundespräsidenten einen Geschichtswettbewerb für Schülerinnen und Schüler, bei dem mit Gewinnen nicht gegeizt wird. Außerdem werden auf der Site immer wieder Gewinnspiele mit interessanten Preisen veranstaltet. Da lohnt es sich, im Geschichtsunterricht aufzupasssen. Über 20.000 Beiträge von über 100.000 Jugendlichen ruhen mittlerweile im Archiv. Schade, dass sie nicht online veröffentlicht werden!
http://www.geschichtswettbewerb.de

Deutsche Staatsoberhäupter

D   - Deutschland: König, Kaiser, Staatschefs – Von 768 bis heute, zum Teil mit Biographien: *http://webwise.de/1135.htm*
- Deutsche Könige, Kaiser, Staats- und Regierungschefs – Liste mit Links zu Informationen über Ereignisse in der jeweiligen Amtszeit:
http://webwise.de/1134.htm

Virtual Library History – German History

D E   Liste mit einer Vielzahl von Links zur deutschen Geschichte, nach verschiedenen Kriterien sortiert. Die Linkliste ist in Englisch, die Links führen jedoch hauptsächlich zu deutschsprachigen Sites.
http://webwise.de/1133.htm

Geschichtsring Deutschland – German History Ring

D   Der Geschichtsring Deutschland, der Ende 1996 ins Leben gerufen wurde, verbindet rund 60 Websites, die sich – meist in deutscher, vereinzelt aber auch in englischer Sprache - mit den verschiedensten geschichtlichen Themen befassen.
http://webwise.de/1132.htm

The History Ring

E   Webring mit weit über 950 englischsprachigen Websites zum Thema Geschichte.
http://webwise.de/1131.htm

Famous women in Europe

E   Porträts neun prominenter Frauen der europäischen Geschichte: Rosa Luxemburg, Maria Stuart, Florence Nightingale, Jaqueline du Pres, Sophie Scholl, Marie Curie, Marie Antoinette, Elisabeth Schwarzhaupt und Saint Joan of Arc
http://webwise.de/1130.htm

Civilizations in America

E   Informationen zu früheren Zivilisationen in Amerika: von den Olmeken bis zu den Inkas. Ergänzt durch weiterführende Links.
http://webwise.de/1129.htm

Informatik allgemein

Unter dieser Rubrik findest du Links zu Sites, die sich umfassend mit Themen rund um den Informatikunterricht befassen.

Informatik-Treff der Bezirksregierung Düsseldorf

Ⓓ Der Informatik-Treff bietet ein breites Spektrum an Informationen. Eingerichtet wurde er, „um Lehrerinnen und Lehrer, Schülerinnen und Schüler sowie alle anderen, die sich für Informatik-Unterricht an den Schulen des Regierungsbezirks Düsseldorf interessieren, mit wichtigen Informationen zu versorgen und ein Forum für Diskussion und Rückmeldung zu eröffnen." Natürlich ist er auch für Schüler(innen) außerhalb des Regierungsbezirks interessant und zugänglich. Mit dem „Forum" steht eine Diskussionsplattform für Fragen, Anregungen und Stellungnahmen zur Verfügung. In der Rubrik „Materialien" sind unter anderem Schülerreferate archiviert. Im „Chat" sollen in unregelmäßigen Abständen Online-Diskussionen stattfinden. Der letzte Chat-Termin liegt allerdings schon so lange zurück, dass man befürchten muss, die Einrichtung hätte zwischenzeitlich das Zeitliche gesegnet. Daneben hält der Informatik-Treff Abitur-, Klausur-, Übungs- und Knobelaufgaben bereit. Links ergänzen das Angebot.
http://www.informatiktreff.de

learn:line – Informatik

Ⓓ Materialien und Links zum Informatikunterricht auf dem learn:line-Server
http://webwise.de/1211.htm

Webwise.de: Informatik

Nach Stichwörtern durchsuchbare interaktive Liste mit Links zu Internetquellen rund um die Informatik, die von den Nutzern erweitert wird.
http://webwise.de/1213.htm

Referate und Schülerarbeiten

Zum Fach Informatik sind die Archive der Referate-Server gut gefüllt. Da lohnt es sich zu stöbern.

ReferateFundus: Informatik

Ⓓ Weit über 500 Schülerarbeiten aus dem Informatikunterricht stehen bei ReferateFundus wahlweise als PDF- und als gezippte RTF-Dateien zum Download bereit. Eine Sucheinrichtung (in der Menüleiste oben:„ Erweiterte Suche") hilft beim Fündigwerden. Und das Schönste dabei: keine Kohle, keine Anmeldung, keine lästigen Pop-up-Werbefenster – einfach nur bedienen und dankeschön. Apropos dankeschön – selbst den einen oder anderen Text zur Verfügung zu stellen, wäre natürlich auch nicht verkehrt.
http://webwise.de/1278.htm

Hausarbeiten.de – Informatik

DE   Nach Themengebieten sortierte Sammlung von rund 600 Schülerarbeiten zum Informatikunterricht. Das üppige Angebot hat allerdings einen kleinen Haken: viele – vor allem längere – Texte gibt es nur gegen Gebühr.
http://webwise.de/1277.htm

Young.de – Informatik

DE   Unter dieser Webadresse findet sich eine thematisch geordnete Sammlung von Schülerarbeiten zum Informatikunterricht. Auf der Site umsehen kann sich jeder. Zugriff auf Texte haben allerdings nur angemeldete Mitglieder. Das ist kein Beinbruch, denn die so genannte Basis-Mitgliedschaft ist kostenlos. Allerdings geben sich die Betreiber der Site reichlich neugierig. Wer's mag?
http://webwise.de/1276.htm

Weitere Referate Informatik

D   Links zu weiteren Schülerarbeiten, Referaten und Aufsätzen in verschiedenen Formaten findest du unter:
http://webwise.de/1275.htm

Informatik direkt

Fragen zu Aufgaben und Problemen? Hier findest du per E-Mail kompetente Ansprechpartner.

Hotbox – Informatik

D   Hast du Fragen zur Informatik? Unter dieser Webadresse stehen hilfsbereite Schüler, Studenten und Lehrer bereit, die per E-Mail gratis individuelle Hilfestellung leisten.
http://webwise.de/1274.htm

Hotbox – Datenverarbeitung

D   Fragen zum Thema Datenverarbeitung? Dann kannst du hier individuelle Hilfe per E-Mail erhalten.
http://webwise.de/1273.htm

Informatik interaktiv

Unter den folgenden Adressen kannst du mit anderen Schülern und Schülerinnen Fragen zu und Probleme mit Informatik diskutieren.

GRIN – Informatik-Forum

D   In der Community GRIN wird rege über alles mögliche diskutiert. Auch über Informatik. Auf dieser Seite sind alle verfügbaren Foren alphabetisch sortiert gelistet. Mit einem Mausklick auf „Informatik" loggst du dich ins Informatik-Forum ein.
http://webwise.de/1272.htm

Schüler-Community Informatik

Ⓓ Fragen zur Informatik? In dieser neuen Community kannst du dich per eMail oder online mit anderen Schüler(inn)en austauschen. Die Community wurde als Ersatz für ein vordem gut besuchtes Forum bei einem Provider eingerichtet, der leider den Betrieb eingestellt hat. Seit dem Umzug herrscht hier sonderbarerweise Flaute. Wahrscheinlich, weil es noch niemand entdeckt hat. Doch das ändert sich mit dem Erscheinen dieser Ausgabe des *Internet-Guide für Schüler* sicher. Oder?
http://webwise.de/1271.htm

Informatik im Usenet

Rund um die Themen der Informatik gibt es im Usenet besonders viele Newsgroups:

Ⓓ bln.lehre.informatik – *http://webwise.de/1187.htm*

Ⓓ bln.lv.tub.cs.informatik2 – *http://webwise.de/1188.htm*

Ⓓ de.sci.informatik.ki – *http://webwise.de/1189.htm*

Ⓓ de.sci.informatik.misc – *http://webwise.de/1190.htm*

Ⓓ fido.ger.informatik – *http://webwise.de/1191.htm*

Ⓓ schule.informatik – *http://webwise.de/0052.htm*

Ⓓ z-netz.wissenschaft.informatik – *http://webwise.de/1192.htm*

Ⓔ alt.os.linux – *http://webwise.de/1193.htm*

Ⓔ aus.computers.linux – *http://webwise.de/1194.htm*

Ⓔ comp.os.linux.announce – *http://webwise.de/1195.htm*

Ⓔ comp.os.linux.misc – *http://webwise.de/1196.htm*

Ⓓ de.comp.os.unix.linux.misc – *http://webwise.de/1197.htm*

Ⓓ fido.ger.linux – *http://webwise.de/1198.htm*

Ⓓ ger.pc.linux – *http://webwise.de/1199.htm*

Ⓓ maus.computer.linux – *http://webwise.de/1200.htm*

Ⓓ schule.schueler.linux – *http://webwise.de/1201.htm*

Ⓓ schule.software – *http://webwise.de/1202.htm*

Ⓔ alt.windows-xp – *http://webwise.de/1209.htm*

Ⓔ alt.os.windows-xp – *http://webwise.de/1210.htm*

Ⓔ alt.os.windows95 – *http://webwise.de/1203.htm*

Ⓔ alt.windows95 – *http://webwise.de/1204.htm*

Ⓔ alt.windows98 – *http://webwise.de/1205.htm*

Ⓓ de.comp.os.ms-windows.misc – *http://webwise.de/1206.htm*

Ⓓ de.comp.misc – *http://webwise.de/1207.htm*

Ⓓ de.comp.shareware – *http://webwise.de/1208.htm*

Hardware/Geschichte des Computers

Motherboard, Chip, Festplatte, Controller – falls diese Begriffe böhmische Dörfer für dich sind, kannst du dich auf den folgenden Sites über das Innenleben deiner grauen Kiste schlau machen. Dort gibt es auch Informationen über ihre Geschichte.

I/O-Grundlagen

⬛ Das ausführliche illustrierte Referat erklärt das Input/Output-Konzept und beschreibt, wie es in der Praxis funktioniert.

http://webwise.de/1270.htm

Grundlagen der Computertechnik

⬛ Kleine Einführung mit den Lernschritten: Das Grundgatter – Flipflops – Halbaddierer – Volladdierer für zwei 4-Bit-Dualzahlen

http://webwise.de/1269.htm

Computergeschichte.de

⬛ Zentrales Thema dieser Site ist die Geschichte des Computers. Sie wirft aber auch einen Blick in die Zukunft der Elektronenrechner. Einige Links liefern Startpunkte für die weitere Recherche.

http://www.computergeschichte.de

Deutsche Computergeschichte

⬛ Magisterarbeit zur Geschichte des Computers in Deutschland, die zwei Kernfragen verfolgt:
Wann erkannte man die Bedeutung von Computern in Deutschland?
Wer setzte sich wie für die Entwicklung und Einführung der EDV ein?

http://www.susas.de/computer_index.htm

Die Entstehung des Computers

⬛ Vom Rechnen mit den Fingern bis zum Lochkartenleser – ein zwangloser Rückblick.

http://webwise.de/1268.htm

Eine kurze Geschichte des Computers

⬛ Illustrierter Überblick – vom Abakus bis zum modernen PC

http://www.geschichte-des-computers.de

Die Geschichte des Computers

⬛ Illustrierter Überblick: vom Abakus bis zum modernen PC und zur Welt der Browser

http://www.webwork-magazin.net/gdc

Die Geschichte des Computers II

Illustrierter Überblick mit Zeittafel und Quellenverweisen

http://webwise.de/1266.htm

Betriebssysteme und Anwendungsprogramme

Fragen zu Betriebssystemen oder Anwendungsprogrammen? Im Web findest du Rat – und Tools und Utilities.

MS-DOS

⊡ - Kurze Einführung in das Betriebssystem MS-DOS 6.22, die aus vier Textdateien besteht (zwei im Works-Format WPS und zwei im StarWriter-Format SDW).
http://webwise.de/1264.htm
- Grundkurs MS-DOS:
http://webwise.de/1265.htm

Tipps und Tricks für Windows 95/98

⊡ Jede Menge Tipps und Tricks zum Umgang mit Windows 95/98
http://members.aol.com/beheld

LINUX

⊡ - Breit gefächertes Angebot rund um das Shooting-Star-Betriebssystem LINUX:
http://www.linux.de
- Weitere LINUX-Links bei Yahoo unter:
⊡ *http://webwise.de/1262.htm*
Ⓔ *http://webwise.de/1263.htm*

MacOS

⊡ - Aktuelles zum MacOS: Software, Tipps und News.
http://mac.seite.net
- Weitere MacOS-Links unter:
http://webwise.de/1261.htm

Excel-Center

⊡ Im Excel-Center dreht sich alles um die weit verbreitete Tabellenkalkulation Excel von Microsoft.
http://www.excel-center.de

Grundkurs Word

⊡ Schritt für Schritt vermittelt dieser kostenlose Onlinekurs die Grundkenntnisse für den Umgang mit der Textverarbeitung WORD. Ein Aufbaukurs ist in Vorbereitung.
http://www.remmler.de/Wordkurs

FOCUS online: Browser im Vergleich

⊡ Nur weil der Internet Explorer am häufigsten verwendet wird, heißt das noch lange nicht, dass er auch der beste Browser ist. Schließlich ist er auf jedem Windows-Rechner beim Kauf schon vorinstalliert und wird von vielen ganz automatisch deshalb verwendet, weil er eben bereits da ist, während man sich alternative Programme erst besorgen muss. Trotzdem gibt es mit Netscape Navigator und Opera zwei weitere verbreitete Browser, die durchaus mithalten können. Die FOCUS-Technikredaktion hat die drei Programme miteinander verglichen und erläutert Unterschiede und Gemeinsamkeiten sowie Stärken und Schwächen der drei Kandidaten.
http://webwise.de/1260.htm

Programmieren

Egal, in welcher der zahlreichen Sprachen du am liebsten programmierst, im Internet findest du Anleitung, Hilfe und mit ein bisschen Glück sogar komplette Module.

Geschichte der Programmiersprachen

Ⓓ Ausführlicher illustrierter Überblick von Horst Zuse, Konrad Zuses Sohn.
http://webwise.de/1259.htm

Yahoo.de – Programmiersprachen

Ⓓ Yahoo! hat den Programmiersprachen eine eigene Rubrik spendiert. Entsprechend umfangreich ist die Zusammenstellung von Links zu diversen Programmiersprachen von Ada bis XML.
http://webwise.de/1258.htm

C-Kurs interaktiv

Ⓓ Ausführliche Einführung in die Arbeit mit der Programmiersprache C
http://webwise.de/1257.htm

C++-Lehrgang

Ⓓ Online-Kurs für die Programmiersprache C++: *http://webwise.de/0064.htm*

Turbo Pascal 7.0

Ⓓ - 101 einfache Programme, vom Informatik-Lehrer Wolfgang Schmidt zusammengestellt: Eingaben, Ausgaben, Wertzuweisungen, Konstanten, benutzerfreundliche Gestaltung, Alternativen und Zählschleifen etc. Gezippte Datei (35 KB):
http://webwise.de/1255.htm
- 77 weiterführende Programme in Turbo-Pascal: globale und lokale Variablen, Arrays, Records, Prozeduren, dauerhafte Speicherung, Suchen etc. Gezippte Datei (40 KB): *http://webwise.de/1256.htm*

Delphi im Informatik-Grundkurs

Ⓓ Delphi-Programmierkurs aus der Schulpraxis
http://webwise.de/1254.htm

Borland Developer Network

Ⓓ Links zu Sites, Foren und Newsgroups, die sich mit dem Software-Produkten der Fa. Borland (Delphi, C++, etc.) befassen.
http://www.borland-developer.net

SELFHTML – HTML-Dateien selbst erstellen

Ⓓ - Der Online-Kurs in Sachen HTML von Stefan Münz:
http://www.netzwelt.com/selfhtml
- SELFHTML aktuell: Zusatzinformationen, Diskussionen, Interviews etc. rund um den bekannten Online-Kurs:
http://selfaktuell.teamone.de

INFORMATIK

Kaffee und Kuchen – die führende deutsche Java-Seite

⊡ Hier findest du jede Menge Informationen rund um Java, die plattformunabhängige Programmiersprache des Workstation-Herstellers Sun.
http://java.seite.net

Kakao und Kekse – das deutsche JavaScript-Verzeichnis

⊡ Basiswissen, Tipps und Tricks, Links, Tutorials, Downloads, eine Bibliothek etc. zu JavaScript (nicht mit Java zu verwechseln) bietet diese Seite.
http://javascript.seite.net

JavaScript für den Alle

⊡ Ausführliche Einführung in die Script-Sprache
http://www.bingo-ev.de/~ub304/javscrpt/index.htm

JavaScript

Kurze Einführung, kommentierte Beispielprogramme und weiterführende Links
http://webwise.de/1252.htm

Computernetze

Das Internet erklärt sich selbst und liefert Infos zu allen Netzwerkfragen.

Internet-Kurs

⊡ Online-Kurs, der die wichtigsten Fragen zum Internet beantwortet: Was ist das Internet? Wie bekommt man Zugang? Welche Internet-Dienste gibt es und wie funktionieren sie? Wie benutzt man Suchmaschinen? und viele mehr.
http://www.zum.de/internetkurs

Multimedia Kids Krefeld: Das Internet

⊡ Illustrierter Streifzug durch das Netz der Netze mit den Kapiteln: Internet, was ist das? – Die Geschichte des Internet und seine Technik – Die ersten Dienste des Internet – Die Organisation des Internet – Die Dienste des Internet heute – Ein Blick in die Zukunft.
http://webwise.de/1251.htm

Online-Internetkurs

⊡ Ausführliche Online-Einführung in das Medium Internet mit umfangreichem Glossar
http://www.www-kurs.de

PC-Welt: Windows-Netzwerk

⊡ Dieser Artikel erklärt, wie man unter Windows zwei oder mehrere PCs miteinander vernetzt.
http://webwise.de/1249.htm

INTERNET QUIZ

Wie hieß der erste frei programmierbare Rechner und wer hat ihn entwickelt?

Der erste frei programmierbare Rechner der Welt wurde von dem Deutschen Konrad Zuse entwickelt, der 1936 mit der Arbeit daran begann und das Gerät 1938 betriebsbereit hatte. Auf den Schreibtisch konnte man die Apparatur nicht stellen, dazu war sie viel zu groß. Und ihre Rechenleistung war – verglichen mit heutigen Computern – eher kläglich. Leider wurde das historische Gerät, das die Computerära einläutete, im Bombenhagel des 2. Weltkriegs vernichtet. Jahre später wurde die Z1 unter Anleitung von Konrad Zuse für das Deutsche Technik-Museum in Berlin rekonstruiert, wo es seit 1989 zu besichtigen ist. Weitere Informationen und Fotos der Z1 findest du unter: *http://webwise.de/1248.htm*

Datenschutz und Verschlüsselungstechnik

Wie gierige Geier lauern zahlreiche Datensammler auf verwertbares Material. Die einen, weil sie dir etwas verkaufen wollen, die anderen, weil sie dich überwachen möchten. Da ist es wichtig zu wissen, wie man nicht mehr Spuren als unbedingt nötig hinterlässt.

Sicherheit im Internet

☐ Auf dieser Site informieren mehrere Ministerien und Behörden gemeinsam aktuell und ausführlich über Sicherheitsrisiken im Internet und über mögliche Schutzmaßnahmen. *http://www.sicherheit-im-internet.de*

Internet-Sicherheit

☐ Wie in der realen Welt agieren im Internet neben seriösen Anbietern auch schwarze Schaffe. FOCUS online gibt einen Überblick über sicherheitsrelevante Aspekte beim Surfen und Shoppen im Netz.
http://webwise.de/1247.htm

PGP - Pretty Good Privacy

☐ E-Mails sind wie Postkarten – wer sie in die Finger bekommt, kann sie lesen. Informationen, die nicht für fremde Augen bestimmt sind, verschickt man deshalb besser verschlüsselt – am besten mit Pretty Good Privacy (PGP), dem de-facto-Standard. Links für den Download diverser PGP-Versionen hat Heise online zusammengestellt:
http://webwise.de/1245.htm

INFORMATIK

Eine ausführliche Beschreibung des Programms und verschiedener Versionen sowie eine komplette Bedienungsanleitung liefert Christopher Creutzigs Online-PGP-Buch unter:
http://webwise.de/1246.htm
PGP-Anwendertipps gibt es unter:
http://www.helmbold.de/pgp/

Kryptographie: Private key - Public key

🄓 Beschreibung des Prinzips der Verschlüsselung mit „private keys" und „public keys".
http://webwise.de/1244.htm

Steganographie

🄓 Eine Möglichkeit, Mitteilungen geheim zu halten, besteht darin, sie in anderen Dateien (Grafiken, Sounds) zu verstecken. Dieses Verfahren, das an Schmuggeln erinnert, nennt man Steganographie. Dieser Seite liefert eine kompakte Einführung und stellt mehrere geeignete Programme vor.
http://webwise.de/1242.htm

Cipherbox

🄓 Die Site, in deren Mittelpunkt Kryptographie und Steganographie stehen, liefert aktuelle Informationen zum Thema Datenverschlüsselung.
http://www.cipherbox.de

Kryptographie und Steganographie

🄓 Links zu Hunderten von Webquellen zu allen möglichen Aspekten der Datenverschlüsselung sind auf dieser Seite gelistet.
http://www.burks.de/krypto.html

Nachschlagewerke

Meist aktuell und immer dann zur Hand, wenn man sie braucht: Nachschlagewerke im Web lassen kaum Fragen offen.

Internet-Wörterbuch

🄓 In diesem Online-Wörterbuch aus dem Hause Langenscheidt kannst du schnell und bequem vor allem internetspezifische aber auch allgemeine Computerbegriffe nachschlagen. Die Datenbank ist innerhalb der letzten fünf Jahre auf mehr als das Doppelte angewachsen und enthält mittlerweile über 2.200 Begriffe. Zusätzlich werden zahlreiche Emoticons erklärt.
http://webwise.de/1241.htm

Das große Technik-Lexikon

🄓 der FOCUS-Online-Redaktion erklärt gut verständlich Hunderte von Fachbegriffen aus der Welt der digitalen Medien.
http://webwise.de/1240.htm

PC-Crashkurse

ⅅ Komplette Crashkurse für die verschiedensten PC-Anwendungsgebiete hat die Online-Redaktion der Fernseh-Zeitschrift TV Today zu bieten. Du würdest gerne wissen, wie man einen PC als Videorekorder benutzt, eine Musik-CD brennt oder einen AOL-Anschluss tunt? Dann kannst du hier verständliche Schnellanleitungen herunterladen, die dir verraten wie's gemacht wird.
http://webwise.de/1239.htm

ARCHmatic-Glossar und -Lexikon

ⅅ Umfangreiches Online-Nachschlagewerk zu den Themen EDV allgemein, Hardware, Software, Netzwerk, Datenfernübertragung, Online-Dienste, Internet, HTML, DTP, Textverarbeitung, Grafik, CAD, Bildverarbeitung etc.
http://www.glossar.de/glossar/index.htm

Sophos Virus info

ⅇ Beschreibungen bekannter Viren, alphabetisch sortiert.
http://www.sophos.de/virusinfo/analyses

Web-Slang

ⅅ Wer oft im Web unterwegs ist, stößt ständig auf neue Begriffe und Abkürzungen. Hier werden viele davon erläutert.
http://webwise.de/1238.htm

The Jargon File

ⅇ Umfangreiches Lexikon der „Hackersprache"
http://webwise.de/1237.htm

Weitere Nachschlagewerke

Eine Vielzahl weiterer Nachschlagewerke findest du unter:
ⅅ *http://de.dir.yahoo.com/Nachschlagen*
ⅇ *http://dir.yahoo.com/Reference*

Informatiker(innen) im Web – Biographien

Dass wir heute wie selbstverständlich surfen können, verdanken wir einer Reihe von klugen Köpfen mit visionären Ideen. Manche von ihnen haben sich sicher nicht träumen lassen, wozu sie vor langer Zeit Grundsteine gelegt haben.

Charles Babbage - London/England (1792-1871)

ⅇ - Leben, Werk, Porträt und Verweise:
http://webwise.de/1183.htm
- The Babbage Pages – Biographie und viele weitere Informationen:
http://www.ex.ac.uk/BABBAGE/

George Boole - Lincoln/England (1815-1864)

E Links zu Leben, Werk und Porträts, sowie zu weiteren Verweisen
http://webwise.de/1184.htm

Douglas C. Engelbart - Portland/USA (geb. 1925)

D E Internetquellen zum Erfinder der Computer-Maus
http://webwise.de/1185.htm

Bill Gates - Seattle/USA (geb. 1955)

D E Internetquellen zum Software-Milliardär Bill Gates
http://webwise.de/1186.htm

Steve Jobs - San Francisco/USA (geb. 1955)

E Aus dem Leben des Mitbegründers von Apple Computers
http://webwise.de/1236.htm

Gottfried Wilhelm Leibniz - Leipzig (1646-1716)

E Leben, Werk, Porträt und Links.
http://webwise.de/1235.htm

Blaise Pascal - Clermont-Ferrand/Frankreich (1623-1662)

E Leben, Werk, Porträts und Webverweise
http://webwise.de/1234.htm

Linus Benedict Torvalds - Helsinki/Finnland (geb. 1971)

D E Biographien und Porträts des LINUX-Entwicklers, einer bemerkenswerten Persönlichkeit
http://webwise.de/1233.htm

Steven Wozniak - San José/USA (geb. 1950)

D E Aus dem Leben des Mitbegründers von Apple Computers
http://webwise.de/1232.htm

Konrad Zuse - Berlin (1910-1995)

D E Leben und Werk des Entwicklers des ersten Computers
http://webwise.de/1231.htm

Computer People

E Pioniere der Computer-Technologie – Illustrierte Zusammenstellung
http://webwise.de/1230.htm

INFORMATIK

DINO – Wissenschaft/Informatik

Der Webkatalog bietet zahlreiche Adressen zum Thema.

http://webwise.de/0065.htm

Das Loch in den Zahlen

Multiplikation komplexer Zahlen

http://webwise.de/1217.htm

Replay the Games

Schach-Champion Kasparov gegen Big Blue zum Nachspielen

http://webwise.de/1218.htm

Yahoo.com – Programmiersprachen

http://webwise.de/0066.htm

WWW-Statistik

Das Internet in Zahlen – diverse Statistiken

http://webwise.de/1219.htm

Mädchen in die Informatik!

Infoseiten für Schülerinnen, die sich für ein Iformatik-Studium interessieren.

http://webwise.de/1229.htm

Netikette

Auswahl grundlegender Benimmregeln fürs Internet

http://webwise.de/1228.htm

Gefangenendilemma

Computersimulation als Lösungsansatz für ein logisches Problem (Spieltheorie)

http://webwise.de/1227.htm

MP3-Musik – Digitale Ohrwürmer

Wissenswertes über das trendige Soundformat

http://webwise.de/1226.htm

Domain & DNS

Kompakte vernetzte Antworten auf Fragen rund um das Domain- und DNS-System

http://webwise.de/1225.htm

Modular-Multiplikation

http://webwise.de/1224.htm

Russische Bauernmultiplikation

Ein verblüffend einfaches Verfahren, zwei natürliche Zahlen mit Hilfe des Binärsystems miteinander zu multiplizieren

http://webwise.de/1223.htm

Personal Computing: Recht

Nach Stichwort durchsuchbare Datenbank mit aktuellen Urteilen rund um Computer, Internet und Kommunikation

http://webwise.de/1222.htm

Finger-Multiplikation

Vorgestellt wird ein Verfahren, das die rasche Multiplikation aller Zahlen zwischen 5 und 10 mit den Fingern ermöglicht.

http://webwise.de/1221.htm

Schmidt's Online-Taschenrechner

Einfacher Mini-Taschenrechner in Form eines Java-Applets

http://webwise.de/1220.htm

INFORMATIK

Software

Der Softwareladen Internet hat rund um die Uhr geöffnet – und die meisten Programme kosten keinen Cent.

Adobe Reader

Ⓓ Mit dem Programm Adobe Acrobat erstellte Dokumente lassen sich auf allen Plattformen lesen und bearbeiten. Deshalb hat sich das PDF-Format zu einem De-facto-Standard für den Dokumentenaustausch entwickelt. Um PDF-Dateien lesen zu können, benötigst du den Adobe Reader. Im Gegensatz zu Adobe Acrobat, mit dem PDF-Dateien erstellt werden können, ist er kostenlos erhältlich. Abholen kannst du ihn (5,7 MB) unter:
http://webwise.de/1216.htm

AntiVir

ⒹⒺ Wer im Internet unterwegs ist, kann sich leicht etwas einfangen: einen mehr oder weniger bösartigen Virus zum Beispiel. Dagegen kann man sich auf zweierlei Art schützen – durch Internet-Abstinenz oder durch Antiviren-Software.

Die deutsche Softwareschmiede H+B EDV verschenkt(!) die Vollversion ihres ausgereiften und mehrfach ausgezeichneten Virenschutzprogramms AntiVir Personal Edition. Voraussetzung: du nutzt es nur privat.
Unser Tipp: Zugreifen, solange es dieses Super-Angebot noch gibt!
http://www.free-av.de

Sicherheits-Tools

Ⓔ Die Computerzeitschrift CHIP stellt auf dieser Seite verschiedene Sicherheits-Tools wie Antiviren-Software, 0190-Warner und Firewalls vor, die du dir alle mit wenigen Mausklicks kostenlos aus dem Internet herunterladen kannst. Was gibt es da noch für einen Grund, auf Sicherheit zu verzichten?
http://webwise.de/1215.htm

Plugins

Ⓓ Plugins sind Programmmodule, die den Funktionsumfang von Browsern erweitern und meistens kostenlos vertrieben werden. Der Betreiber dieser Site hat eine Auswahl von Plugins zusammengestellt. Links führen direkt zu den entsprechenden Download-Seiten.
http://www.glossar.de/glossar/z_plugin.htm

The GIMP – The GNU Image Manipulation Program

Ⓔ Grafiksoftware, die unter LINUX läuft. Das Programm ist Freeware. Neben Download-Adressen findest du auf der GIMP-Site Tipps und Tricks zum Einsatz der Software. Außerdem werden hier regelmäßig Wettbewerbe veranstaltet. Die wohl bekannteste Grafik, die mit GIMP erstellt wurde, ist der LINUX-Pinguin.
http://www.gimp.org

Software bis zum Abwinken

Free- und Shareware für alle Betriebssysteme und zu allen nur denkbaren Bereichen findest u. a. in folgenden Archiven:

Ⓓ - Kostenlos.de: *http://webwise.de/0067.htm*

Und sonst

Hier findest du Links auf Sites und Seiten, die unter den übrigen Rubriken nicht korrekt einzuordnen waren.

Computer-Magazine online

Wenn du auf der Suche nach Informationen oder Software bist, erweisen sich die Webpräsenzen der verschiedenen Computer-Magazine als wahre Fundgruben.

[E] - Byte: *http://www.byte.com*
[D] - CHIP: *http://www.chip.de*
[D] - c't: *http://www.heise.de/ct*
[D] - Internet-Magazin: *http://www.internet-magazin.de*
[D] - Linux-Magazin: *http://www.linux-magazin.de*
[E] - PC Magazine: *http://www.pcmag.com*
[D] - PC-Welt: *http://www.pcwelt.de*

Antivirus online

[D] Alles zum Thema Computer-Viren: Hintergrundwissen, Virennachrichten, Downloadbereich mit Virenschutzsoftware, Herstellerindex und vieles mehr.
http://www.antivirus-online.de/german

Chaos Computer Club e. V.

[D] Was sind Hacker? Was tun Hacker? Wieso tun Hacker, was sie tun? Auf der Site des legendären Hackerclubs findest du Antworten auf diese und andere Fragen.
http://www.ccc.de

Wie werde ich Hacker?

[D] Eine kurze Anleitung, die nicht ganz ernst gemeint ist. Oder etwa doch?
http://webwise.de/1214.htm

Der Abakus – Geschichte und Funktionsweise

[D] Die kleinen handlichen Taschenrechner, die heute in jeder Schultasche und jedem Aktenkoffer zu finden sind, gibt es erst seit ein paar Jahren. Trotzdem gelten sie mittlerweile als selbstverständliches Arbeitsgerät, das sich nicht mehr wegdenken lässt. Ihr Vorläufer, der Abakus, ist um einiges älter. Er wurde vor mindestens 2.500 Jahren in China entwickelt und ist dort noch heute im Einsatz. Es soll Leute geben, die mit diesen uralten perlenbestückten Holzrahmen schneller rechnen als andere mit einem seiner modernen elektronischen Nachfolger. Kaum zu glauben, aber mit diesem einfachen Rechenbrett lassen sich nicht nur Additionen, Subtraktionen, Multiplikationen und Divisionen durchführen, sondern auch Wurzelziehen ist damit machbar! Im Gegensatz zur Arbeit mit einem elektronischen Taschenrechner trainierst du beim Rechnen mit einem Abakus ganz nebenbei deine kleinen grauen Zellen.
http://webwise.de/1212.htm

INFORMATIK

Kunst allgemein

Unter dieser Rubrik findest du Links zu Sites, die sich breit gefächert mit Kunst befassen.

fh-KunstForum

[D] Das fh-KunstForum bietet Information, Kontakt und Austausch rund um das Thema Kunst. Im „Café" kannst du dich mit professionellen, aber auch mit Freizeitkünstlern unterhalten. In der „Galerie" findest du Bilder jeder Coleur. Daneben gibt es Tipps und Links. Und damit das Forum weiter wächst und gedeiht, hofft der Webmaster auf das Mitwirken seiner Besucher.
http://webwise.de/0060.htm

The Artchive

[E] Die hervorragend gestaltete Site präsentiert über 2.000 Werke von rund 200 Künstlern. Daneben gibt es eine Sammlung von theoretischen Abhandlungen und kritischen Texten zu diversen Werken der Bildenden Kunst. In den „Galerien" erwarten den Besucher mehrere virtuelle Ausstellungen, wie z. B. der „Sculpture Garden" mit Skulpturen aus verschiedenen Epochen und Regionen. In der Abteilung „Art CD-ROM Reviews" werden Kunst-CD-ROMs besprochen und bewertet. Und solltest du nach einem ausgedehnten Besuch des Artchives tatsächlich Appetit auf noch mehr Kunstgenuss haben, dann findest du in der Sammlung ausgewählter Links eine ganze Reihe weiterer Ziele für lohnende Ausflüge in die Welt der Kunst. Einen dicken Minuspunkt gibt's für die ätzende Pop-up-Werbung.
http://www.artchive.com

INTERNET QUIZ

Welcher amerikanische Maler begann seine künstlerische Laufbahn im Gefängnis?

Hätte sich Anthony Papa 1985 nicht leichtsinnigerweise für eine Hand voll Dollar auf eine gewaltige Dummheit eingelassen, würde er womöglich heute noch defekte Radiogeräte reparieren. Doch so, wie die Dinge nun einmal liefen, verbrachte er endlos lange 12 Jahre im amerikanischen Gefängnis Sing Sing. Ob aus Verzweiflung oder aus Langeweile – jedenfalls begann er dort zu malen und wurde im Lauf der Jahre zu einem geschätzten und anerkannten Künstler. Die Geschichte dieser ungewöhnlichen Karriere kannst du unter *http://webwise.de/0061.htm* nachlesen. Eine Auswahl seiner Werke findest du auf Papas Website:
http://webwise.de/0062.htm

KUNST

Referate und Schülerarbeiten

Bevor du dich daran machst, ein Referat zu schreiben, kann es sich lohnen, unter nachfolgenden Adressen nachzusehen, was andere Schüler(innen) zum selben Thema bereits verfasst haben.

Young.de – Kunst

Ⓓ Gut gefülltes Archiv von Schülerarbeiten, nach Bereichen sortiert: Architektur, Epochen und Stile, Foto und Film, Künstler und Theorie. Die Texte liegen in verschiedenen Formaten vor. Auf der Site umsehen kann sich jeder. Zugriff auf Texte haben allerdings nur angemeldete Mitglieder. Das ist nicht weiter schlimm, denn die so genannte Basis-Mitgliedschaft ist kostenlos. Aber aufgepasst: die so genannten Profi-Materialien gibt's nur gegen Gebühr.
http://webwise.de/1316.htm

ReferateFundus: Kunst

ⒹⒺⒻ Rund 250 Referate aus dem Kunstunterricht stehen bei ReferateFundus wahlweise als PDF- und als gezippte RTF-Dateien zum Download bereit. Statt dich durch den alphabetisch sortierten Index der angebotenen Texte zu hanteln, kannst du über die Suchmaske (rechts oben: Erweiterte Suche) alternativ auch per Stichworteingabe fündig werden.
http://webwise.de/1317.htm

Hausarbeiten.de – Kunst

Ⓓ Über 400 Arbeiten hat Hausarbeiten.de in Sachen Kunst, Kunstwissenschaft und Kunstgeschichte im Angebot. Eigentlich nicht schlecht. Allerdings ist hier längst nicht mehr alles umsonst. Viele, vor allem längere Texte kosten mittlerweile Geld, und das nicht zu knapp. Zum Teil werden Summen verlangt, für die man andernorts komplette Bücher bekommt. Dabei kann man das Referat der Wahl vor dem kostenpflichtigen Download nicht sehen, muss also im Fall des Falles die „Katze im Sack kaufen". Wer will das schon?
http://webwise.de/1318.htm

Weitere Referate Kunst

Ⓓ Weitere Links zu Schülerarbeiten, Referaten und Aufsätzen in verschiedenen Formaten findest du unter:
http://webwise.de/1319.htm

Kunst interaktiv

Manchmal kommt man schneller zum Ziel, wenn man andere fragt, anstatt lange selbst zu suchen. In Foren zum Thema Kunst findest du Ansprechpartner.

GRIN – Kunst-Forum

Ⓓ In der Schüler-Community GRIN wird rege über die verschiedensten Themen diskutiert, auch über Kunst. Auf dieser Seite sind alle verfügbaren Foren alphabetisch sortiert gelistet. Ein Mausklick auf „Kunst" bringt dich ins entsprechende Forum.
http://webwise.de/1272.htm

Schüler-Community Kunst

⊡ Neues Online-Forum zum Thema Kunst für Schüler(innen) und Student(inn)en
http://de.groups.yahoo.com/group/ig-kunst

Kunst im Usenet

Das Usenet ist ein wichtiger Teil des Internets. Im ihm finden sich auch zum Thema Kunst eine Vielzahl von Newsgroups. Allerdings befassen sich die meisten mit sehr speziellen Fragestellungen. Nachfolgend haben wir einige halbwegs allgemeine Groups zusammengestellt. Wenn du weitere Foren aus dem Bereich Kunst suchst, wirst du im Newsgroup-Verzeichnis deines Zugangsproviders oder bei Google Groups *(http://webwise.de/1310.htm)* über die Stichwörter „kunst" und „art" fündig.

ⓔ *news:alt.binaries.pictures.fine-art.misc*

⊡ de.rec.kunst.misc - *http://webwise.de/1311.htm*

⊡ z-netz.alt.kunst - *http://webwise.de/1312.htm*

Epochen und Stile

Welcher Stil zu welcher Zeit? Das Web liefert Informationen und Bilder aus allen Epochen.

Hauptepochen der Kunstgeschichte

⊡ Referate und weiterführende Links zu Renaissance, Barock, Rokoko, Romantik,
 Impressionismus, Pointillismus, Kubismus, Expressionismus, Konstruktivismus und Surrealismus
http://webwise.de/0069.htm

Art History Resources on the Web

ⓔ Umfangreiches Material zu den verschiedensten Epochen und Stilrichtungen
 http://webwise.de/1309.htm

Abriss Kunstgeschichte – Epochen und Stile

⊡ Überblick von der Steinzeit bis zur Postmoderne (Schülerarbeit)
http://webwise.de/1308.htm

Epochen der Malerei

⊡ Von der Höhlenmalerei bis zur Romantik (Schülerarbeit)
http://webwise.de/0070.htm

Die Renaissancekunst

⊡ Malerei und Bildhauerei in der Renaissance (Schülerreferat)
http://webwise.de/0071.htm

Impressionismus – Geschichte und Merkmale

⊡ Illustrierte Einführung mit weiterführenden Links
http://webwise.de/0081.htm

Der Jugendstil

D   Ziele, Absichten, Gestaltungsmerkmale (Schülerreferat)
http://webwise.de/0072.htm

Museen – Ausstellungen – Collections

Noch vor ein paar Jahren war man auf die Museen in der näheren Umgebung angewiesen. Heute kannst du fast jedem bekannten Kunstmuseum auf der Welt einen virtuellen Besuch abstatten. Per Mausklick und Modem.

The Museum of Modern Art

E   Die Webseiten des Museum of Modern Art in New York (USA) gehen über eine virtuelle Führung weit hinaus. Online-Projekte berühmter Künstler zeigen, dass Kunst im Web längst eigenständige Formen entwickelt.
http://www.moma.org

Site officiel du musée du Louvre

EFS Über 6.000 Gemälde sind im Louvre in Paris ausgestellt, darunter das wohl berühmteste Bild der Welt, die „Mona Lisa". Die Website vermittelt einen guten Einblick in eine der größten und bekanntesten Kunstsammlungen.
http://www.louvre.fr

Guggenheim.ORG

E   Die Portalseite der Guggenheim-Stiftung führt unter anderem zu den Websites des berühmten Guggenheim-Museums New York und des erst 1997 eröffneten
 Guggenheim-Museums Bilbao. Schau dich dort mal um – es lohnt sich!
http://www.guggenheim.org

Elfwood – Fantasy Art Gallery

E   Hier wimmelt es nur so von Drachen, Elfen, Märchenfeen, Aliens und anderen Fantasiegestalten. Der Elfwood-Webmaster hat eine unglaubliche Online-Sammlung zusammengestellt und präsentiert zahllose Bilder von Tausenden von Fantasy- und Sciencefiction-Künstlern und unzählige Storys von Autoren aus beiden Genres. Das selbstverliehene Prädikat „The worlds biggest site for fantasy/scifi art and fiction" trägt die Site sicher zu Recht. Wem der Inhalt dieses gigantischen Archivs trotz allem nicht reicht, der findet über weiterführende Links noch mehr Fantasy im Web.
http://webwise.de/0082.htm

Galerie Zepp

D   Die Galerie Zepp macht die besten Ergebnisse aus Kunstunterricht und Kunstprojekten verschiedener Klassen und Jahrgangsstufen am Zeppelin-Gymnasium in Lüdenscheid der Öffentlichkeit zugänglich. Über die reine Dokumentationsfunktion hinaus versteht sich die Galerie Zepp als ein Medium, über das Schüler ihre Erfahrungen im Umgang mit Kunst austauschen können.
http://webwise.de/0073.htm

KUNST

Museen und Ausstellungen im deutschsprachigen Raum

ⅅ   Portal zu sämtlichen Museen im deutschsprachigen Raum, die im Web vertreten sind (über 10.000 detaillierte Einträge!), mit Verweisen zu Hunderten von Ausstellungen und einer Vielzahl kunstbezogener Informationen. Bei dieser Informationsfülle besonders praktisch: die Museen-Datenbank kann per Stichworteingabe (oben links: Volltextsuche Museen) durchstöbert werden.
http://WebMuseen.de

Künstler(innen) im Web – Biographien und Werke

Alte Meister oder junge Newcomer – im Web findest du Informationen und Bildmaterial zu praktisch allen bekannten Künstler(inne)n.

Ansel Adams - San Francisco/USA (1902-1984)

ⅇ   - Kurzbiographie des nordamerikanischen Fotokünstlers:
http://webwise.de/1306.htm
- Die Online-Kunstgalerie Corbis präsentiert ausgewählte Fotos von Ansel Adams:
http://webwise.de/1307.htm

Hieronymus Bosch - 's-Hertogenbosch/Niederlande (1450-1516)

ⅇ   Porträt, Leben und Werke online
http://cgfa.sunsite.dk/bosch

Sandro Botticelli - Florenz/Italien (1445-1510)

ⅇ   Leben und Werk des Renaissancemalers
http://cgfa.sunsite.dk/botticel

Pieter Bruegel d. Ä. - Breda/Niederlande (1525-1569)

ⅇ   Porträt, Leben und Werke online
http://cgfa.sunsite.dk/bruegel1

Paul Cézanne - Aix-en-Provence/Frankreich (1839-1906)

ⅅⅇ   Linksammlung: Leben, Werk und Bilder des französischen Impressionisten
http://webwise.de/1305.htm

Marc Chagall - Witebsk/Russland (1887-1985)

ⅅ   Leben und Werk
http://webwise.de/1304.htm

Lucas Cranach d. Ä. - Kronach (1472-1553)

ⅇ   Porträt, Leben und Werk des großen deutschen Malers, Zeichners und Kupferstechers
http://cgfa.sunsite.dk/cranach1

Salvador Dalí - Figueras/Spanien (1904-1989)

 - Salvador-Dalí-Seite – Die ansprechend gestaltete Site präsentiert Leben und Werk des skurrilen Künstlers in Wort und Bild, ergänzt durch Links und einen Download-Bereich. Hier gibt es einen Dalí-Bildschirmschoner, Dalís Handschrift als TrueType-Font und einiges mehr.
http://www.salvadordali.de

 - Das Salvador Dalí Museum in St. Petersburg (Florida/USA) verfügt über eine umfassende Sammlung von Werken des surrealistischen Malers. Rund 160 Exponate werden online präsentiert. Selbstverständlich steht auch eine Dalí-Biografie zur Verfügung. Die Site wurde mehrfach ausgezeichnet.
http://webcoast.com/Dali/

Weitere Links zu Dalí-Seiten im Internet
http://webwise.de/1303.htm

Albrecht Dürer - Nürnberg (1471-1528)

Leben und Werk in Kürze sowie 42 Kupferstiche
http://webwise.de/1302.htm

Caspar David Friedrich - Greifswald (1774-1840)

- Der Künstler und seine Zeit – umfangreiches Schülerreferat:
http://webwise.de/0080.htm

- Kurzbiographie des deutschen Malers:
http://webwise.de/1301.htm

Paul Gauguin - Paris/Frankreich (1848-1903)

Porträt, Leben und Werk des französischen Postimpressionisten
http://cgfa.sunsite.dk/gauguin

Vincent van Gogh - Groot-Zundert/Niederlande (1853-1890)

 - Mit 4.126 Seiten und 4.023 Grafiken ist The Vincent van Gogh Gallery zweifelsohne *die* Website zu Vincent van Gogh. Laut David Brooks, Webmaster der Site, umfasst die Webpräsentation das komplette Werk des Künstlers. Neben den Bildern steht eine Fülle von Informationen und Dokumenten zur Verfügung: Briefwechsel, Fotos, Literaturverweise, ein umfangreiches Pressearchiv, Links zu weiteren Webressourcen, sowie – selbstredend – eine Biographie.
http://webwise.de/1300.htm
Links zu weiteren van Gogh-Seiten im Internet
http://webwise.de/1299.htm

Francisco de Goya - Fuendetodos/Spanien (1746-1828)

Porträt, Leben und Werk des spanischen Meisters
http://cgfa.sunsite.dk/goya

Friedensreich Hundertwasser - Wien/Österreich (1928-2000)

- Friedensreich Hundertwasser in aller Welt – In Wittenberg wurde das Martin-Luther-Gymnasium, ein typischer DDR-Plattenbau, unter Leitung des Künstlers Friedensreich Hundertwasser umgebaut. Auf der Website, die die Stadt Wittenberg anlässlich dieses Projektes ins Netz gestellt hat, findest du eine Menge

Informationen über den eigenwilligen Künstler, der am 19. Februar 2000 an Bord eines Schiffes vor Australien verstorben ist:
http://webwise.de/1297.htm
Weitere Hundertwasser-Seiten im Internet:
http://webwise.de/1298.htm

Wassily Kandinsky - Moskau/Russland (1866-1944)

D   Links zu Leben und Werk des russischen Malers
http://webwise.de/1296.htm

Paul Klee - Münchenbuchsee/Schweiz (1879-1940)

E   Leben und Werke
http://sunsite.dk/cgfa/klee

Oskar Kokoschka - Pöchlarn/Österreich (1886-1980)

E   - Kurzbiographie des österreichischen Künstlers und Schriftstellers:
http://webwise.de/1294.htm
- Online-Bildersammlung:
http://webwise.de/1295.htm

Leonardo da Vinci - Anchiano (bei Vinci)/Italien (1452-1519)

E   - Sein wohl berühmtestes Gemälde ist weltbekannt: die „Mona Lisa". Doch Leonardo da Vinci war nicht nur Künstler, sondern auch Wissenschaftler und Erfinder. Auf dieser hervorragend gestalteten Site kannst du das Renaissance-Genie, seine Bilder und seine Erfindungen kennen lernen.
http://www.mos.org/leonardo
Links zu weiteren Leonardo da Vinci-Seiten im Internet:
http://webwise.de/1293.htm

August Macke - Meschede (1887-1914)

D   Leben und Werk in Wort und Bild.
http://webwise.de/1292.htm

René Magritte - Lessines/Belgien (1898-1967)

E   Bis vor kurzem konnte diese Seite noch rund 300 Magritte-Bilder zeigen. Doch nun haben die Rechteinhaber dem einen Riegel vorgeschoben. Was bleibt, sind eine Biographie und Links zu Museen, in denen Magritte-Werke ausgestellt sind.
http://www.magritte.com

Franz Marc - München (1880-1916)

E   Porträt, Leben und Werk des Mitbegründers des „Blauen Reiters"
http://webwise.de/1290.htm

Henri Matisse - Le Cateau/Frankreich (1869-1954)

E   - Kurzbiographie des französischen Malers:
http://webwise.de/1288.htm
- Online-Präsentation einer ganzen Reihe von Matisses Werken:
http://webwise.de/1289.htm

KURZ & FÜNDIG

Datenbank bildender Künstler und Architekten im Internet
http://webwise.de/1291.htm

The Design Museum/London
Design im täglichen Leben
http://www.designmuseum.org

Grafik- und Zeichensoftware
Ausgewählte Grafik-Software zum
Download. Shareware und Freeware
http://webwise.de/0074.htm

Bauhaus-Archiv – Museum für Gestaltung
http://www.bauhaus.de

The Minneapolis Institute of Arts
http://www.artsmia.org

Museo del Prado/Madrid
Spanische Meister und mittel-
und südeuropäische Malerei
http://museoprado.mcu.es/

World Art Treasures
http://www.bergerfoundation.ch

Goethes Farbenlehre
http://www.farben-welten.de/farbenlehre

Michelangelo (eig. M. Buonarroti) - Caprese/Italien (1475-1564)

🄴 - Kurzbiographie des Bildhauers, Malers, Baumeisters und Dichters:
http://webwise.de/1286.htm
- Die Fresken der Sixtinischen Kapelle:
http://webwise.de/1287.htm

Amedeo Modigliani - Livorno/Italien (1884-1920)

🄴 - Kurzbiographie des italienischen Malers und Bildhauers:
http://webwise.de/0077.htm
- Kleine Bildersammlung:
http://webwise.de/1285.htm

Pablo Picasso - Málaga/Spanien (1881-1973)

🄴 - On-Line Picasso Project – Leben und Werk Pablo Picassos, der in seinem langen
Leben über 20 000 Werke geschaffen hat. Hier findest du (fast) alles, was es
über den Künstler zu wissen gibt. Eine virtuelle Tour führt chronologisch durch
Picassos Leben. Das Album enthält Fotos des Künstlers zu jeder Dekade seines
Lebens. Werke von Picasso werden ebenfalls chronologisch geordnet präsentiert -
Aufgepasst: Die in der Galerie gezeigten Bilder sind lediglich „thumbnails" – ein

Klick darauf, und du erhältst größere Grafiken mit höherer Auflösung.
http://webwise.de/0078.htm

Ⓓ   Weitere Links zu Picassos Leben und Werken:
http://webwise.de/1284.htm

Rembrandt Harmenszoon van Rijn - Leiden/Niederl. (1606-1669)

ⒹⒺ   Links zu Leben und Werk des niederländischen Malers
http://webwise.de/1283.htm

Peter Paul Rubens - Siegen (1577-1640)

Ⓔ   - Kurzbiographie des Malers:
http://webwise.de/1281.htm
- Online-Bildersammlung:
http://webwise.de/1282.htm

Tizian - Pieve di Cadore/Italien (1488-1576)

Ⓔ   Porträt, Leben und Werk des venezianischen Meisters
http://webwise.de/1280.htm

Diego Velázquez - Sevilla/Spanien (1599-1660)

Ⓔ   Porträt, Leben und Werke online
http://webwise.de/1279.htm

Andy Warhol - Pittsburgh/USA (1928-1987)

ⒹⒺ   Links zu Biographien und anderen Andy Warhol-Informationen
http://webwise.de/0079.htm

Weitere Künstler-Biographien

Ⓔ   Über 25.000 Kurzbiographien liegen bei biography.com zum Abruf bereit, darunter natürlich auch die zahlreicher Künstler(innen).
http://www.biography.com/
Interaktive Sammlung von Links zu Künstlerbiograpjhien, die von den Nutzern erweitert wird:

http://webwise.de/1315.htm

Software

Kommerzielle Grafik-Software kann ganz schön ins Geld gehen. Zum Glück gibt es im Web preiswerte oder gar kostenlose und trotzdem tolle Alternativen.

Animake

Ⓓ   Zappelbildchen gefällig? Mit dem Gratis-Programm Animake, das unter Windows 9x/NT/2000/XP läuft, lassen sich im Handumdrehen aus einzelnen Bildern aber auch aus Videos animierte GIF-Grafiken erstellen. Download der Freeware (2,2 MB) unter:
http://www.rms.to/kostenlos.htm

Ulead Photo Explorer

D E   Der Ulead Photo Explorer ist ein leicht bedienbares Werkzeug zur Erfassung, Betrachtung, Organisation, Anpassung und gemeinsamen Nutzung digitaler Bilder. Die nicht mehr ganz taufrische Version 6.0 (6,4 MB, englisch) gibt es als Freeware – also zum Nulltarif.
http://www.ulead.de/pex/freeware.htm

CyberMotion 3D-Designer

D   CyberMotion 3D-Designer ist ein professionelles Programm zum Erstellen und Animieren von 3D-Objekten, das trotz seines Funktionsumfangs einfach zu bedienen ist. Unter ***http://webwise.de/0063.htm*** kannst du dir die beeindruckenden Bilder ansehen, die mit der Software angefertigt wurden. Welchen Grafik-Fan würde es da nicht in den Fingern jucken? Das Programm läuft unter Windows 95/98/NT/2000. Es wird als Shareware vertrieben. Eine voll funktionsfähige Trialversion steht unter ***http://webwise.de/0075.htm*** zum Download bereit (7,9 MB). Für den Dauereinsatz wird eine Registrierungsgebühr von 119 Euro fällig. Bei Vorlage eines Schüler-/Studentenausweises reduziert sich der Preis auf 89 Euro.
http://www.3d-designer.com/de/home

PhotoLine 32

D   Leistungsfähiges und schnelles Grafikprogramm zur Bildbearbeitung. Mit umfangreichen Mal- und Filterfunktionen können Fotos auf vielfältige Weise manipuliert werden. Das Programm beherrscht alle gängigen Grafikformate. Scanner und drucksensitive Zeichentabletts werden unterstützt. Die Software läuft unter Windows 9x/NT4/2000/ME/XP und MacOS. Nach dem Download (6,87 bzw. 6,2 MB) kannst du das Programm 30 Tage lang kostenlos benutzen. Danach wird eine Registrierungsgebühr (ab 59 Euro) fällig.
http://www.pl32.de

FontTwister

D   Mit FontTwister lassen sich ohne großen Aufwand professionelle Schrifteffekte erstellen. Schriftzüge können beliebig verformt, verwittert, zum Glühen gebracht, eingefärbt, mit Schatten hinterlegt, mit Texturen versehen oder in 3-D extrudiert werden. Dabei unterstützt dich bei allen Arbeitsschritten der Effekt-Generator, der die visuelle Kontrolle aller Effektparameter erlaubt. 50 einsatzbereite Vorlagen, die individuell angepasst werden können, werden mitgeliefert. Shareware zum 30-Tage-Test - Registriergebühr 35 Euro - Download-Datei 1,48 MB.
http://webwise.de/0076.htm

KUNST

Latein allgemein

Unter dieser Rubrik findest du Links zu Sites, die sich umfassend mit Themen rund um den Lateinunterricht und die lateinische Sprache befassen.

S.P.Q.R. Lateinservice

Weil sie nach gründlicher Recherche mit dem verfügbaren Webangebot zum Thema Latein nicht so recht zufrieden waren, haben sich zwei examinierte Latinisten im April 1999 daran gemacht, ihre eigene Site ins Netz zu stellen mit dem Ziel, Schülern, die sich von Latein geplagt fühlen, kompetent und postwendend zu helfen. Gleichzeitig wollen sie aber auch diejenigen ansprechen, die dem Lateinischen – ob beruflich, als Hobby oder aus Spaß am bildungsexotischen Flair der Sprache – zugetan sind.
Ihr Angebot, mit dem sie Informationen und Hilfen rund um die lateinische Sprache liefern, ist rund: Neben einer ordentlichen Sammlung von Grammatiklektionen, einer langen kommentierten Liste weiterführender Links und einem kleinen, aber stetig wachsenden Referate-Archiv steht ein Forum zur gegenseitigen Hilfe von Schüler zu Schüler bereit. Wenn du dir gar nicht mehr zu helfen weißt, kannst du dich auch per E-Mail direkt an die Webmaster wenden und um Rat fragen. Die Antwort kann allerdings ein Weilchen dauern!
http://www.lateinservice.de

Kirke

Das Kürzel KIRKE steht für *Katalog der Internetressourcen für die Klassische Philologie aus Berlin*. Für den Fall, dass dir der Begriff Philologie nicht geläufig ist: er bezeichnet die Wissenschaft von der Sprache und Literatur. Die Klassische Philologie befasst sich mit den alten Sprachen Latein und Griechisch. KIRKE listet übersichtlich sortiert Links zu zahllosen Webseiten rund um die beiden Sprachen (wobei der Schwerpunkt auf Latein liegt) und den geschichtlichen Kontext. Eine unerschöpfliche Fundgrube!
http://webwise.de/1329.htm

Webwise.de: Latein

Nach Stichwörtern durchsuchbare interaktive Liste mit Links zu Internetquellen rund um Latein, die von den Nutzern erweitert wird.
http://webwise.de/1330.htm

learn:line: Latein

Neben eigenen Angeboten für den Lateinunterricht liefert der learn:line-Server kommentierte Links zu Webseiten, die für Lateinschüler und –lehrer interessant sind.
http://webwise.de/1331.htm

Referate und Schülerarbeiten

Sieht ganz so aus, als wäre Latein nicht gerade der Favorit unter den Sprachen. Das Angebot an Schülerarbeiten fällt deutlich kleiner aus als das für die übrigen. Wie auch immer – echter Mangel herrscht auf den Referate-Servern zum Glück auch an Lateinarbeiten nicht.

LATEIN

ReferateFundus: Latein

Knapp 200 Schülerarbeiten aus dem Lateinunterricht stehen bei ReferateFundus wahlweise als PDF- und als gezippte RTF-Dateien zum Download bereit. Eine Sucheinrichtung (in der Menüleiste oben:„ Erweiterte Suche") hilft beim Fündig-werden. Und das Schönste dabei: keine Kohle, keine Anmeldung, keine ätzenden Pop-up-Werbefenster. Als Belohnung für so viel Kundenfreundlichkeit ist es natürlich eine Überlegung wert, ob du nicht selbst eine Arbeit herumliegen hast, die du dem Archiv zur Verfügung stellen kannst. Findest du nicht auch?
http://webwise.de/0084.htm

Young.de – Latein

Bei Young.de werden die Arbeiten thematisch geordnet präsentiert. Zusätzlich hilft eine Sucheinrichtung dabei, fündig zu werden. Umsehen kann sich auf der Site jeder. Zugriff auf Texte haben allerdings nur angemeldete Mitglieder. Das ist kein Grund, auf das Angebot zu verzichten – die Mitgliedschaft ist kostenlos. Aber aufgepasst: Nicht alles ist hier umsonst. Die so genannten Profi-Materialien gibt es nur gegen Gebühr.
http://webwise.de/0083.htm

ReferateHeim.at: Latein

Mit rund 40 Referaten ist das Archiv dieses österreichischen Servers in Sachen Latein etwas mager bestückt. Die Texte stehen wahlweise in den Formaten PDF und HTML zur Verfügung. Auch hier kann über eine Suchmaske (am unteren Sei-tenrand) per Stichworteingabe recherchiert werden. Das Angebot überschneidet sich in weiten Teilen mit dem des ReferateFundus
http://webwise.de/0092.htm

Forum Latinum: Schulmaterialien Latein

Ebenfalls rund 40 Referate stehen beim Forum Romanum im WORD-Format zum Download bereit. Die meisten davon stammen aus Leistungskursen.
http://webwise.de/1373.htm

Hausarbeiten.de: Latein

Über 150 Arbeiten aus dem Lateinunterricht hat Hausarbeiten.de archiviert. Eigentlich nicht schlecht. Allerdings ist hier längst nicht mehr alles umsonst. Viele, vor allem längere, Texte kosten Geld - und das nicht zu knapp. Dabei kauft man die Katze im Sack, denn man bekommt das Referat der Wahl vor dem kostenpflichtigen Download nicht zu sehen. Da ist es sicher keine schlechte Idee, sich vorher erst einmal anderweitig umzusehen.
http://webwise.de/1374.htm

Weitere Referate und Interpretationen Latein

Links zu weiteren Schülerarbeiten, Referaten und Aufsätzen in verschiedenen Formaten findest du unter:
http://webwise.de/1375.htm

Übersetzungen

Bis vor ein paar Jahren stand vor der Übersetzung längerer lateinischer Texte der Weg in die Buchhandlung, um sich eine „Schwarte" zu besorgen. Heute stehen die Übersetzungen der wichtigsten Latein-Klassiker im Web bereit. Altera tempora, alteri mores!

Messy goes Latin: Übersetzungen

🔲 Diverse lateinische Standardtexte fix und fertig ins Deutsche übersetzt
http://webwise.de/1372.htm

Kreienbuehl.ch: Latein-Übersetzungen

🔲 Sammlung von deutschen Übersetzungen lateinischer Standardtexte
http://webwise.de/1371.htm

Elmars Lateinseiten: Übersetzungen

🔲 Übersetzungen bekannter Werke von Cicero, Ovid, Sallust, Seneca und Vergil
http://elmars.hypermart.net/inhalt.htm

Christian Görlitz: Übersetzungen

🔲 Hier hat ein Schüler seine Übersetzungen lateinischer Standardtexte ins Web gestellt, die „so nah wie möglich am Text dran sind und nicht – so wie zahlreiche andere Ausgaben – sehr frei übersetzt worden sind". Als Hilfe bei eigenen Übersetzungen eingesetzt, sind diese Texte womöglich die bessere Wahl.
http://webwise.de/1370.htm

e-Latein – Archiv

🔲 Übersetzungen lateinischer Texte von Caesar bis Tacitus
http://webwise.de/0094.htm

Imperium Romanum: Übersetzungen

🔲 Dieses kleine Archiv mit Übersetzungen lateinischer Texte lebt von der Mitarbeit der Nutzer; die lässt aber leider (noch?) zu wünschen übrig. Schade.
http://webwise.de/1369.htm

Latein direkt

Probleme mit Latein? Das Web lässt dich nicht allein. Hier findest du online oder per E-Mail kompetente Ansprechpartner.

Hotbox – Latein

🔲 Du hast Fragen zu Latein? Dann kannst du dich an die Hotbox – Latein wenden. Schüler und Studenten leisten hier unentgeltlich Hilfestellung per E-Mail. Eine Garantie auf die gesuchte Antwort gibt es natürlich nicht.
http://webwise.de/1368.htm

Caesar Klassenarbeiten

Ⓓ Auf dieser Seite findest du 33 Klassenarbeiten. Du kannst dir die eine oder
    andere davon vornehmen und beackern. Anschließend schickst du dein Ergebnis
    per E-Mail an die angegebene Adresse und erhältst sie bewertet zurück.
    http://webwise.de/1366.htm

Latein interaktiv

Unter den folgenden Adressen kannst du mit anderen Schülern und Schülerinnen Fragen zu und Probleme mit Latein diskutieren.

S.P.Q.R – Forum

Ⓓ Auch in diesem Forum gilt das Prinzip Hilfe auf Gegenseitigkeit. Wenn du ein
    Problem mit Latein hast, kannst du hier deine Fragen platzieren, um von ande-
    ren Schülern Antworten zu erhalten. Das funktioniert natürlich nur, wenn die
    Nutzer der Einrichtung nicht nur „nehmen" sondern auch „geben".
    http://webwise.de/1367.htm

S.P.Q.R. – Chat

Dem gleichen Zweck wie das Forum dient auch der Chat. Hier kannst du dich in
Echtzeit mit anderen Besuchern für deine Fragen und Probleme unterhalten –
vorausgesetzt, du bist nicht gerade der Einzige im Chatroom.
http://www.lateinservice.de/chat

Messy goes Latin – Chat

Ⓓ Chatroom mit dem Schwerpunkt Latein – aber natürlich wird auch über andere
    Dinge geredet: *http://www.bnro.de/~mess/chat.htm*

Schüler-Community Latein

Ⓓ Probleme mit Latein? In dieser neuen Community kannst du dich online oder per
    E-Mail mit anderen Schüler(inne)n über die Sprache der Alten Römer austau-
    schen: *http://webwise.de/0096.htm*

Grammatik

Rechtschreibung stellt in Latein kein allzu großes Problem dar. Dafür ist die
Grammatik um so kniffliger. Das Web bietet Hilfestellung bei Fragen zur Grammatik und hilft beim Pauken.

Linguam Latinam in rete – Latein goes Internet

Ⓓ „Diese Homepage wurde gestaltet, um geplagten Schülern, die gern mit dem PC
    arbeiten, wie auch interessierten Erwachsenen eine Möglichkeit zu bieten, La-
    tein mit dem Internet und dem PC sinnvoll zu lernen. ... Bitte sehen Sie sich
    um, frischen Sie Ihr Wissen aus der Schulzeit auf, üben Sie, spielen Sie, lachen
    Sie!" (Zitat aus der Selbstdarstellung)
    http://www.cso.net/bg19/latein

Kreienbuehl.ch: Latein-Grammatik

☐ Sammlung ausführlicher Artikel zu grammatikalischen Regeln und Formen
http://webwise.de/1365.htm

Homepage von Michael Bradtke: Grammatik

☐ Konjugationstabellen, Deklinationstabellen und weitere Grammatik-Tools
http://www.mbradtke.de/gr000.htm

Homepage von Michael Bradtke: Tropen und Figuren

☐ Übersicht: Stilmittel der lateinischen Sprache
http://www.mbradtke.de/st000.htm

Dr. Franz Kremsers Latein-Site: Grammatik

☐ Ausführliche Lektionen zu Deklinationen, Kasuslehre, Gerundium, Gerundiv, AcI (Accusativus cum Infinitivo), NcI (Nominativus cum Infinitivo), Infinitiv, Partizipialkonstruktionen, Consecutio temporum, konjunktivischen Nebensätzen, Konditionalsätzen und zum Konjunktiv im Hauptsatz
http://webwise.de/1364.htm

Wörterbücher und Nachschlagewerke

Latein – eine tote Sprache? Wieso gibt es im Internet dann so viele lateinische Wörterbücher?

Das LOGOS Wörterbuch

☐ Ein Wort, das du in die Suchmaske eingibst, wird gleichzeitig in eine Vielzahl von Sprachen übersetzt. Das gesuchte Wort kann aus dem Lateinischen oder aus dem Deutschen – oder aus einer der übrigen angeboten Sprachen – stammen. Die unterlegte Datenbank, die von Freiwilligen (wenn du willst, kannst auch du das eine oder andere Wort beisteuern) erstellt wird, umfasst – alle Sprachen zusammengenommen – bereits über 7,5 Millionen Einträge und wächst und wächst. Eine tolle Idee, hervorragend umgesetzt!
http://webwise.de/1363.htm

LOGOS Wordtheque – Word by word multilingual library

☐ Am besten versteht man ein Wort aus einer fremden Sprache im Kontext – das ist die Idee, die hinter der Wordtheque steht. Du gibst ein Wort in Latein (oder in einer anderen der vielen verfügbaren Sprachen) ein und erhältst eine Aufstellung von Textpassagen, in denen das Wort vorkommt. Mit einem Klick kannst du dir auch den kompletten Text auf den Bildschirm holen.
http://webwise.de/1362.htm

Travlang's On-line Dictionary – German-Latin/Latin-German

☐☐☐ Online-Wörterbuch Deutsch-Latein – die unterlegte Datenbank enthält etwa 2.300 Begriffe.
http://dictionaries.travlang.com/GermanLatin

Das Gegenstück dazu für die Übersetzung von Begriffen aus dem Lateinischen ins Deutsche.
http://dictionaries.travlang.com/LatinGerman

Weitere Wörterbücher

- Wörterbuch Latein-Deutsch
http://wernersindex.de/lateindeutsch.htm
Latin-English Dictionary
http://webwise.de/1844.htm
- Perseus Digital Library – The Latin Lexicon:
http://www.perseus.tufts.edu/cgi-bin/resolveform?lang=Latin

Weitere Nachschlagewerke

Eine Vielzahl weiterer Nachschlagewerke wie Enzyklopädien, Wörterbücher, Lexika und Thesauri findest du bei:

Yahoo.de: *http://de.dir.yahoo.com/Nachschlagen*

Yahoo.com: *http://dir.yahoo.com/Reference*

Google.de: *http://webwise.de/1360.htm*

Web.de: *http://webwise.de/1361.htm*

Römische Geschichte und Kultur

Kaum eine andere versunkene Kultur ist im Internet so breit vertreten wie die Römische. Sieht ganz danach aus, als würden sich nicht nur Lateinlehrer und Geschichtswissenschaftler für sie begeistern können.

Gaius Julius Caesar (100-44 v. Chr.)

Julius Caesar ist wohl die bekannteste Persönlichkeit der Antike. Er legte den Grundstein für das Römische Kaiserreich und beeinflusste damit die Geschichte Europas bis ins Mittelalter und die Denke mancher Politiker bis in die heutige Zeit.
http://webwise.de/1359.htm

Latein – Kultur

Umfangreiche Sammlung von Artikeln zu Leben und Kultur im Römischen Reich, ergänzt durch Kartenmaterial und eine Bildergalerie.
http://webwise.de/1358.htm

Roma Antiqua

Virtueller Rundgang zu den antiken Stätten Roms. Daneben gibt es auf der mehrfach ausgezeichneten Site eine Aufstellung römischer Kaiser von Augustus (27 v. Chr.) bis Romulus Augustulus (476 n. Chr.). Reisetipps für eine reale Reise nach Rom sowie Literaturempfehlungen und Links vervollständigen das Angebot.
http://www.roma-antiqua.de

Rom im WorldWideWeb

Ⓓ Umfangreiche rubrizierte Sammlung von Links zur „Ewigen Stadt"
http://webwise.de/0097.htm

Welcome to the Roman Empire

Ⓔ Diese Site liefert Biographien römischer Imperatoren, erzählt die Legende von
der Gründung Roms und informiert über das tägliche Leben, das römische Heer
sowie viele andere Aspekte das antiken Roms. Mehrere Landkarten und eine kleine Sammlung von Links runden das Angebot ab.
http://webwise.de/1357.htm

Die Römer in Deutschland und in Europa

Ⓓ Auf den Spuren der Römer in Deutschland und in Nachbarländern – umfassende,
 übersichtlich gegliederte Linkliste zu regionalen Websites.
http://webwise.de/1356.htm

Imperium Romanum

Ⓓ Kultur und Geschichte des Römischen Weltreiches. Hervorragend gestaltete Site
mit einer Zeittafel, einer Karte des Römischen Reiches, einer Animation der
Schlacht von Cannae (zu finden unter: *Geschichte: Zweiter Punischer Krieg*), Bildern und einer Fülle weiterer Informationen, ergänzt durch Links zu verwandten
Sites.
http://www.romanum.de

Dead Romans

Ⓔ Neben virtuellen Spaziergängen durch das antike Rom bietet diese Site Informationen zu römischen Münzen und zu den römischen Kaisern. Weiterführende
Links ergänzen das Angebot. Die Site wird laufend erweitert, nicht zuletzt durch
Fotos, die der Webmaster von seinen realen Reisen nach Rom mitbringt.
http://www.deadromans.com

De Imperatoribus Romanis – On the Roman Emperors

Ⓔ Online-Enzyklopädie zu den römischen und byzantinischen Herrschern von Augustus (27 v. Chr. - 14 n. Chr.) bis Konstantin XI. (1404-1453)
http://www.roman-emperors.org

Latein-Forum: Römisches Leben

ⒹⒺ Umfangreiche Linksammlungen zu den verschiedensten Aspekten des Lebens im
Römischen Reich
http://webwise.de/1355.htm

Römisch gerüstet

Ⓓ Ausrüstung und Bewaffnung der römischen Legionäre in der Zeit von 250 v. Chr.
bis 30 n. Chr. und später im Detail
http://cueni.ch/romreplik.html

Die christlichen Katakomben von Rom

▯ Im Mittelpunkt dieser Site stehen die Katakomben von Rom, die in der Zeit der Christenverfolgung eine lebenswichtige Rolle spielten. Neben ausführlichen Textinformationen gibt es auch Bilder von den unterirdischen Tunnelsystemen.
http://webwise.de/1354.htm

Die Römer in Deutschland – Trier

▯ Trier gilt als die älteste Stadt Deutschlands. Die Römer haben dort ihre Spuren hinterlassen, denen dieser illustrierte Online-Artikel nachgeht.
http://www.lateinforum.de/roemer4.htm

Der Limes

▯ 550 km lang reichte die Grenzbefestigung der Römer vom Rhein bei Andernach bis zur Donau bei Regensburg. Der Limes – das Wort bedeutet ursprünglich „Feldweg" – diente der Abwehr der germanischen Stämme. Lagerbeschreibung, Bilder und weiterführende Links.
http://www.lateinforum.de/limes.htm

Lateinische Autoren online

Obwohl seit rund 2000 Jahren tot, sind eine ganze Reihe herausragender Autoren des Römischen Reiches im Internet noch heute lebendig.

INTERNET QUIZ

Wie viele Menschen lebten zur Kaiserzeit in Rom?

Selbst nach heutigem Maßstab war Rom zur Kaiserzeit bereits eine Großstadt: 700. 000 bis 1.000.000 Menschen lebten in der Metropole des Römischen Reiches. Doch nicht nur was die Einwohnerzahl betrifft, hatte das antike Rom Ähnlichkeiten mit heutigen Citys: So litten die Einwohner Roms schon damals unter Lärm, Gedränge, übler Luft und Verkehrsproblemen. Mehr zum Alltag im Alten Rom findest du unter: *http://webwise.de/1326.htm*

Gaius Julius Caesar - Rom/Italien (100-44 v. Chr.)

[D] Leben und literarisches Werk (Lieblingsthema: Krieg) in Kürze:
http://webwise.de/1320.htm

[D] De Bello Gallico – Übersetzung ins Deutsche als PDF-Dokument (116 Seiten)
http://webwise.de/1321.htm

[D][L] De Bello Gallico – Illustrierter Ausschnitt (7,14-7,31) in Deutsch und Latein
http://webwise.de/1322.htm

Ausgewählte Links zu Leben, Werk und Wirken Caesars
http://webwise.de/1359.htm

Marcus Porcius Cato - Tusculum/Italien (234-149 v. Chr.)

[E] Kurzbiographie:
http://webwise.de/1323.htm

[L] Orationum M. Porci Catonis Fragmenta:
http://webwise.de/1324.htm

Catull (Caius Valerius Catullus) - Verona/Italien (ca. 84-55 v. Chr.)

[D] Ausgewählte Links zu Catulls Leben und Werk
http://webwise.de/1325.htm

Marcus Tullius Cicero - Arpinum/Italien (106-43 v. Chr.)

[L][D][E] Ausgewählte Links zu Ciceros Leben und Werk
http://webwise.de/1327.htm

Horaz (Quintus Horatius Flaccus) - Venusia/Italien (65-8 v. Chr.)

[D][L] Ausgewählte Links zu Horaz' Leben und Werk
http://webwise.de/1328.htm

Titus Livius - Patavium/Italien (59 v. Chr. - 17 n. Chr.)

[E][L] Ausgewählte Links zu Livius' Leben und Werk
http://webwise.de/1332.htm

Lukrez (Titus Lucretius Carus) - Rom/Italien (etwa 99-55 v. Chr.)

[E][L] Ausgewählte Links zu Lukrez' Leben und Werk
http://webwise.de/1333.htm

Ovid (P. Ovidius Naso) - Sulmo/Italien (43 v. Chr. - 17 n. Chr.)

[L][D][E] Ausgewählte Links zu Ovids Leben und Werk
http://webwise.de/1334.htm

Gaius Titus Petronius - Geburtsort unbekannt (?- 66)

[E] Wer an gesellschaftlichen Missständen Kritik übt, läuft Gefahr, sich Feinde zu machen. Das war vor 2.000 Jahren nicht anders als heute. Dass Petronius kein Blatt vor den Mund nahm, kostete ihn gar das Leben. Er wurde, nachdem er bei Nero in Ungnade gefallen war, 66 n. Chr. gezwungen, sich das Leben zu nehmen.

Obwohl sein unvollendetes Werk Satyricon im 20. Jahrhundert als Vorlage für den gleichnamigen Film von Frederico Fellini diente (der dem italienischen Regisseur immerhin eine Oscar-Nominierung einbrachte), scheint Petronius zu den unbekannteren der altrömischen Schriftsteller zu gehören. Zumindest im Internet ist er kaum vertreten. Wir sind trotzdem fündig geworden:
http://webwise.de/1348.htm

Sallust (G. Sallustius Crispus) - Amiternum/Italien (86-35 v. Chr.)

EDL Ausgewählte Links zu Sallusts Leben und Werk
http://webwise.de/1349.htm

Lucius Annaeus Seneca - Corduba/Spanien (4 v. Chr. - 65 n. Chr.)

EDL Ausgewählte Links zu Senecas Leben und Werk
http://webwise.de/1350.htm

Publius Cornelius Tacitus - Geburtsort unbekannt (etwa 55-120)

EL Ausgewählte Links zu Tacitus' Leben und Werk
http://webwise.de/1351.htm

Tibull (Albius Tibullus) - Geburtsort unbekannt (ca. 50-17 v. Chr.)

EDL Ausgewählte Links zu Tibulls Leben und Werk
http://webwise.de/1352.htm

Vergil (Publius Vergilius Maro) - Andes/Italien (70-19 v. Chr.)

EL Ausgewählte Links zu Vergils Leben und Werk
 http://webwise.de/1353.htm

Lateinische Literatur online

Viele literarische Werke aus der Römerzeit haben die Jahrhunderte bis heute nicht überdauert. Was geblieben ist, wandert nach und nach ins Internet, dem Pendant des 20. Jahrhunderts zur Bibliothek von Alexandria der Antike.

Lateinische Literaturgeschichte

D Chronologisches Autorenverzeichnis mit Kurzbiographien und Werksverzeichnissen
http://www.st-klemens.ch/autochro.htm

Wordtheque – Latin Literature

EL Nach Verfasser und Titel sortierbare Online-Sammlung lateinischer Texte
http://webwise.de/0099.htm

The Latin Library

EL Textarchiv mit Werken von über 50 altrömischen Autoren in lateinischer Sprache
http://www.thelatinlibrary.com

The Oxford Text Archive

[E][L]   Gegründet 1976, ist das Oxford Text Archive eines der ältesten elektronischen Textarchive. Sein Bestand umfasst etwa 2.500 Texte in über 25 Sprachen, davon rund 100 in Latein. Diese findest du, wenn du auf die Suchseite gehst ("Search"), dort auf "Advance Search" klickst und dann in die Suchmaske bei "Author" ein Sternchen (*) und in das Feld "Language" das Wort "Latin" eingibst.
http://ota.ahds.ac.uk

Software

"Erst die Arbeit, dann das Vergnügen", sagt ein altes Sprichwort. Mit Betonung auf "altes". Denn mit der richtigen Software kann die Arbeit zum Vergnügen werden. Und die findest du im Web.

Fingo

[D]   Mit "Fingo" (lat: "ich bilde") lassen sich Formen lateinischer Substantive, Adjektive, Pronomen, Verben und Partizipien, aber auch Römische Zahlen komfortabel erlernen und trainieren. Dabei ist Fingo nicht nur ein Vokabeltrainingsprogramm, sondern ein richtiges Grammatikgenie, das auch beliebige lateinische Formen für dich bestimmen oder bilden kann. Die Software läuft unter Windows. Zur Installation werden vier EXE-Dateien benötigt, die als eine gezippte Datei zum Download (etwa 3,75 MB) bereitstehen. In der ZIP-Datei enthalten ist ein umfangreiches Handbuch. Das Programm bringt bereits über 100 Lektionen und rund 1250 Wörter mit; weitere Lektionen und Wörter kannst du selbst eingeben.
http://webwise.de/1346.htm

Consul Pro 2.0

[D][L]   Bei diesem Simulations-Spiel geht es darum, Consul im alten Rom zu werden. Dazu muss man allerhand Bedingungen erfüllen und gleichzeitig aufpassen, dass man nicht stirbt, bevor man den Karrierehöhepunkt erreicht hat. Natürlich – das ist der eigentliche Witz bei der Sache – ist das Spiel komplett in Latein. So macht Üben Spaß! Und damit dir der Spaß nicht beim Bezahlen vergeht, gibt's das Spiel als Freeware, also umsonst. Das Programm läuft unter DOS und liegt als gezippte Datei zum Download (186 KB) bereit.
http://webwise.de/1345.htm

Vokabeltrainer Belearn

[D]   Der Vokabeltrainer Belearn basiert auf dem bewährten alten Zettelkasten-Prinzip oder, wie der Hersteller das formuliert, "auf neuesten Erkenntnissen der Sprachforschung". Sei es wie es will, das Programm dient jedenfalls dazu, am Computer Vokabeln zu lernen, die man vorher eingegeben hat. Das funktioniert nicht nur für Latein, sondern auch für andere Sprachen wie Englisch, Französisch und sogar Chinesisch.
Die Software wird als Shareware vertrieben. Du kannst dir das Programm also kostenlos herunterladen, auf Herz und Nieren prüfen und dich anschließend gegen eine Gebühr (ab 15 Euro) als Nutzer registrieren lassen, falls du es auf

INTERNET QUIZ

Welche blühende römische Stadt verschwand 79 n. Chr. völlig und wodurch?

Pompeji war unterhalb des Vesuvs auf einem erstarrten Lavastrom entstanden. Der vulkanische Boden bescherte üppige Ernten und ließ Pompeji rasch zu einer reichen Stadt werden. Im Jahr 62 n. Chr. wurde die Stadt von einem Erdbeben erschüttert, das einen großen Teil der Gebäude zerstörte. Die Einwohner, die das geologische Vorzeichen offenkundig nicht zu deuten wussten, waren noch mit dem Wiederaufbau beschäftigt, als am 24. August 79 n. Chr. der Vesuv explodierte und Geröll und Asche auf Pompeji regnen ließ. Der Tag wurde zur Nacht. Zur letzten für die Stadt und die meisten ihrer Bewohner. Als der Berg sich vier Tage später beruhigte, lag Pompeji unter einer über fünf Meter dicken Schicht aus Bims und Asche begraben. Beinahe 1.700 Jahre lang blieb die Stadt darunter verborgen, bis vor rund 250 Jahren die ersten Ausgrabungen begannen. Mehr zu der Katastrophe von Pompeji erfährst du unter: ***http://webwise.de/0100.htm***

Dauer nutzen möchtest. Die Testversion kann sich übrigens nur 80 Vokabeln merken, die Vollversion beliebig viele. Die Software läuft unter Windows 95/98/NT/ME/2000/XP.
http://www.bpst.de/vokabeltrainer

Bildschirmschoner Latein und Altgriechisch

Ⓓ Der Bildschirmschoner (gezippte Datei, 1 MB) zeigt im Wechsel Bilder und Skulpturen bekannter Personen aus der Antike.
http://webwise.de/1344.htm

Das Latein-Wörterbuch

Ⓓ Im Gegensatz zu gedruckten Ausgaben erkennt dieses elektronische Wörterbuch auch deklinierte, konjungierte und zusammengesetzte Formen und zeigt im Nu sowohl die Grundform als auch die Übersetzung an. Das Vokabular umfasst in etwa den Wortschatz eines Taschenwörterbuches. Insgesamt kann das Latein-Wörterbuch in der aktuellen Version knapp 1 Million verschiedene lateinische Formen zu ungefähr 17.000 Wortstämmen von über 11.000 Vokabeln erkennen. Somit richtet sich das Programm an alle, die in irgendeiner Form mit Latein zu tun haben. Die Software ist Shareware und steht mit identischem Funktionsumfang sowohl für MacOS (komprimiert etwa 1,4 MB) sowie für Windows 95/98/NT4.0/2000/ME/XP (gezippt etwa 1,4 MB) zum Download bereit. Die Registrierung kostet 15 Euro.
http://www.latein-woerterbuch.de

LATEIN

Und sonst

Hier findest du Links auf Sites und Seiten, die sich zwar mit Latein befassen, unter den übrigen Rubriken aber nicht korrekt einzuordnen waren.

Nuntii Latini

L E Latein ist eine tote Sprache? Nun, nicht ganz. Irgendwo in Finnland wird sie noch ein wenig gepflegt. Und so gibt es wöchentlich neu internationale Nachrichten in klassischem Latein, präsentiert vom finnischen Rundfunk. Zum Anhören unter *http://webwise.de/1343.htm* (benötigtes Plug-in: RealPlayer) oder zum Lesen unter:
http://webwise.de/1342.htm

Roman Museum

D Der Webmaster dieser Site stellt nicht nur eine umfangreiche Sammlung ausgewählter Links rund um die Geschichte des Römischen Reiches zur Verfügung, sondern gestaltet auch eigene Seiten zur Thematik.
http://www.cueni.ch/museum.html

Alles über die Antike

D L Fleißige Schülerinnen und Schüler des Viktoria-Luise-Gymnasiums in Hameln haben auf dieser Site über einige Jahre hinweg alles zusammengetragen, was ihnen im Web in Sachen Latein und Antike über den Weg lief – und das ist eine ganze Menge. Das Ergebnis ihres Sammeleifers ist sehenswert und wurde bereits mit diversen Web-Awards gewürdigt. Eine Volltext-Suchmaske hilft beim Stöbern.
http://www.info-antike.de

Roma 2000

E I Wenn du demnächst vorhast, dir das heutige Rom einmal persönlich aus der Nähe anzusehen, solltest du dir vorher diesen Online-Reiseführer zu Gemüte führen. Er bietet eine Menge Informationen über Hotels und Restaurants, Museen und Sehenswürdigkeiten, Einkaufsmöglichkeiten, Rundgänge, U-Bahn- und Busverbindungen usw. Stadtpläne sind natürlich auch vorhanden.
http://www.roma2000.it

Forum Latinum – Latein-Forum

Links und Materialien zum Latein-Unterricht, aber auch zu anderen Fächern
http://www.lateinforum.de/

Verslehre

Kompakte Zusammenfassung der wichtigsten Regeln
http://webwise.de/1341.htm

Forum Latinum

Fundgrube in Sachen Latein: Referate, Facharbeiten, Biographien, Übungsaufgaben und Links
http://webwise.de/1340.htm

Der Vesuv, Neapel und Pompeji

Bildergalerie und Infos
http://webwise.de/0098.htm

Into the Roman World

Umfangreiche Linksammlung zur Welt des antiken Rom
http://webwise.de/1339.htm

Pompeji – Vesuv

Liste mit einer Vielzahl von Links zu Pompeji und dem Untergang der Stadt
http://www.lateinforum.de/pompeji.htm

Mythologie der Griechen und Römer

Umfangreiche Linkliste zur antiken griechischen und römischen Welt der Götter
http://www.lateinforum.de/myth.htm

Römische Münzen

Römische Münzen – Dokumente ihrer Zeit
http://www.cueni.ch/muenze.html

Rezepte, Gerichte und Tischsitten

der alten Römer unter Einbeziehung des kulturhistorischen Aspekte
http://webwise.de/0101.htm

Übungstexte zu Schulautoren

Caesar, Catull, Horaz, Ovid, Sallust, Tibull, Vergil
http://webwise.de/1338.htm

Cursus Grammaticus

http://webwise.de/1337.htm

Biblia Sacra Vulgata

Die Bibel in lateinischer Sprache. Die Übersetzung von Hieronymus wurde im Jahr 405 fertiggestellt und gilt als die offizielle Version der katholischen Kirche.
http://webwise.de/1336.htm

Antique Roman Dishes

So speisten die Römer: Kochrezepte aus der altrömischen Küche.
http://webwise.de/1335.htm

Mathematik allgemein

Unter dieser Rubrik haben wir eine Reihe von Links zu Sites zusammengestellt, die sich eingehend mit Mathematik befassen. Hier wirst du nicht nur auf der Suche nach Antworten zu konkreten Aufgaben fündig, die verschiedenen Angebote ermöglichen dir auch einen Blick über den schulischen Mathe-Tellerrand hinaus. Ein bisschen darin zu stöbern und dich inspirieren zu lassen, kann deiner Mathe-Note nur förderlich sein. Zusammengenommen findet sich auf diesen Sites so viel Wissen, dass selbst ein Mathematiklehrer mit Sicherheit noch etwas dazulernen und neue Perspektiven gewinnen kann.

Mathe-Treff der Bezirksregierung Düsseldorf

Im Mathe-Treff ist einiges geboten: Die Knobelecke ist eine Fundgrube für knifflige Aufgaben. Es gibt aktuelle Knobelwettbewerbe und ein Archiv. Im Mathe-Treff-Forum werden Fragen zum Mathematikunterricht und mathematische Probleme erörtert. Des Weiteren findest du im Mathe-Treff Abituraufgaben, Software- und Literaturtipps, eine Linksammlung zum Thema Mathe und Hinweise auf regionale, landesweite und internationale Mathematik-Wettbewerbe. Im Mathe-Chat finden zweimal im Jahr Online Diskussionsrunden zum Mathematik-Unterricht statt. Obwohl der Chat für Lehrer eingerichtet wurde, ist er auch für Schüler interessant.
http://www.mathe-treff.de

INTERNET QUIZ
Was ist ein Googol?

In den dreißiger Jahren des letzten Jahrhunderts bat der amerikanische Mathematiker Edward Kasner seinen neunjährigen Neffen, sich einen Namen für eine riesige Zahl auszudenken: 10^{100}, also eine 1 mit 100 Nullen (ausgeschrieben: 10000000000000000000000000000000000000000000000000000000000000000000000000000000000000000000000000000). Kasners Neffe nannte diese unvorstellbar große Zahl „Googol". Kasner erlangte mit der „Erfindung" der Riesenzahl und der Bezeichnung aus Kindermund sogar eine gewisse Berühmtheit.

Den Googol und andere riesige Zahlen findest du im Web unter *http://webwise.de/0091.htm*. Der Googol brachte einen anderen Mathematiker – vermutlich in der Hoffnung, dadurch ebenfalls berühmt zu werden – auf die Idee, einen draufzusetzen. Er kreierte eine noch viel größere Zahl, den „Googolplex": 10^{Googol}, also $10^{10^{100}}$. Diese Zahl ist so groß, dass wir sie hier leider nicht abdrucken können. Ein Mathematikstudent aus Frankfurt hat dem Googolplex im Web eine eigene Seite (leider nur in Englisch) gewidmet: *http://webwise.de/0095.htm*

Hier findest du auch ein von ihm entwickeltes Programm, mit dem du dir einen Googolplex ausdrucken lassen kannst. Allerdings nur theoretisch, denn die Zahl ist so groß, dass kein Mensch lange genug lebt, um das Ende des Ausdrucks abwarten zu können!

Mathematik auf dem Deutschen Bildungsserver

Ⓓ Obwohl diese umfangreiche Link- und Materialsammlung zum Fach Mathematik in erster Linie für Lehrer und Lehrerinnen eingerichtet wurde, lohnt es sich auch für Schüler und Schülerinnen, sie zu durchstöbern.
http://webwise.de/1415.htm

MathePrisma

Ⓓ MathePrisma ist ein interaktives Multimedia-Projekt des Fachbereichs Mathematik der Bergischen Universität, das für Schüler(innen) der Sekundarstufen I und II, Studenten, Lehrer sowie Mathematik- und Informatik-AGs eingerichtet wurde. Ziel des Projektes ist es, bei der Lösung mathematischer Probleme zu helfen und das Erfahren und Begreifen von Mathematik zu fördern.

Das Projekt bietet eine wachsende Anzahl von multimedialen Modulen. Jedes Modul behandelt eine bestimmte mathematische Fragestellung wie z. B. das Vierfarbenproblem oder das Königsberger Brückenproblem. Anhand dieser Probleme werden verschiedene mathematische Methoden vorgestellt und direkt angewendet. Die Module liegen auch in gezippter Form zum Herunterladen bereit. Praktisch: Die angebotenen Module lassen sich wahlweise nach Fachgebieten oder nach Altersstufen sortiert anzeigen.
http://www.matheprisma.uni-wuppertal.de

mathe online

Ⓓ Unter diesem Titel erwartet dich eine wahre Mathe-Fundgrube auf dem Server der Universität Wien. Unter anderem finden sich hier eine Galerie mit Java-Applets, eine Sammlung von Online-Tools, eine Vielzahl weiterführender Links, ein Online-Mini-Rechner, ein Mathe-Lexikon und ein Tool zum Erstellen eigener Mathe-Applets. Auch mathematische Hintergründe werden angesprochen und kompetent ausgeleuchtet. Besonders praktisch: Der Inhalt der Site lässt ich in gezippter Form (wahlweise selbstextrahierend oder nicht) downloaden (ca. 23,5 MB, die sich lohnen).
http://www.mathe-online.at

Math in Daily Life – Mathematik im täglichen Leben

Ⓔ „Mathematik ist eine universelle Sprache", behaupten die Macher dieser Website. Das ist sicher richtig. Doch Englisch musst du trotzdem verstehen, wenn du dir die interessanten Beispiele für Mathematik im täglichen Leben (z. B. in der Küche) ansehen willst.
http://webwise.de/1416.htm

The Math Forum Internet Mathematics Library

Ⓔ Obwohl die Eingangsseite zu dieser Site der Drexel University in Philadelphia (Pennsylvania, USA) auf den ersten Blick ein wenig unscheinbar wirkt, erwartet dich hier ein riesiges Archiv zum Thema Mathematik. Das eigene Angebot, das Stoff für stundenlanges Stöbern bereithält, wird durch eine Vielzahl von Links zu anderen Mathe-Sites ergänzt. Trotz des großen Umfangs des Archivs wird man rasch fündig. Dafür sorgen die übersichtliche Aufbereitung und eine integrierte Suchmaschine.
http://mathforum.org/library

MATHEMATIK

What Good is Math?

[E] Wozu soll Mathe gut sein? Diese Website liefert Antworten auf die Frage und zeigt anhand von leicht nachvollziehbaren Beispielen, welche Rolle die Mathematik im täglichen Leben spielt. Wenn Fragen wie: „So you're planning a party?", „So you're planning a trip?" oder „How do I get most for my shopping dollars?" aus mathematischer Sicht beantwortet werden, ist das alles andere als trocken oder langweilig.

Wenn du dir auch schon einmal Gedanken darüber gemacht hast, wozu Mathe eigentlich gut sein soll, kannst du dich – gute Englischkenntnisse vorausgesetzt – auf dieser mehrfach ausgezeichneten Site schlau machen und womöglich sogar Spaß an Zahlen und am Rechnen bekommen.
http://webwise.de/1417.htm

Webwise.de: Mathematik

[D] Nach Stichwörtern durchsuchbare interaktive Liste mit Links zu Internetquellen rund um die Mathematik, die von den Nutzern erweitert wird.
http://webwise.de/1423.htm

learn:line – Mathematik

[D] Materialien, Informationen und weiterführende Links zum Fach Mathematik auf dem NRW-Bildungsserver. Das Angebot ist für Lehrer konzipiert, aber auch für Schüler interessant.
http://webwise.de/0117.htm

Bildungsserver Hessen: Mathematik

[D] Auch der Bildungsserver Hessen liefert Informationen, Materialien, Unterrichtshilfen und Links zum Fach Mathematik.
http://webwise.de/1424.htm

Mathe-Kiste

[D] Gut gemachte und wachsende Sammlung mathematischer Fragestellungen aus dem täglichen Leben. Hier wird selbst eine banale Coladose, bei deren Anblick man normalerweise bestenfalls an eine simple Addition von Kalorien denkt, zum Objekt mathematischer Neugier.
http://mathekiste.de

SMART

[D] - Übung macht den Meister! Unter dem Titel SMART, einem Kürzel für *Sammlung mathematischer Aufgaben als Hypertext mit TEX*, findest du auf dem Server der Universität Bayreuth eine umfangreiche Sammlung von Übungsaufgaben aus allen Bereichen der Mathematik für die Jahrgangsstufen 5 bis 11 an Gymnasien: Bruchterme, lineare Funktionen, Kreise und Geraden, quadratische Gleichungen, die Satzgruppe des Pythagoras, Rechnen mit Potenzen, Exponential- und Logarithmusfunktionen, Trigonometrie, Zylinder- und Kegelschnitte und vieles mehr. Die Zusammenstellung ist übersichtlich nach Jahrgängen und Themen gegliedert. Rund 2.700 Aufgaben stehen mittlerweile zur Verfügung, die im Lauf der letzten Jahre am Staatsinstitut für Schulpädagogik und Bildungsforschung in München in Anlehnung an den bayerischen Lehrplan erarbeitet wurden. Neu hinzugekommen ist kürzlich eine Sammlung für Schüler an Realschulen, die bislang etwa 120 Aufgaben umfasst.

Zur Darstellung der Menüs ist ein javafähiger Browser erforderlich.

http://btmdx1.mat.uni-bayreuth.de/smart

Wissen.de: Schulwissen Mathematik

In über 40 Lektionen werden Begriffe, Operationen und Konstrukte aus verschiedenen Teilbereichen der Mathematik verständlich und ausführlich erklärt: Addition, Division, Dreieck, Exponentialfunktion, Flächensätze, Folgen, Funktionen, Gerade, Grenzwert, Grundrechenarten, komplexe Zahlen, Kongruenzabbildung, Koordinatensysteme, Kreis, Lineare Gleichungen und Gleichungssysteme, Logarithmus, Mengen, Multiplikation, natürliche und ganze Zahlen, direkte und indirekte Proportionalität, Punkte, rationale Zahlen, rechtwinklige Dreiecke, reelle Zahlen, Reihen, Relationen, römische Zahlen, Strahlensätze, Strecken, Subtraktion, Teilbarkeit und Primzahlen, Terme, Variablen und Rechenzeichen, Vektoren, Vorzeichenregeln, Winkelfunktionen, Wurzel, etc.

http://webwise.de/1445.htm

Weitere Aufgabensammlungen

ZERO – Mathematik online liefert in acht Rubriken jede Menge Übungsaufgaben aus den Bereichen: Mengen/Logik – vollständige Induktion – ganze Zahlen/Teilbarkeit – Abbildungen/Funktionen – Permutationen – kombinatorische Grundbegriffe – Verknüpfungen/Gruppen – Elementargeometrie.

http://webwise.de/1419.htm

Rund 500 Aufgaben aus den Bereichen Geometrie, Ungleichungen, Logik, Mengenlehre und Kombinatorik erwarten dich bei Mathe4u.de. Dazu gibt es Literaturtipps, Links und einiges mehr.

http://webwise.de/1420.htm

Kleine Sammlung von Klausuraufgaben für die Oberstufe

http://webwise.de/1421.htm

Zahlenjagd.at: Das aktuelle Rätsel – Jeden Monat neu gibt es hier eine knifflige mathematische Aufgabe zu lösen. Wer die richtige Lösung einsendet, nimmt an der Verlosung interessanter Preise teil. Aufgaben aus den Vormonaten sind – samt Lösung – archiviert.

http://www.zahlenjagd.at/aufgaben.html

Mathematische Eselsbrücken

„Der Nullen sechs hat die Million, mit neun glänzt die Milliarde schon, es folgt mit zwölf ihr die Billion, zuletzt mit achtzehn die Trillion." So genannte Eselsbrücken dienen dazu, Dinge, die man sich sonst nur schwer merken kann, leichter zu behalten. Das gilt natürlich auch für die Mathematik. Eine kleine Sammlung mathematischer Gedächtnisstützen findest du hier.

http://webwise.de/1422.htm

Referate und Schülerarbeiten

Fix und fertige Referate und andere Schülerarbeiten findest du auf den nachfolgenden Servern. Die Idee, die Arbeiten einfach zu übernehmen und als eigene auszugeben, mag auf den ersten Blick verlockend sein. Empfehlenswert ist diese Vorgehensweise jedoch nicht. Zum einen lernst du durch pures Kopieren herzlich wenig, zum anderen sind diese Server auch in Lehrerkreisen bekannt. Wer einfach nur abschreibt, muss sich deshalb nicht wundern, wenn er für seinen „Fleiß" eine glatte Sechs kassiert. Übrigens: Eine Garantie für die Richtigkeit der Arbeiten im Archiv gibt es natürlich auch nicht.

ReferateFundus: Mathematik

ⅅⒺ Über 100 Schülerarbeiten aus dem Mathematikunterricht hält ReferateFundus alphabetisch sortiert und wahlweise als PDF- und als gezippte RTF-Dateien zum Download bereit. Eine Sucheinrichtung (in der Menüleiste oben: „Erweiterte Suche") hilft beim Fündigwerden.
http://webwise.de/1426.htm

Young.de – Mathematik

ⅅⒺ Bei Young.de erwartet dich eine in zwei Rubriken (Definitionen, Formeln, Erklärungen und Personen) geordnete Sammlung von Schülerarbeiten zum Mathematikunterricht. Eine Maske zur Stichwortsuche hilft beim Finden. Auf der Site umsehen kann sich jeder. Zugriff auf Texte haben jedoch nur angemeldete Mitglieder, wobei die Basis-Mitgliedschaft kostenlos ist. Achtung: nicht alle Texte sind gratis; die so genannten Profi-Materialien kosten Geld.
http://webwise.de/1485.htm

Hausarbeiten.de – Mathematik

ⅅ Etwa 130 Arbeiten (teils von Schülern, teils von Studenten) zum Fach Mathematik hat Hausarbeiten.de zu bieten. Die Texte sind alphabetisch sortiert gelistet, was wenig hilfreich ist. Praktischer ist die integrierte Suchmaschine, mit der sich das Angebot nach Stichwörtern durchforsten lässt. Auch hier ist die Zeit, in der es Referate üblicherweise zum Nulltarif gab, vorbei. Viele – vor allem längere – Texte gibt es nur gegen Gebühren. Die fallen zum Teil ganz schön happig aus (bis zu 39,90 Euro). Und was du für dein Geld bekommst, siehst du erst nach dem Bezahlen, denn vorher wird nur ein Ausschnitt des Textes gezeigt. Naja ...
http://webwise.de/1486.htm

Weitere Referate Mathematik

ⅅ Links zu weiteren Schülerarbeiten, Referaten und Aufsätzen in verschiedenen Formaten findest du unter:
http://webwise.de/1487.htm

Schuelerweb.de – Mathematik

ⅅ Übersichtlich in neun Rubriken (Algebra, Analysis, Formeln, Fraktale, Funktionen, Geometrie, Sonstiges, Stochastik und Trigonometrie) sortiert erwarten dich

auf dem Schuelerweb-Server Hunderte von Links zu Referaten, Schülerarbeiten und weiteren Materialien aus dem und für den Matheunterricht. Auch eine Suche mit Stichworteingabe ist möglich. In welchem Format die Texte vorliegen, hängt vom jeweiligen Anbieter ab.
http://webwise.de/1488.htm

Mathematik direkt

Fragen zu Aufgaben und Problemen? Hier findest du per E-Mail kompetente Ansprechpartner.

Schüler fragen Mathematiker

Ⓓ Du stehst vor einem mathematischen Problem, das du nicht lösen kannst? Und niemand weit und breit kann es dir erklären? Kein Grund zu verzweifeln! Über diese Adresse kannst du waschechten Mathematikern an der TU Bergakademie per E-Mail Fragen zu kniffligen mathematischen Problemen stellen.
mailto:hebisch@mathe.tu-freiberg.de

Mathematik-Online

Ⓓ bietet einen ähnlichen Service: Du formulierst deine Frage, schickst sie an Mathematik-Online und wartest auf die Antwort der Experten. Doch vorher empfiehlt sich ein Blick in den Bereich „Frage/Anwort – Typische Einsendungen". Muss ja nicht sein, dass die Spezialisten am anderen Ende dieselben Fragen wieder und wieder beantworten müssen.
http://www.mathematik-online.de

Hotbox – Mathe

Ⓓ Du hast ein mathematisches Problem, mit dem du nicht zurecht kommst? In der Hotbox – Mathe findest du individuelle Hilfe per E-Mail. Schüler und Studenten, die auf freiwilliger Basis kostenlos Hilfestellung leisten, machen diesen tollen Service möglich. Auch wenn es keine Garantie auf die gesuchte Problemlösung gibt, ist eine Anfrage den Versuch auf jeden Fall wert.
http://webwise.de/1473.htm

learnetix.de

Ⓓ Die Lern-Community learnetix.de ist ein Service des Cornelsen-Verlag, der bereits von über 240.000 Schülerinnen und Schülern genutzt wird. Um darauf zugreifen zu können, musst du dich registrieren lassen. Dann steht dir ein vielfältiges Angebot nicht nur für Mathe, sondern auch für andere Fächer (Deutsch, Englisch, Geschichte, Latein, Politik und Physik) zur Verfügung. Außerdem kannst du mit anderen Schülern – ganz trendig mit Avataren – chatten, dir einen persönlichen virtuellen Schreibtisch einrichten und einiges mehr. Am besten siehst du dich selbst mal gründlich um. Innerhalb der Community ist Engagement gefragt, aber kein Muss. Wenn du einen Job übernimmst, kannst du Cybertaler einstreichen, für die du dir Privilegien kaufen kannst.
Ups, jetzt hätten wir das Beste fast vergessen: Die Mitgliedschaft bei „learnetix" und die Nutzung des Angebots sind gratis!
http://www.learnetix.de

Ask Dr. Math®

Ⓔ Sehr gute Englischkenntnisse vorausgesetzt, kannst du deine Frage aber auch an Dr. Math richten, so wie das viele Schüler und Schülerinnen in den USA tun. Bevor du dich direkt an ihn wendest, durchstöberst du aber am besten erst einmal das Archiv, in dem Fragen archiviert sind, die ihm von anderen bereits

gestellt wurden. Und Dr. Math's Antworten darauf natürlich auch. Eine Suchmaschine hilft dir dabei, fündig zu werden.
http://webwise.de/1484.htm

Mathe-Service Aachen

Ⓓ Schüler im Alter von 14 bis 20 Jahren suchen alltägliche Probleme, die sie mit Hilfe der Mathematik zu lösen versuchen. Hast du ein passendes, dann schick es ihnen. Die Mathe-Experten freuen sich darauf, und der Service kostet nichts. Zu der Seite mit diesem Angebot bringt dich ein Klick auf Infos.
http://www.mathe-service.de

Mathematik interaktiv

Fragen zu mathematischen Aufgaben und Problemen? Unter den folgenden Webadressen kannst du sie stellen und mit anderen darüber diskutieren.

Mathe-Treff-Forum

Ⓓ Im Mathe-Treff-Forum werden alle möglichen Fragen zum Mathematikunterricht und zu mathematischen Problemen erörtert. Aber auch auf der Suche nach Materialien wie z. B. Mathematik-Software kannst du dich an das Forum wenden.
http://webwise.de/1474.htm

ZahlReich

ⒹⒺ „Mathe? No problem!", lautet die Devise bei „ZahlReich". Die Navigation ist anfangs etwas gewöhnungsbedürftig, aber übersichtlich, sobald man sich einmal zurechtgefunden hat. Die Foren – hier Hausaufgabenboards genannt – sind erst einmal nach Schulart und Jahrgangsstufen und eine Ebene tiefer nach Themenbereichen geordnet. So findet man in dem umfangreichen Angebot ziemlich rasch „seine Ecke". In allen Foren kannst du einerseits stöbern, andererseits aber auch selbst Fragen eintragen, um nach kurzer Zeit von einem der Moderatoren Antwort zu erhalten. Ebenfalls unter dem Menüpunkt „Forum" erwarten dich außerdem eine Such- und Finde-Ecke für Referate und Hausarbeiten, Denksportaufgaben und Unterhaltungsmathematik sowie ein Forum für Mathesoftware. Weil das Leben nicht nur aus Rechnen besteht, bietet die „mathefreie Zone" Gelegenheit, über alle möglichen anderen Themen und Belange zu quatschen.
http://www.zahlreich.de

Mathematik im Usenet

Ⓓ Klar, dass es auch im Usenet Foren für mathematische Erörterungen gibt, die übrigens ausgesprochen gut besucht werden. Da ist die Wahrscheinlichkeit hoch, dass du auf deinem mathematischen Problem nicht lange sitzen bleibst.
Ⓓ de.sci.mathematik – *http://webwise.de/1475.htm*
Ⓓ maus.wissenschaft.mathematik – *http://webwise.de/1476.htm*
Ⓓ z-netz.wissenschaft.mathematik – *http://webwise.de/1477.htm*
Ⓓ schule.mathe – *http://webwise.de/1478.htm*
Ⓓ maus.mathe – *http://webwise.de/1479.htm*
Ⓔ sci.math – *http://webwise.de/1480.htm*

E alt.math – *http://webwise.de/1481.htm*
E k12.ed.math – *http://webwise.de/1482.htm*

Schüler-Community Mathematik

D Fragen zu Mathe? In dieser neuen Community kannst du dich per E-Mail oder
online mit anderen Schüler(inne)n austauschen.
Die Community wurde als Ersatz für ein vordem gut besuchtes Forum bei einem
Provider eingerichtet, der leider den Betrieb eingestellt hat. Seit dem Umzug
herrscht hier leider Flaute. Wahrscheinlich, weil es noch niemand entdeckt hat.
Das wird sich mit dem Erscheinen dieser Ausgabe des *Internet-Guide für Schüler*
sicher ändern, oder?
http://webwise.de/1483.htm

Auf den Punkt

Alle Links in dieser Rubrik haben ein konkretes Thema und verweisen direkt auf
Seiten, die sich damit befassen.

Binomische Formeln

D - Ein kurzes Online-Lernprogramm erklärt das Wie, Was, Wozu und Warum:
http://webwise.de/1450.htm
- Binomische Formeln als Flächensätze:
http://webwise.de/1451.htm

Rechnen mit komplexen Zahlen

D Aufwändiges Java-Applet, das zeigt, wie die Grundrechenarten mit komplexen
Zahlen geometrisch gedeutet werden können.
http://webwise.de/0102.htm

Faktorisierung natürlicher Zahlen

D Einführung – Grundlegendes – Faktorisierungsverfahren
http://webwise.de/1452.htm

Dezimalbrüche

D Ordnen und Runden von Dezimalbrüchen
http://webwise.de/1453.htm
D Umwandlung von Dezimalbrüchen in Brüche und umgekehrt
http://webwise.de/1454.htm

Das Dreieck

D Interaktive Java-Applets des Mathematiklehres Walter Fendt veranschaulichen
Regeln und Zusammenhänge.
http://webwise.de/1455.htm

Oberflächeninhalt und Volumen eines Quaders

D *http://webwise.de/0103.htm*

Fibonacci-Zahlen

E - Fibonacci Numbers and Nature - Die Fibonacci-Zahlen in der Natur: Rund 800 Jahre ist es her, dass Fibonacci im Jahr 1202 der Frage nachging, wie schnell sich ein Hasenpaar unter idealen Bedingungen vermehren würde. Bei seinen Überlegungen und Berechnungen stieß er auf zweierlei: zum einen auf die erschreckende Erkenntnis, dass Hasen sich rasend schnell vermehren, wenn ihnen nichts und niemand Einhalt gebietet, zum anderen auf eine verblüffende Zahlenreihe, die man später nach ihm benannte. Aber die Fibonacci-Zahlen spielen nicht nur bei der Nachkommenschaft von Hasen eine gewichtige Rolle, sondern lassen sich in den verschiedensten Bereichen der Natur aufspüren. Diese illustrierte Seite zeigt ausführlich und leicht verständlich (allerdings in englischer Sprache) wie und wo: *http://webwise.de/0104.htm*
- The Mathematical Magic of the Fibonacci Numbers – Die Fibonacci-Zahlen in der Mathematik: Wenn dir die vorangegangene Seite Appetit auf mehr gemacht hat, findest du hier eine umfassende Betrachtung der Zahlenreihe aus der Sicht der Mathematik: *http://webwise.de/0105.htm*

D E - Ausgewählte Links zu weiteren Fibonacci-Seiten im Web:
http://webwise.de/0106.htm

A Fractals Lesson – Fraktale

E Auf dieser Seite (einer Unterrichtseinheit für die Middle School aus den USA) ist alles Wesentliche über Fraktale zusammengestellt. Du erfährst, was man darunter versteht, welche geometrischen Besonderheiten sie auszeichnen und wie sie erstellt werden. Die umfangreichen Informationen werden durch weiterführende Links ergänzt.
http://webwise.de/0107.htm

Kongruenz

E Umfangreiche Java-Applet-Sammlung zur Deckungsgleichheit bei Dreiecken und anderen geometrischen Formen.
http://webwise.de/1456.htm

Das Königsberger Brückenproblem

D Anhand von Eulers Methode zur Lösung des berühmten Klassikers lernst du Schritt für Schritt fundamentale mathematische Schlussweisen kennen. Dabei gibt dir das interaktive Modul die Möglichkeit, deinen Lernerfolg zu kontrollieren.
http://webwise.de/1489.htm

Flächeninhalt und Umfang des Quadrates

D *http://webwise.de/1457.htm*

Rechnen mit Potenzen

D Der Potenzbegriff in der Mathematik, die Potenzgesetze sowie Aufgaben dazu
http://webwise.de/1458.htm

Quadratische Gleichungen

D *Quadratische Gleichungen 1* (Java-Applet) ist ein Puzzle, in dem verschiedene mathematische Aussagen zu einem Beweis für die („kleine") Lösungsformel für quadratische Gleichungen (also Gleichungen vom Typ $x2 + px + q = 0$) zusammengesetzt werden sollen.

Quadratische Gleichungen 2 (Java-Applet) fasst drei Lösungsmethoden für Gleichungen vom Typ $x2 + px + q = 0$ zusammen.

Zwei weitere Applets auf der Seite illustrieren das Prinzip von und Lösungsverfahren für Äquivalenzumformungen.

http://webwise.de/1459.htm

Schriftliches Rechnen

[D] Kleine Schwächen bei der schriftlichen Addition, Subtraktion, Multiplikation oder Division? Nicht mehr lange! Hier kannst du üben, bis du die vier Grundrechenarten im Schlaf beherrschst – ein gewitztes Java-Applet macht's möglich. Kleiner Spartipp für den Fall, dass du nicht per Flatrate surfst: Sobald die Seite geladen ist, kannst du offline gehen und üben, üben, üben, ohne die Telefonrechnung in die Höhe zu treiben.

http://webwise.de/1460.htm

Formeln und Definitionen aus der Algebra

[D] Imaginäre und komplexe Zahlen – Logarithmen - Potenzen und Wurzeln - Vektoren – Integralrechnung - Differentialrechnung

http://webwise.de/1461.htm

Kegelschnitte im Überblick

[D] Gemeinsame Eigenschaften und Gleichungen

http://webwise.de/0119.htm

Lemniskate und andere Cassinische Kurven

[E] Eine Cassinische Kurve ist der Ort aller Punkte, bei denen das Produkt der Abstände zu zwei festen Punkten konstant ist.

http://webwise.de/0120.htm

Das Gaußsche Eliminationsverfahren

[D] Theoretische Grundlagen und programmierte Realisierung – Mathematik-Facharbeit im PDF-Format

http://webwise.de/0121.htm

Magische Quadrate

[D] Magische Quadrate als mathematisches Phänomen mit zahlreichen Formeln und Beispielen. Der Clou der Site: Du kannst dir am Bildschirm magische Quadrate konstruieren lassen. Obwohl das Angebot umfassend über die Materie informiert, weist dir eine Linksammlung den Weg zu weiteren Internetseiten, die sich mit dem faszinierenden Thema befassen.

http://www.magic-squares.de

Der Kreis

[E] Über 20 Java-Applets klären Fragen und Probleme rund um den Kreis anschaulich und interaktiv.

http://webwise.de/0122.htm

Kathetensatz und Satz des Pythagoras

☐ Das interaktive Java-Applet von Walter Fendt veranschaulicht beide Sätze.
http://webwise.de/0108.htm

Kommutativ-, Assoziativ- und Distributivgesetz

☐ *http://webwise.de/1462.htm*

Winkel am Kreis

☐ Interaktives Java-Applet von Walter Fendt
http://webwise.de/0109.htm

Das Kugeldreieck

☐ Interaktives Java-Applet von Walter Fendt
http://webwise.de/0110.htm

Platonische Körper

☐ Mit diesem Java-Applet lassen sich alle fünf Platonischen Körper (Tetraeder,
Hexaeder, Oktaeder, Dodekaeder, Ikosaeder) per Mausklick am Schirm darstellen.
http://webwise.de/0111.htm

Primzahlgeheimnisse

☐ Vermutungen über und Tatsachen zu Primzahlen. Das Sieb des Eratosthenes, das
zum Auffinden von Primzahlen dient, wird anschaulich vorgestellt. Wer noch nie
etwas von Primzahlzwillingen gehört hat, kann sich auf dieser Site darüber
schlau machen. Ebenfalls vorgestellt wird „Herrn Goldbachs Vermutung", mit der
er höchstwahrscheinlich Recht hat, die aber bis heute noch nicht schlüssig
bewiesen werden konnte. Falls du eine echte mathematische Herausforderung
suchst, kannst du dich daran versuchen. Alles in allem eine hervorragend
gemachte interaktive Seite mit einer Reihe von Java-Elementen.
http://webwise.de/1490.htm

Primyphos – ein Spiel zur Primfaktorzerlegung

☐ Mit diesem pfiffigen Java-Applet von Walter Fendt (Mathematiklehrer in Augsburg) kannst du das Zerlegen von Primzahlen in Form eines kleinen Spiels eingehend üben.
http://webwise.de/1463.htm

Teilbarkeitsregeln natürlicher Zahlen

☐ *http://webwise.de/1464.htm*

Matrizen

☐ Schülerarbeit im PDF-Format: Beispiele – einfache Operationen mit gleichartigen
Matrizen – Matrizenmultiplikationen – Rechenregeln – das Eliminationsverfahren
von Gauß
http://webwise.de/1465.htm

Prozentrechnung

D   Aufgabensammlung mit Lösungen rund um das Rechnen mit Prozenten
http://webwise.de/1466.htm

Der Satz des Pythagoras

E   - Ein Java-Applet präsentiert graue Theorie einleuchtend und in Farbe:
http://webwise.de/1467.htm

D   - Zwar nur in Schwarzweiß, dafür aber in deutscher Sprache, illustriert dieses
Java-Applet den pythagoräischen Lehrsatz:
http://webwise.de/1468.htm

D   - Die Beschreibung von Entstehung und Anwendung des Satzes sowie der Rolle,
die er im täglichen Leben spielt, wird durch Übungen und eine Pythagoras-Bio
ergänzt.
http://webwise.de/1469.htm

Sekanten- und Tangentensteigung

D   In diesem interaktiven Java-Applet wird ein Standardbeispiel zur Einführung der
Ableitung dargestellt.
http://webwise.de/0112.htm

Sinus, Cosinus und Tangens eines Winkels

D   Das interaktive Applet von Walter Fendt stellt die elementargeometrische Definition für den Sinus-, Cosinus- bzw. Tangenswert eines Winkels dar.
http://webwise.de/0113.htm

Der Thaleskreis

D   „Liegt eine Ecke eines Dreiecks auf dem Halbkreis über der gegenüberliegenden
Seite, so hat der entsprechende Winkel eine Größe von 90 Grad." (Java-Applet)
http://mond.at/mathe/appletsfend/thales.html

Komponenten eines Vektors

D   Interaktives Java-Applet, bei dem sich sowohl die Koordinaten x, y und z als
auch der Höhenwinkel vorgeben lassen.
http://webwise.de/0114.htm

Sehnenviereck

D   Interaktives Java-Applet: *http://webwise.de/0115.htm*

Regelmäßige und unregelmäßige Vierecke

E   Sammlung von Java-Applets: *http://webwise.de/1471.htm*

Winkel und Parallelen

E   Kleine Sammlung von Java-Applets:
http://www.ies.co.jp/math/java/geo/angle.html

Trigonometry

E   Über 20 Java-Applets erläutern und illustrieren Fragestellungen zu Sinus, Cosinus und Co.: *http://webwise.de/1443.htm*

Primzahlen

D   Die Primzahlen von 1 bis 1000: *http://webwise.de/1440.htm*

D   Finden von Primzahlen & Weltrekorde (PDF-Dokument):
http://webwise.de/1441.htm

Die Zahl Pi

D   So wird sie berechnet:: *http://webwise.de/1438.htm*

E   Die ersten 100.000 Stellen der Zahl Pi: *http://webwise.de/1439.htm*

Quadratwurzeln

D   „Aus Differenzen und Summen wurzeln nur die Dummen." Das Wichtigste über Quadratwurzeln. *http://webwise.de/0118.htm*

Mathematiker(innen) im Web – Biographien

Die Mathematik hat sich über viele Jahrhunderte hinweg entwickelt. Meistens waren es einzelne Persönlichkeiten, die durch Neugier, Ideen und Beharrlichkeit bestehende Grenzen überwunden und unser Wissen über Zahlen und ihre Beziehungen weiterentwickelt haben. Wenn du den einen oder anderen der klugen Köpfe näher kennen lernen willst, wirst du im Web rasch fündig.

Apollonios von Perge - Perge/Griechenland (etwa 262-190 v. Chr.)

E   Nach ihm wurde der Apollonische Kreis benannt.
http://webwise.de/1376.htm

Archimedes - Syrakus/Sizilien/[heute] Italien (285-212 v. Chr.)

D   - Leben und Werk in Kurzform: *http://webwise.de/0090.htm*

E   - Ausführliche Biographie mit Porträt, Links und Literaturverweisen:
http://webwise.de/1377.htm

Niels Bohr - Kopenhagen/Dänemark (1885-1962)

E   Ausführliche Biographie mit weiterführenden Links und Literaturverweisen
http://webwise.de/1378.htm

George Boole - Lincoln/England (1815-1864)

E   Ausführliche Biographie mit weiterführenden Links und Literaturverweisen
http://webwise.de/1379.htm

Demokrit - Abdera/Griechenland (etwa 470-380 v. Chr.)

E   Ausführliche Biographie mit weiterführenden Links und Literaturverweisen
http://webwise.de/1380.htm

René Descartes - La Haye-Descartes/Frankreich (1596-1650)

Ⓓ Leben und Werk in Kurzform: *http://webwise.de/1381.htm*

Albrecht Dürer - Nürnberg (1471-1528)

Ⓓ Das Leben und der mathematische Aspekt in Dürers Werk in Kurzform
http://webwise.de/1382.htm

Eratosthenes - Kyrene/Griechenland (etwa 276-194 v. Chr.)

Ⓔ Ausführliche Biographie mit weiterführenden Links und Literaturverweisen
http://webwise.de/1383.htm

Euklid - Alexandria/Griechenland (etwa 325-265 v. Chr.)

Ⓔ Ausführliche Biographie mit weiterführenden Links und Literaturverweisen
http://webwise.de/1376.htm

Leonhard Euler - Basel/Schweiz (1707-1783)

Ⓓ Links zu Leben und Werk: *http://webwise.de/1385.htm*

Fibonacci (Leonardo von Pisa) - Pisa/Italien (etwa 1170-1240)

ⒹⒺ Links zu Leben und Werk: *http://webwise.de/1386.htm*

Joseph Baron de Fourier - Auxerre/Frankreich (1768-1830)

Ⓔ Ausführliche Biographie mit weiterführenden Links und Literaturverweisen
http://webwise.de/1387.htm

Galileo Galilei - Pisa/Italien (1564-1642)

Ⓔ Ausführliche Biographie mit weiterführenden Links und Literaturverweisen
http://webwise.de/1388.htm

Carl-Friedrich Gauß - Braunschweig (1777-1855)

Ⓔ Ausführliche Biographie mit weiterführenden Links und Literaturverweisen
http://webwise.de/1389.htm

Johannes Kepler - Weil der Stadt (1571-1630)

Ⓓ Leben und Werk in Kurzform: *http://webwise.de/1390.htm*

Sir Isaac Newton - Woolsthorpe/England (1643-1727)

Ⓔ Ausführliche Biographie mit weiterführenden Links und Literaturverweisen
http://webwise.de/1391.htm

Blaise Pascal - Clermont-Ferrand/Frankreich (1623-1662)

Ⓔ Ausführliche Biographie mit weiterführenden Links und Literaturverweisen
http://webwise.de/1392.htm

Platon - Athen/Griechenland (427-347 v. Chr.)

ⒹⒺ Links zu Leben und Werk: *http://webwise.de/1393.htm*

Pythagoras - Samos/Griechenland (etwa 570-480 v. Chr.)

D Links zu Leben und Werk
 http://webwise.de/1394.htm

Regiomontanus (Johann Müller) - Königsberg/Bayern (1436-1476)

D E Links zu Leben und Werk
http://webwise.de/1395.htm

Georg Friedrich Bernhard Riemann - Breselenz (1826-1866)

E Ausführliche Biographie mit weiterführenden Links und Literaturverweisen
http://webwise.de/1396.htm

Adam Ries - Staffelstein (1492-1559)

D Leben und Werk in Kurzform
http://webwise.de/1397.html

Thales - Milet/Griechenland (etwa 625-547 v. Chr.)

D E Links zu Leben und Werk: *http://webwise.de/1398.htm*

IQ — INTERNET QUIZ

Was ist – aus Sicht der Mathematik – eine Hundekurve?

Kaum zu glauben, worüber sich Mathematiker manchmal den Kopf zerbrechen. Die Frage, die zur Hundekurve führt, lautet in etwa so: Ein Hund sieht einen Hasen laufen und beginnt ihn zu verfolgen. Welche Kurve beschreibt der Weg des Hundes, wenn er den Hasen dabei ständig im Visier behält? Nun, das kommt darauf an, wie der Hase läuft. Welche Kurve der Weg des Verfolgers beschreibt, wenn der Hase schnurgerade läuft, erfährst du – in Form eines Java-Applets – auf dieser Webseite: *http://webwise.de/1405.htm*. Läuft der Hase im Kreis, ergibt sich ein völlig anderes Bild, das hier ebenfalls mittels eines Java-Applets dargestellt wird: *http://webwise.de/1406.htm*. Fragt sich der Laie nur, woher die mathematischen Kurvenkünstler ihre Hasen nehmen ... Denn gewöhnliche Feld-, Wald- und Wiesenhasen laufen weder im Kreis noch auf einer Geraden, sondern ganz unmathematisch im Zickzackkurs. Weitere so genannte Verfolgungsprobleme findest du auf der Website von Susanne Neuhäusler: *http://webwise.de/1407.htm*

Norbert Wiener – Columbia/USA (1894-1964)

E Ausführliche Biographie mit weiterführenden Links und Literaturverweisen
http://webwise.de/1399.htm

Lebensdaten berühmter Mathematiker(innen) von A-Z

D *http://webwise.de/1400.htm*

Mathematiker von A-Z

E *http://webwise.de/1401.htm*

Mathe - reine Männersache?

E Nein! Gerne übersehen, aber im Web präsent: berühmte Mathematikerinnen.
  - „Female Mathematicians": *http://webwise.de/1402.htm*
E - Women in Math Project*: http://darkwing.uoregon.edu/~wmnmath*
E - Women in Mathematics - Resources and Other Useful Stuff
  http://camel.math.ca/Women

Berühmte Mathematiker/innen

D Interaktive Sammlung von Links*: http://webwise.de/1403.htm*

Software

Neben Information zur und Aufgaben aus der Mathematik hält das Internet auch reichlich Software zum Fach bereit. Viele der Programme, die sich in Minutenschnelle aus dem Netz herunterladen lassen, sind sogar völlig kostenlos, andere zumindest für eine bestimmte Zeit. Übrigens: Kostenlose Software (Freeware) muss nicht unbedingt schlechter sein als kostenpflichtige. In manchen Fällen gilt sogar eher das Gegenteil.

Bewegte Mathematik

D Was im Schulunterricht an der Tafel oftmals nur im Anfangs- und Endzustand zeigbar ist, wird durch die Programme dieses umfangreichen Pakets als kontinuierliche Bewegung dargestellt. Die Software umfasst zahlreiche Module zu den Bereichen Algebra, Geometrie, Vektorgeometrie und Analysis und kann sich an kommerziellen Programmen durchaus messen lassen. Auf der Homepage zum Programm steht die Software nicht nur zum Download bereit (ca. 1,4 MB – das Programm ist die Downloadzeit aber unbedingt wert!). Auch sämtliche Funktionen der Software werden ausführlich vorgestellt. Das Programmpaket ist „Spendensoftware": Wenn sie dir zusagt und du sie benützt, würde sich der Autor über eine Spende an das Mathematik-Museum Gießen freuen.
  http://webwise.de/1404.htm

Tiger für Windows

D Pfiffiges Programm zum bequemen Einüben der Grundrechenarten, sowie von einfachen Klammerrechnungen und Maßumwandlungen mit einer großen Auswahl an unterschiedlich schwierigen Aufgaben für Schüler(innen) der 3. und 4. Klas-

se. Jedes Mal, wenn du eine Reihe von Aufgaben gelöst hast, gibt es eine kleine Belohnung. Zusätzlich bietet das Programm einen Taschenrechner und eine Uhr. Die Software wird als Shareware vertrieben. Du kannst sie also kostenlos testen, kopieren und weitergeben. Eine Gebühr wird erst fällig, wenn du mit der Software zufrieden bist und sie länger benützen willst. Das Programm steht als gezippte Datei (730 KB) zum Download bereit.
http://webwise.de/1408.htm

MatheAss

☐ „MatheAss" steht für „Mathematik-Assistent" und beschreibt damit genau das, was das Programm sein will. Die leistungsfähige Software hilft dir dabei, Aufgaben aus den Bereichen Algebra, Geometrie, Analysis, Stochastik und Lineare Algebra zu lösen.
Die aktuelle Version läuft unter Windows. Auf der MatheAss-Site findest du nicht nur ausführliche Informationen zu der Software, sondern kannst sie dir als gezippte, selbstextrahierende Datei (1.192 bzw. 981 KB) auch gleich herunterladen, um sie auszuprobieren. Das Programm wird als Shareware vertrieben. Nach der kostenlosen Testphase wird eine Registrierungsgebühr von 24 Euro fällig.
http://home.t-online.de/home/matheass

Mathe 12

☐ Das Programm richtet sich an Schüler(innen) der Jahrgangsstufen 11 und 12 und hilft beim Lösen einfacher Standardaufgaben aus der analytischen Geometrie. Es erlaubt auch die Lösung komplexer Aufgaben insbesondere aus der Geometrie, indem die einzelnen Teilschritte nacheinander in den jeweiligen Fenstern ausgeführt werden. Neben den Rechenteilen enthält das Programm erläuternde Informationen, wie Definitionen, Aufzählungen von Fakten und die Beschreibung von Methoden zu einigen ausgewählten Themen, die durch spezielle Bedienelemente in den jeweiligen Fenstern zugänglich sind.
Auf der Mathe-12-Site findest du alle wesentlichen Informationen zu der Software einschließlich einiger Screenshots sowie einen Link zum Download der gezippten Datei (1,26 MB). Mathe 12 läuft unter Windows und ist Freeware, darf also kostenlos benutzt werden.
http://webwise.de/0123.htm

EUKLID DynaGeo

☐ EUKLID DynaGeo ist ein Computerprogramm zur „beweglichen Geometrie", mit dem sich dynamische Zeichnungen erstellen lassen. Wahlweise über Menü oder entsprechende Symbole gesteuert, wird ein geometrisches Objekt ausgewählt. Nach der Eingabe der entsprechenden Daten für das Objekt wird es vom Programm auf dem Monitor ausgegeben. EUKLID läuft unter allen Windows-Versionen ab 3.x. Es wird als Shareware vertrieben und darf kopiert und weitergegeben werden. Als Testphase, in der du die Software kostenlos ausprobieren kannst, sind acht Wochen vorgesehen. Danach wird eine Lizenzgebühr von 29 Euro fällig. Eine ausführliche Programmbeschreibung findest du auf der Site des Entwicklers Roland Melching. Dort steht das Programm auch als gezippte Datei (ca. 1,3 MB) zum Download bereit: ***http://www.dynageo.de***

Rechentrainer RÜPEL

☐ Das Programm, dessen ungewöhnlicher Name für <u>R</u>echenaufgaben <u>ü</u>berprüfen mit <u>el</u>ektronischer <u>Hil</u>fe steht, ist für Schüler bis zur 8. Klasse Gymnasium konzipiert

und für Arithmetik- und Algebra-Aufgaben aus folgenden Bereichen geeignet: Rechnen mit natürlichen Zahlen - Rechnen mit Brüchen - Rechnen mit endlichen und periodisch unendlichen Dezimalbrüchen - Rechnen mit negativen Zahlen - Auflösen von linearen Gleichungen - Vereinfachen von Rechenausdrücken. Es dient dazu, Rechenaufgaben Zeile für Zeile einzugeben und vom Computer korrigieren zu lassen. Damit sind falsch gelöste Aufgaben aus den genannten Bereichen Schnee von gestern. Das Programm ist Freeware, darf also kostenlos genutzt werden. Der Download erfolgt blitzschnell, da die Datei gerade mal 100 KB groß ist. Und als Java-Applet läuft es prinzipiell auf allen gängigen Plattformen (Windows, McIntosh, Linux).
http://webwise.de/1410.htm

Mathe Memory

D Mit diesem etwas anderen Memoryspiel kannst du Zusammenzählen, Abziehen, Malnehmen, Teilen und Bruchrechnen üben und gleichzeitig Spaß haben. Das DOS-Programm ist Freeware, darf also kostenlos benutzt, kopiert und weitergegeben werden. Weil die gezippte Datei nur 161 KB klein ist, lässt sie sich ruckzuck herunterladen: *http://webwise.de/1409.htm*

Z.u.L. – Zirkel und Lineal

D Das Programm simuliert Konstruktionen mit Zirkel und Lineal, wie sie in der Schulgeometrie vorkommen. Es kann sich mit kommerzieller Software messen, ist aber Open Source, kostet also nichts und kann kopiert und weitergegeben werden. Die aktuelle Version ist als Java-Programm konzipiert und läuft damit auf allen modernen Plattformen. Die Site zum Programm liefert Informationen und eine ausführliche Dokumentation zum Programm, das hier in mehreren Versionen zum Download bereit steht.
http://webwise.de/1411.htm

GEOSEKII – Vektorrechnung und analytische Geometrie

D Gut gemachtes Windows-Programm, das beim Lösen von Aufgaben aus der Vektorrechnung und der analytischen Geometrie hilft. Geeignet für Schüler(innen) der Oberstufe an Gymnasien. Das Programm, das unter 3.x/9x läuft, steht als gezippte Datei (546 KB) zum Herunterladen bereit.
Mit Vektor steht mittlerweile unter derselben Adresse auch eine 32-Bit-Version des Programms zur Verfügung.
http://webwise.de/1412.htm

Abakus

D Softwareversion des uralten asiatischen Rechenbretts für Windowsrechner (341 KB) mit Link zu ausführlicher Gebrauchsanweisung
http://webwise.de/1414.htm

TT Mathe – Mathematik und Geometrie

Das – nur auf den ersten Blick - unscheinbare Matheprogramm für Schüler der Oberstufe und Studenten kann rechnen (auch mit Brüchen und Wurzeln), Schaubilder zeichnen, lineare Gleichungssysteme lösen, Rechenblätter berechnen und einiges mehr. Der schlaue Mathe-Assistent läuft unter Windows 9x/ME/NT/2000/XP, ist erstaunliche 270 KB klein und kostet keinen Cent.
http://webwise.de/1413.htm

MATHEMATIK

Geometrie mit dem Computer

▣ Umfangreiche Sammlung von Geometrie-Software in Form von Freeware und Shareware sowie Demoversionen kommerzieller Programme zum Ausprobieren
http://webwise.de/1427.htm

Lernsoftware Mathematik von Richard Löwe

▣ Fünf Freeware-Programme aus Algebra und Geometrie stehen hier zum Download bereit: Binomische Formeln, Drehungen und Spiegelungen, Lineare Gleichungen, Rationale Zahlen und Prozentrechnung.
http://webwise.de/1428.htm

Freeware von Heinrich Stauff

▣ Sechs kleine Freeware-Programme (Lineare Gleichungen, Integralrechnung, Berechnung der Fläche eines Kreises, Linearkombination, Koordinatensystem, Sekantensteigung) von Heinrich Stauff
http://webwise.de/1429.htm

KaCabriD – Ka's Cabri-Informationen in Deutsch

▣ Deutsche Seite zu dem Geometrieprogramm Cabri. Hier wird nicht nur das Programm zum Downloaden angeboten, sondern darüber hinaus eine Reihe von Informationen rund um die Software sowie eine Sammlung von Cabri-Figuren.
http://webwise.de/1430.htm

Und sonst

Hier findest du Links auf Sites und Seiten, die sich zwar mit Mathe befassen, unter den übrigen Rubriken aber nicht korrekt einzuordnen waren. Darunter findet sich auch Kurioses aus der Welt der Zahlen. Und dass Mathematiker nicht so staubtrocken sind, wie gerne von ihnen behauptet wird, beweisen diverse Seiten mit Mathe-Witzen und Mathematiker-Anekdoten.

Welt ohne Mathematik

▣ Vielleicht bist du der Meinung, Mathematik wäre eine reichlich sinnlose Angelegenheit, mit der sich nur Leute beschäftigen, die mit ihrer Zeit nichts Besseres anzufangen wissen? Dann wird dich diese Seite interessieren, die sich mit der Frage beschäftigt: „Wie sähe unsere Welt ohne Mathematik aus?" Gut möglich, dass du nach einem Besuch anders darüber denkst.
http://webwise.de/1444.htm

Die Mathematik im Jenseits der Kultur

▣ Hans Magnus Enzensberger macht sich – als Außenstehender, wie er selbst erklärt – Gedanken über Mathematik: „Wir stehen vor einem Rätsel. Woher kommt es, dass die Mathematik in unserer Zivilisation so etwas wie ein blinder Fleck geblieben ist, ein exterritoriales Gebiet, in dem sich nur wenige Eingeweihte verschanzt haben?"
http://webwise.de/1449.htm

Pi 3,14159 – Freunde der Zahl Pi

Ⓓ   Die (nicht ganz ernst zu nehmende) Seite zur Zahl Pi.
http://pi314.at

Mathe zum Lachen

Ⓓ   - Don't Drink and Derive! – Die ultimatiefste Mathe-Witzesammlung. Die Seite für alle, die sonst nichts zu lachen haben, wenn es um Mathe geht:
http://webwise.de/1446.htm

ⒹⒺ   - Weitere Mathematik(er)-Witze finden sich hier:
http://www.pirabel.de/humor.htm

Ⓓ   Witze über Mathematiker, Physiker, Ingenieure ...
http://webwise.de/1447.htm

ⒹⒺ   Witziges zur Mathematik
http://webwise.de/1448.htm

Abenteuer Mathematik – Knobeln, rechnen, Spaß haben!

Ⓓ   Diese Website voller mathematischer Denksport- und Knobelaufgaben beweist einmal mehr, dass Mathematik auch Spaß machen kann – was nicht heißt, dass es dabei nichts zu lernen gibt.
http://www.mathespass.de

The World of Escher

Ⓔ   Mathematik ist vielseitig und inspiriert so manchen Künstler. Das gilt in ganz besonderem Maß für M. C. Escher (1898-1972). War er Künstler oder Mathematiker? Schwer zu sagen. Fest steht, dass er der Geometrie – sein Faible dafür zieht sich wie ein roter Faden durch sein gesamtes Lebenswerk – immer wieder neue verblüffende Aspekte abgewonnen hat. Seine Faszination für geometrische Zusammenhänge, die in vielen seiner Bilder transportiert wird, wirkt ansteckend. Das wissen auch Mathematiklehrer(innen). Kein Wunder also, dass seine Bilder längst in den sonst eher spröden Mathematikunterricht Einzug gehalten haben.
http://www.worldofescher.com

3 = 2

Ⓓ   Kann doch gar nicht sein? Zwei verblüffende Ansätze scheinen diese Aussage zu beweisen. Ganz mathematisch, oder etwa nicht? Eine interessante Seite für Mathe-Tüftler, die sich gerne den Kopf zerbrechen.
http://mond.at/mathe/ungleich.html

Das Milchkannenrätsel

Ⓓ   Das Rätsel ist nicht neu, aber immer wieder knifflig. Es gilt, mit Hilfe dreier Gefäße von 3, 5 und 8 Litern durch mehrmaliges Umfüllen 4 Liter Milch abzumessen. Walter Fendt hat die Kopfnuss nach einer Idee seiner österreichischen Kollegin Anna Schwendinger in ein ansprechendes Java-Applet umgesetzt.
http://webwise.de/0116.htm

Musik allgemein

Unter dieser Rubrik findest du Links zu Sites, die sich umfassend mit Themen rund um Musik und den Musikunterricht befassen.

Musik-Archiv Online

 Breit gefächertes Angebot zu beinahe allen musikalischen Themen von der Klassik bis zur Musik von heute. Hier findest du ein Wave-Archiv, Musik-Screensaver, eine Klavierseite, eine Beatles-Discographie mit Texten, Musikforen und Kleinanzeigen. Daneben gibt es Links zu Texten, Bands und Solisten, Bildern, CDs, Charts, Instrumenten, Software, Noten und vielem mehr.
http://www.musikarchiv-online.de

Orpheus

In rund 40 Kategorien, darunter Komponisten, Bands, Instrumente, Noten, Musiker und Software, verzeichnet „Das Portal zur Welt der Musik" mittlerweile über 10.000 Webangebote in Sachen Musik. Und es wächst und wächst ...
http://www.orpheus.at

Musiksuche.de – Das Portal zur Musik

In rund 150 Kategorien listet das Portal etwa 2.500 Links.
http://www.musiksuche.de

Webwise.de: Musik

Links und Informationen rund um die Musik
http://webwise.de/musik.htm

Referate und Schülerarbeiten

Schülerarbeiten, die auf den Referate-Servern abgelegt sind, haben sich meist irgendwann und irgendwo eine gute Note verdient. Da kann es nicht schaden nachzusehen, was gut ankommt, bevor du dich selbst an die Arbeit machst.

Young.de: Musik

Young.de offeriert in vier Hauptrubriken (Instrumente, Musikarten, Musiker und Sonstiges) und zahlreichen Unterrubriken eine ansehnliche Sammlung von Schülerarbeiten zum Musikunterricht. Eine Maske für die Stichwortsuche hilft beim Fündigwerden. Auf der Site umsehen kann sich jeder. Zugriff auf Texte haben jedoch nur angemeldete Mitglieder, wobei die Basis-Mitgliedschaft kostenlos ist. Achtung: nicht alle Texte sind gratis; die so genannten Profi-Materialien kosten Geld.
http://webwise.de/1543.htm

ReferateFundus: Musik

Rund 300 Referate und andere Schülertexte aus dem Musikunterricht stehen bei ReferateFundus wahlweise als PDF- und als gezippte RTF-Dateien zum Download

bereit. Zur Stichwortsuche führt dich ein Klick auf „Erweiterte Suche".
http://webwise.de/1544.htm

Weitere Referate Musik

Ⓓ Links zu weiteren Schülerarbeiten, Referaten und Aufsätzen in verschiedenen
Formaten findest du unter:
http://webwise.de/1545.htm

Musik interaktiv

Fragen zum Schulfach Musik? Unter diesen Adressen kannst du mit anderen diskutieren oder per E-Mail Hilfe bekommen.

Hotbox – Musik

Ⓓ Auch zum Musikunterricht gibt es bei Hausaufgaben.de eine Hotbox, die von
Schülern und Studenten betreut wird. Hier bekommst du Hilfe per E-Mail.
http://webwise.de/1542.htm

Musiksoftware-Forum

Ⓓ Forum für alle Themen rund um Musik und Computer
http://webwise.de/1541.htm

Schüler-Community Musik

ⒹⒺ Fragen in Sachen Musik? In dieser Community kannst du per E-Mail oder online
mit anderen Schüler(inn)en diskutieren und Antworten bekommen.
Die Community wurde als Ersatz für ein vordem gut besuchtes Forum bei einem
Provider eingerichtet, der leider den Betrieb eingestellt hat. Seit dem Umzug
herrscht hier sonderbarerweise tote Hose. Wahrscheinlich, weil noch niemand
das neue Forum entdeckt hat. Doch das ändert sich mit dem Erscheinen dieser
Ausgabe des *Internet-Guide für Schüler* sicher. Oder?
http://webwise.de/1540.htm

Musik im Usenet

Die Vielfalt musikalischer Sparten spiegelt sich auch im Usenet wider – es gibt
Hunderte von Newsgroups rund um die Musik. Hier eine kleine exemplarische
Auswahl:
Ⓔ - Beatles: rec.music.beatles – *http://webwise.de/0126.htm*
Ⓓ - Elektronische Musik: de.rec.musik.elektronisch – *http://webwise.de/1507.htm*
Ⓔ - Genesis: alt.music.genesis – *http://webwise.de/0127.htm*
ⒹⒺ - Hip-Hop: de.alt.music.hiphop – *http://webwise.de/0128.htm*
ⒹⒺ - Jazz: de.alt.music.jazz – *http://webwise.de/1504.htm*
Ⓔ - Klassik: rec.music.classical – *http://webwise.de/0124.htm*
Ⓓ - Klassik: de.rec.musik.klassik – *http://webwise.de/1506.htm*
Ⓔ - MIDI: alt.music.midi – *http://webwise.de/0125.htm*
Ⓔ - MIDI: comp.music.midi – *http://webwise.de/1491.htm*
Ⓔ - Musicals: rec.arts.theatre.musicals – *http://webwise.de/1492.htm*

D - Musik allgemein: z-netz.alt.musik – *http://webwise.de/1493.htm-alt.musik*

D - Musik machen: de.alt.music.machen – *http://webwise.de/1503.htm*
- de.rec.musik.machen – *http://webwise.de/1505.htm*

E - Musiktheorie: rec.music.theory – *http://webwise.de/1494.htm*

E - Oasis: alt.music.oasis – *http://webwise.de/1495.htm*

E - Opern: rec.music.opera – *http://webwise.de/1496.htm*

E - Pink Floyd: alt.music.pink-floyd – *http://webwise.de/1497.htm*

E - Reggae: rec.music.reggae – *http://webwise.de/1498.htm*

D E - Rock und Pop: de.rec.music.rock+pop – *http://webwise.de/1499.htm*

E - Techno: alt.music.techno – *http://webwise.de/1500.htm*

D E - Texte: de.alt.music.lyrics – *http://webwise.de/1502.htm*
- alt.music.lyrics – *http://webwise.de/1501.htm*

Musik aktiv

Du machst selbst – in einer Band oder als Solist – Musik? Dann findest du im Internet so ziemlich alles, was du dazu brauchst: umfassende Infos zum Thema Musikproduktion, praktische Tipps für den Umgang mit der Technik, Software, Kontakte zu anderen Musikern und Plattformen, auf denen du deine Werke veröffentlichen kannst.

musik-machen.net – das Portal für junge Musiker/innen

D Der Online-Treff für (angehende) Musiker bietet mehrere Foren, einen kostenlosen Kleinanzeigenmarkt und eine Riesensammlung von Artikeln zu allen möglichen Themen rund um die Musikproduktion, die nicht nur Einsteiger interessieren.

INTERNET QUIZ

Was haben Termiten mit Musik zu tun?

http://webwise.de/1536.htm

http://www.didgeridoo.de/

Das Didgeridoo (= Klangholz) ist ein uraltes Musikinstrument, das von den Aborigines in Australien seit mindestens 20 000 Jahren benutzt wird. Das primitive, aber erstaunlich vielseitige Instrument besteht aus einem hohlen Ast (meist Eukalyptusholz, aber auch Bambus und andere Holzarten), der in der Regel eine Länge von ca. 1,30 bis 1,70 Meter aufweist. Ausgehöhlt wird der Ast nicht etwa von Menschenhand, sondern – nun kommen die genannten Insekten ins Spiel – von Termiten. Die Aborigines brauchen die fertigen Instrumente lediglich aufzuspüren und zu „ernten". Wie ein Didgeridoo klingt, kannst du dir unter *http://webwise.de/1535.htm* anhören (benötigtes Plugin: RealPlayer). Die Aufnahme stammt allerdings nicht von einem australischen Ureinwohner, sondern von einem deutschen Fan, der dazu ein Plastikabflussrohr zweckentfremdet hat. Mehr zu dem archaischen Instrument, der Spieltechnik und der Didgeridoo-Tradition findest du unter:

MUSIK

Außerdem kannst du dich über das jährlich von *musikmachen.net* und *MTV* gemeinsam veranstaltete *School Jam Schülerband Festival* informieren. Hinter dem Portal stehen die Redaktionen der Fachzeitschriften *Keyboards, DJ Magazine, Gitarre & Bass* und *Sticks*, die Kompetenz gewährleisten.
http://musikmachen.net

Newcomer-Charts

Ⓓ Wohl jeder, der Musik macht, träumt davon, einen Song in den offiziellen Charts zu landen. Wenn's damit nicht auf Anhieb klappt, kannst du deine Werke immerhin in den Newcomer-Charts einstellen, um auch im Internet dein Publikum zu finden.
http://webwise.de/newcomer

MP3.com

Ⓔ Bei MP3.com gibt es nicht nur Hunderttausende Musik-Dateien aus allen Genres zum kostenlosen Download, sondern die Site bietet (angehenden) Künstlern aus dem Audiobereich die Möglichkeit, ihre Werke online zu veröffentlichen. Dieser Service war jahrelang gratis. Zur Zeit ist MP3.com im Umbruch – kann also gut sein, dass man Musik schon bald nur noch gegen Gebühr einstellen kann. Neben der Gratis-Musik offeriert MP3.com auch kommerziell vertriebene Musik, die es natürlich nur gegen Bezahlung gibt.
http://mp3.com

Musik-Netz

Ⓓ Das Info-Netz der Musikszene: Infos und Links zu allem, was aktive Musiker im Web suchen.
http://musik-netz.de

Musiklehre

Webadressen zu theoretischen Aspekten der Musik: von der Akkordlehre bis zur Instrumentenkunde.

Musiklehre Online

Ⓓ Hier findest du auf über 100 Einzelseiten eine allgemeine Musiklehre – von der einfachen Notenlehre über Akkordlehre bis hin zu Informationen über MIDI – sowie ein umfangreiches Komponisten-Lexikon (von „Abbado, Claudio" bis „Ziehrer, Carl Michael") mit Kurzbiographien.
http://www.musica.at/musiklehre

Musikkunde

Ⓓ Online-Nachschlagewerk mit integrierter Suchmaschine zu den Bereichen: Musiklehre – Instrumente – Entwicklung – Epochen – Komponisten – Werke.
http://webwise.de/1539.htm

GuitarSite.com

E Riesenangebot rund um die Gitarre. Internet-Verweise zu bekannten Musikern und zu weiteren Gitarren-Sites, Shareware-Sammlung, Newsletter, MP3-Files etc.
http://guitarsite.com/

Musikrichtungen und Stile

Musik begleitet die Menschheit seit zigtausend Jahren. Eine Unzahl von Webressourcen spiegelt die vielseitigen Facetten der Entwicklung wider.

Musik-Kolleg Online

D   Das Musik-Kolleg bietet einen ungewöhnlichen Zugang zu klassischer Musik. Verschiedene Musikwerke einiger berühmter Komponisten werden audiovisuell vorgestellt. Anhand von grafisch aufbereiteten Partituren wird der Aufbau der Werke erklärt. Dazu können die entsprechenden Musikbeispiele abgespielt werden. Dadurch wird in kurzer Zeit auch vom Musiklaien das Hören von Musik nach dem Grundsatz „Sehen – Verstehen – Hören – Empfinden" erreicht.
http://webwise.de/1538.htm

Musik-Geschichte

D   Musik in Österreich von vorgeschichtlicher Zeit bis heute: Epochen, Gattungen und Stile, Instrumente und Komponisten in Wort, Bild und Ton.
http://www.aeiou.at/aeiou.music

Classical Music Pages: The Musical Epochs

E Musikalische Epochen und eine Auswahl ihrer Vertreter.
http://webwise.de/1537.htm

All About Jazz

E Jazz-Magazin: Artikel, Interviews, Diskussionsforum, Künstlerprofile, Links und mehr
http://allaboutjazz.com

Klassik Online

D Auf dieser Site dreht sich alles um klassische Musik.
http://klassik.com

Techno Online

D E Szene-News, Infos, eine Vielzahl von Links, Foren, CD Reviews, ein gut besuchter Chatroom und vieles mehr.
http://techno.de

The JazzPages

D Jazz in Deutschland: News, Termine, Texte, MIDI-Files, Fotogalerie, Links etc.
http://jazzpages.com

The Classical Music Archives

E   Über 25.000 klassische Musikstücke von mehr als 1.600 Komponisten stehen als MIDI-Files und in anderen Formaten zum Download bereit. Einfache Besucher können nur kleine Portionen herunterladen, zahlende Mitglieder (25 US-Dollar pro Jahr) dürfen sich 1.000 Files pro Monat abholen.
http://classicalarchives.com

lyricsuche.de

E   Übersichtlich sortiert liefert die Site Links zu Liedtexten aus verschiedenen Genres. Eine Stichwortsuche hilft beim Stöbern.
http://lyricsuche.de

Komponisten und musikalische Künstler

Musikschaffende von heute haben das Web längst für sich entdeckt und nutzen es als zusätzliches Medium. Doch auch bereits verblichene Komponisten und Musiker sind online präsent – in Wort und Bild und mit Werken in diversen Sound-Formaten.

Johann Sebastian Bach - Eisenach (1685-1750)

D E   Ausgewählte Links zu Leben und Werk des Barock-Komponisten
http://webwise.de/1508.htm

Ludwig van Beethoven - Bonn (1770-1827)

D   Leben und Werk werden in Wort, Bild und Musik vorgestellt.
http://www.aeiou.at/beethov.htm

Johannes Brahms - Hamburg (1833-1897)

D   Leben und Werk werden in Wort und Bild und Musik ausführlich vorgestellt.
http://www.aeiou.at/brahms.htm

Anton Bruckner - Ansfelden/Österreich (1824-1896)

D   Leben und Werk werden in Wort, Bild und Musik ausführlich vorgestellt.
http://www.aeiou.at/bruckner.htm

John Cage - Los Angeles/USA (1912-1992)

E   Ausgewählte Links zu Leben und Werk
http://webwise.de/1515.htm

Frédéric Chopin - Zelazowa-Wola/Polen (1810-1849)

D   Ausgewählte Links zu Leben und Werk, sowie zu Noten und Midi-Files
http://webwise.de/1509.htm

Antonín Leopold Dvorák – Nelahozeves/Tschechien (1841-1904)

D   Ausgewählte Links zu Leben und Werk, sowie zu Noten und Midi-Files
http://webwise.de/1516.htm

Charles Gounod - Paris/Frankreich (1818-1893)

  ☐ Ausgewählte Links zu Leben und Werk: *http://webwise.de/1517.htm*

Georg Friedrich Händel - Halle (1685-1759)

  ☐ Links zu Leben und Werk des Barock-Komponisten
http://webwise.de/1510.htm

Joseph Haydn - Rohrau/Österreich (1732-1809)

  ☐ Leben und Werk werden in Wort, Bild und Musik vorgestellt. Weiterführende
Links ergänzen das Angebot.: *http://www.aeiou.at/haydn.htm*

Franz Liszt - Raiding/Ungarn (1811-1886)

  ☐ Links zu Leben und Werk des Romantik-Komponisten
http://webwise.de/1511.htm

Felix Mendelssohn-Bartholdy – Hamburg (1809-1847)

  ☐ Ausgewählte Links zu Leben und Werk: *http://webwise.de/1518.htm*

Claudio Monteverdi - Cremona/Italien (1567-1643)

  ☐ Ausgewählte Links zu Leben und Werk des Barock-Komponisten
http://webwise.de/1519.htm

Wolfgang Amadeus Mozart - Salzburg/Österreich (1756-1791)

  ☐ Leben und Werk in Wort, Bild und Musik sowie zahlreiche Links
http://www.aeiou.at/mozart.htm

Carl Orff – München (1895-1982)

  ☐ Ausgewählte Links zu Leben und Werk: *http://webwise.de/1520.htm*

Pachelbel, Johann – Nürnberg (1653-1706)

  ☐ Ausgewählte Links zu Leben und Werk des Barock-Komponisten
http://webwise.de/1521.htm

Giovanni P. da Palestrina – Palestrina o. Rom/Italien(1525-1594)

  ☐ Ausgewählte Links zu Leben und Werk des Renaissance-Komponisten
http://webwise.de/1522.htm

Franz Schubert - Wien/Österreich (1797-1828)

  ☐ Leben und Werk in Wort, Bild und Musik. Links runden das Angebot ab.
http://www.aeiou.at/schubert.htm

Robert Alexander Schumann – Zwickau (1810-1856)

  ☐ Ausgewählte Links zu Leben und Werk des Romantik-Komponisten
http://webwise.de/1523.htm

Peter I. Tschaikowsky - Kamsko-Votkinsk/Russland (1840-1893)

🔲 Ausgewählte Links zu Leben und Werk des Komponisten der Spätromantik
http://webwise.de/1524.htm

Guiseppe Verdi - Le Roncole/Italien (1813-1901)

🔲 Ausgewählte Links zu Leben und Werk des Romantik-Komponisten
http://webwise.de/1512.htm

Antonio Vivaldi - Venedig/Italien (1678-1741)

🔲 Ausgewählte Links zu Leben und Werk des Barock-Komponisten
http://webwise.de/1513.htm

Richard Wagner - Leipzig (1813-1883)

🔲 Die Richard Wagner Werkstatt bietet Ungewöhnliches für Augen und Ohren. Wenn du
dich mit R. Wagner beschäftigen musst, aber eigentlich nicht willst, wirst du hier
gut bedient!: *http://www.richard-wagner-werkstatt.com*
Links zu Leben und Werk: *http://webwise.de/1514.htm*

Klassik.com: Komponisten

🔲 Biographien von und Informationen über mehr als 200 Komponisten, ergänzt durch
weiterführende Links: *http://webwise.de/1525.htm*

Künstlernetz: Bereich Musik

🔲 Mit Fotos illustrierte Links zu Musikschaffenden aus Deutschland und aller Welt.
http://webwise.de/1531.htm

Musikarchiv online: Komponisten

🔲 Komponisten-Porträts mit Werkverzeichnissen und weiterführenden Links
http://webwise.de/1532.htm

Software

Ob du Musik lediglich hören oder selbst musizieren und komponieren willst –
im Web findest du die passende Software. Und jede Menge Sound-Files zum
Samplen oder Anhören ebenfalls. Umsonst oder zu Schnäppchenpreisen.

Crystal

🄴 Der semimodulare Software-Synthesizer, der unter Windows und Mac-OS läuft,
bietet zwei Verfahren zur Klangerzeugung: subtraktive Synthese und Frequenz-
Modulation (FM). Obwohl sich das ausgereifte virtuelle Instrument locker mit

vielen kommerziellen Soft-Synths messen kann, wird es als Freeware vertrieben –
also verschenkt! Damit es nach dem Download kein langes Gesicht gibt: Crystal
ist ein VST-Plug-in, kann also nicht als Stand-Alone-Instrument benützt werden.
Du brauchst für den Einsatz einen VST-fähigen Sequenzer oder Tracker.

MUSIK

Auf der Site zum Synthie steht nicht nur die jeweils neueste Version zum Download bereit, du findest hier auch tonnenweise zusätzliche Sounds, die du dir ebenfalls kostenlos abholen kannst. Und es kommt noch besser: Im Crystal-Forum steht neben vielen begeisterten Usern auch Glenn Olander, der Entwickler der Software, persönlich mit Tipps zum Umgang mit dem Synthesizer-Plug-in zur Verfügung. Glenn freut sich übrigens auch über Verbesserungsvorschläge, um sie – falls möglich – in einer der nächsten Versionen zu implementieren.
http://greenoak.com/crystal

MSynth

E Ausgereifter Software-Synthesizer mit integriertem Sequenzer, Drum-Computer, Mixer und Effekten. Mehr ist nicht nötig, um erste eigene Songs zu produzieren. Fertige Titel werden im WAV-Format gespeichert und können problemlos auf CD gebrannt werden. Die Freeware läuft unter Windows 2000/XP. Um das Programm herunterzuladen, musst du dich registrieren lassen. Aber auch das ist, wie die Software selbst, kostenlos.
http://www.msynth.com

Hammerhead Rythm Station

E Software Drum-Machine zum Produzieren von Drum-Loops und Jungle-Patterns. Freeware für Windows 95/98/NT
http://webwise.de/1528.htm

Orangator

E Leistungsfähiger Software-Synthesizer, dessen Bedienung allerdings etwas gewöhnungsbedürftig ist. Neben dem Programm zum Download (gezippte Datei, 465 KB) findest du hier auch eine Einführung in die Benutzung des Programms. Die Software läuft unter Windows 95/98/NT und ist Freeware.
http://webwise.de/0089.htm

Download.com: Audio Productio

E Riesenauswahl an Tools für die Musik-Produktion – Free- und Shareware
http://webwise.de/1526.htm

Download.com: Synthesizer

E Diverse Software-Synthesizer zum Downloaden – Free- und Shareware
http://webwise.de/1527.htm

Music-Software: Synthesizer

E Jede Menge Software-Synthesizer für Windows, Mac-OS, Linux und einige weitere Betriebssysteme – Free- und Shareware
http://webwise.de/1529.htm

MP3-World

D Neben Infos und Wissenswertem zum MP3-Standard findest du hier eine Fülle von Software (Free- und Shareware): Encoder, Decoder, Player, Utilities und vieles mehr.
http://www.mp3-world.net

Musik-Shareware

☐ Sammlung von über 350 Musik-Programmen (Freeware und Shareware): MIDI,
MP3, Lernprogramme, Plug-ins, Sequenzer, Notation, Tools und mehr
http://www.musica.at/shareware

Winload.de: Sound-Software

☐ Tools zur Soundproduktion und –bearbeitung – Free- und Shareware
http://webwise.de/1546.htm

Und sonst

Hier findest du Links auf Sites und Seiten, die sich zwar mit Musik befassen,
unter den übrigen Rubriken aber nicht korrekt einzuordnen waren.

Musikzeitschriften und Online-Magazine

Eine Vielzahl von Online-Magazinen versorgt Musiker und Musikinteressierte mit
News und Informationen aus allen Bereichen der Musik:

☐ - discover-music & mehr: *http://www.discover.de*
☐ - djmagazine: *http://www.djmagazine.de*
☐ - e-lectric – „Die ganze Welt des Synthie-Pop": *http://www.e-lectric.de*
☐ - Gitarre & Bass – Das Musiker-Fachmagazin: *http://www.gitarrebass.de*
☐ - Guitar – Magazin für Gitarristen und Bassisten: *http://www.guitar.de*
☐ - Jazzzeitung: *http://www.jazzzeitung.de*
☐ - Keyboards – Recording & Computer: *http://www.keyboards.de*
☐ - Keys – Magazin für Musik und Computer: *http://keys.de*
☐ - LAUT: *http://www.laut.de*
☐ - Musik Express: *http://www.musikexpress.de*
☐ - nmz – neue musikzeitung: *http://www.nmz.de*
☐ - RollingStone: *http://www.rollingstone.de*
Ⓔ - RollingStone: *http://www.rollingstone.com*
☐ - Rondo – Das Klassik- und Jazz-Magazin: *http://www.rondomagazin.de*
☐ - Sticks: *http://www.sticks.de*
☐ - Soundcheck – Das Fachblatt für Musiker: *http://www.soundcheck.de*

bloom

☐ Das Online-Musikmagazin liefert News, Reviews, Storys, Interviews, Konzertbe-
richte und vieles mehr. Ältere Beiträge wandern zwei Wochen nach dem Erscheinen ins Archiv und stehen dort weiter zur Verfügung. Im Treffpunkt wird's interaktiv: Hier kannst du dich in mehreren Foren mit anderen Besuchern austauschen. Im Bereich Newcomer präsentieren sich junge Bands und Musiker aller
Stilrichtungen. Links zu anderen Musik-Sites (Magazin, Archive, Veranstaltungen,
etc.) gibt's natürlich auch.
http://www.bloom.de

Physik allgemein

Unter dieser Rubrik findest du Links zu Sites, die sich umfassend mit Themen rund um die Physik und den Physikunterricht beschäftigen.

Multimedia Physik

Riesenangebot zur Physik: schier endlos lange, nach Teilbereichen sortierte Linklisten, Software zum Downloaden, Hypertext-Online-Kurse, Formelsammlungen, Physiker-Biographien und vieles mehr. Ein hervorragender Startpunkt zur Webrecherche für Schüler und Lehrer. Einziger Minuspunkt: Der Fundgrube täte ein bisschen mehr Übersichtlichkeit gut. Und eine flottere Optik.

http://www.schulphysik.de

Physik.de

In die wissenschaft-online-Site eingebettet, erwartet dich hier ein vielfältiges Angebot zur Physik mit Online-Lexika und –Fachwörterbüchern, Nachrichten, Fachgebietsforen, Schwarzen Brettern, Rezensionen und – wer hätte das gedacht? – einer Rubrik *Unterhaltung*.

http://www.physik.de/

Webwise.de: Physik

Interaktive, nach Stichwörtern durchsuchbare Linkliste, die von den Nutzer(inne)n erweitert wird.

http://webwise.de/1557.htm

Links zur Physik

Nach Rubriken sortierte Sammlung kommentierter Links

http://webwise.de/1552.htm

Referate und Schülerarbeiten

Du musst eine Arbeit schreiben? Ein Abstecher zu den Referate-Servern verrät dir, was andere zum gleichen Thema bereits zu Papier gebracht haben.

Schuelerweb.de: Physik

In elf Rubriken (Akustik, Astronomie, Atom- und Kernphysik, Elektrizität und Magnetismus, Grundlagen der Elektrotechnik, Mechanik, Optik, Schwingungs- und Wellenlehre, Wärmelehre, Personen und Sonstiges) listet die Site Links zu weit über 1.000 Referaten und anderen Schülertexten, sowie zu Materialien, die sich als Grundlage für eigene Arbeiten eignen. Das Format, in dem die Arbeiten vorliegen, hängt von der jeweiligen Quelle ab.

http://webwise.de/1609.htm

ReferateFundus: Physik

Rund 600 Schülerarbeiten aus dem Physik-Unterricht hat der ReferateFundus zu bieten, die alphabetisch nach dem Titel sortiert wahlweise im PDF-Format und

als gezippte RTF-Dateien zum Download bereitliegen. Bei dieser Fülle von Texten empfiehlt sich die Recherche über die interne Suchmaschine, die nach einem Klick auf „Erweiterte Suche" mit Stichwörtern gefüttert werden kann.
http://webwise.de/1606.htm

Referate.de: Physik

[D] Gut 400 Arbeiten aus dem Physikunterricht hat Referate.de im Archiv. Da lohnt es sich, die Referate Suche (im Menü links, Rubrik Schule) zu nützen, mit deren Hilfe du wahlweise den gesamten Bestand oder ein ausgewähltes Fach per Stichworteingabe durchforsten kannst. Die einzelnen Texte werden vorbildlich präsentiert. Du hast die Wahl zwischen mehreren Formaten: Druckversion, PDF und gezipptes RTF-Dokument.
http://webwise.de/1608.htm

Hausarbeiten.de – Physik

[D] Eine ansehnliche Sammlung von Schülerarbeiten (bei unserem letzten Recherchebesuch waren es knapp 300) zur Physik findest du auf dem Hausarbeiten.de-Server. Die Texte liegen alphabetisch sortiert als PDF-Dokumente vor. Praktisch ist die Suchmaske, über die sich der Bestand nach Stichwörtern durchstöbern lässt. Achtung: Lediglich ein Teil der Texte ist kostenlos verfügbar, andere, vor allem umfangreichere Arbeiten gibt es nur gegen Gebühr. Und dass sich ungefragt ein zusätzliches Browserfenster mit Werbung für kostenpflichtige Angebote öffnet, nervt.
http://webwise.de/1607.htm

Weitere Referate Physik

[D] Links zu weiteren Schülerarbeiten, Referaten und Aufsätzen in verschiedenen Formaten findest du unter:
http://webwise.de/0136.htm

Physik direkt

Fragen zu Aufgaben und Problemen? Hier findest du per E-Mail kompetente Ansprechpartner.

Hotbox – Physik

[D] Du hast Fragen zur Physik, auf die du keine Antworten findest? Dann kannst du dich an die Hotbox – Physik wenden. Hier leisten Schüler, Lehrer und Studenten per E-Mail unentgeltlich Hilfestellung.
http://webwise.de/0133.htm

Scientific American: Ask the Experts

[E] Hier kannst du Experten Fragen zu naturwissenschaftlichen Fächern, also beispielsweise Physik, stellen. Aber: Dieser Service wird stark frequentiert, deshalb können nicht alle Einsendungen beantwortet werden. Die besten Chancen auf Antwort und Veröffentlichung haben Fragen, die von allgemeinem Interesse oder besonders pfiffig sind.

Statt selbst zu fragen kannst du aber auch nachlesen, was andere Leute erfahren wollen. Im Archiv sind nicht nur Fragen abgelegt, die bereits gestellt wurden, sondern auch die Antworten darauf. Vielleicht wolltest du ja schon immer mal wissen, was passiert, wenn ein Flugzeug von einem Blitz getroffen wird, oder wie ein Fotokopierer funktioniert, oder was Antimaterie ist. Hier findest du die Antworten auf diese und zahlreiche andere interessante Fragen.
http://www.sciam.com/askexpert/physics/index.html

Stephen Hawking's Universe: Ask the Experts

[E] Eine Zeitlang konnte man unter dieser Webadresse Kosmologen Fragen zum Universum stellen. Leider ist dieser Service längst eingestellt worden. Doch die Antworten aus der interaktiven Phase sind noch immer vorhanden. Gut möglich, dass deine Fragen zum Universum bereits beantwortet sind.
 http://webwise.de/1605.htm

Physik interaktiv

Unter den folgenden Adressen kannst du mit anderen Schülern und Schülerinnen Fragen zu und Probleme mit Physik diskutieren.

WebWise-Schülerforum Physik

[D] Gut besuchtes Schülerforum für Fragen und Diskussionen rund um die Physik
 http://forum.foren-net.de/physik

Physik im Usenet

Diskussionsforen zu diversen Bereichen der Physik findest du auch im Usenet. Hier eine Auswahl gut besuchter Newsgroups:

[E] - Akustik: alt.sci.physics.acoustics – *http://webwise.de/1571.htm*
[E] - Neue Theorien: alt.sci.physics.new-theories – *http://webwise.de/1572.htm*
[D] - Physik allgemein: de.sci.physik – *http://webwise.de/1573.htm*
[E] - Physik allgemein: sci.physics – *http://webwise.de/1574.htm*
[E] - Kernfusion: sci.physics.fusion – *http://webwise.de/1575.htm*
[E] - Teilchenphysik: sci.physics.particle – *http://webwise.de/1576.htm*
[E] - Relativitätstheorie: sci.physics.relativity – *http://webwise.de/1577.htm*
[E] - Forschung: sci.physics.research – *http://webwise.de/1578.htm*
[D] - Naturwissenschaften: schule.natwis – *http://webwise.de/1579.htm*

Physik zum Anfassen

Zur Physik gibt es ein solches Riesenangebot an Experimenten im Web, dass es den Rahmen dieser Rubrik sprengen würde, wollten wir auch nur einen Bruchteil davon einzeln aufführen. Um der Vielfalt trotzdem Rechnung zu tragen, verzichten wir auf Links zu einzelnen Experimenten und stellen stattdessen Sammlungen von Versuchen und Listen mit Links zu Experimenten vor, in denen du selbst stöbern kannst.

Deutsches Museum – Online-Experimente

Ⓓ Wenn du das Deutsche Museum in München jemals persönlich besucht hast, bist du bestimmt bei der einen oder anderen Versuchsanordnung stehen geblieben und hast neugierig auf eines der roten Knöpfchen gedrückt, um zu sehen was passiert. Rote Knöpfchen gibt es bei den Online-Experimenten zwar nicht, dafür erfüllt ein Mausklick denselben Zweck: Du startest damit virtuell ein Experiment. Damit das allerdings funktioniert, benötigst du mindestens die Version 4 des Netscape Navigators oder des Internet Explorers.

http://webwise.de/1580.htm

Rund um die Schulphysik

Ⓓ Zusammenstellung interessanter Experimente und Untersuchungen aus dem Unterricht am Gymnasium Korschenbroich als Anregung zur Nachahmung, zum Beispiel: Wie funktioniert ein Batterie-Teststreifen? – Eine Messung zum Dopplereffekt – Messungen zum freien Fall – Computergenerierte Hologramme – Dem Geheimnis des Levitrons auf der Spur

http://members.aol.com/gykophys

Physics Demos

Ⓔ Sammlung nachvollziehbarer physikalischer Experimente, ergänzt durch Artikel zu diversen Bereichen der Physik und eine lange Linkliste zu verwandten Sites.

http://webwise.de/1581.htm

Little Shop of Physics – The Amazing Physics of Everyday Objects

Ⓔ Die verblüffende Physik alltäglicher Dinge: Experimente mit Sachen, die du im Haushalt findest.

http://littleshop.physics.colostate.edu/AmazingPhysics.html

Science Try Its

Ⓔ Die Idee dieser Seiten mit Experimenten ist die: Du siehst dir den Versuchsaufbau an, überlegst dir, was wohl passieren wird, führst den Versuch durch und stellst verblüfft fest, dass du Recht hattest. Oder auch nicht. Die Experimente stammen nicht ausnahmslos aus der Physik, aber ein Mehr an Wissen auch für andere Fächer kann sicher nicht schaden.

http://webwise.de/1582.htm

Kopfball: Experimente

Ⓔ Kennst du die TV-Sendereihe *Kopfball*? Im Archiv der Site zur Sendung erwarten dich die Anleitungen für Hunderte von Experimenten, die zwar nicht alle mit Physik zu tun haben aber auf jeden Fall interessant sind.

http://webwise.de/1583.htm

Little Shop of Physics: Interactive Experiments

Ⓔ Kleine Sammlung von Experimenten zur Akustik und zur Optik, die du direkt am Bildschirm durchführen kannst, vorausgesetzt, du hast das Plugin Shockwave installiert.

http://webwise.de/1584.htm

PHYSIK

Physik Interaktiv – Freihand-Experimente

D|E   Eine Monsterliste mit Links zu Websites und -seiten mit Experimenten. Wenn du hier vorbeischaust, bring unbedingt Zeit mit!
http://www.wuerzburg.de/mm-physik/experi.htm

Teilbereiche der Physik

Die Physik scheint ein Lieblingsfach der Webgemeinde zu sein. Es gibt so viele hervorragend gemachte Angebote, dass man damit ein eigenes Buch füllen könnte. Die nachfolgenden Adressen vermitteln zumindest einen Einblick in das breite Spektrum und liefern Startpunkte für die eigene Recherche.

Akustik

Akustik in der Musik

E   Umfangreiche Physikfacharbeit über die Schallerzeugung verschiedener Musikinstrumente. Wer sie lieber offline lesen will, kann sich die komplette Arbeit als Dokument im PDF-Format (26 MB!) herunterladen.
http://facharbeit.sushi-page.de

Schulphysik.de: Akustik – Musik

Ellenlange Liste kommentierter Links zu Webangeboten rund um den Themenbereich Akustik und Musik
http://schulphysik.de/akustik.html

Astronomie/Astrophysik

Space Odyssey Suite

D   Diese hervorragend gestaltete Site bringt das Universum auf den heimischen Bildschirm. Hier findest du Daten, Fakten und News, die kaum Fragen offen lassen, einen Chat, ein Space-Forum, ein Astro-Lexikon, Links und Bilder, Bilder, Bilder. *Das* deutschsprachige Webangebot zum Thema.
http://www.space-odyssey.de

Reise ins Weltall

D   Umwerfende Bilder aus den Tiefen des Universums, ergänzt durch kompetente Texte
http://webwise.de/1599.htm

Astronomie.de - Der Treffpunkt für Astronomie

D   Fakten, News, Foren, Chat, Lexikon, Galerie und mehr rund um die Astronomie.
http://www.astronomie.de

Solar System

E   Unser Sonnensystem als Java-Applet: *http://webwise.de/1600.htm*

Impact and Gravity Simulator

[E] Hervorragender Schwerkraft-Simulator – Java-Applet
http://webwise.de/1601.htm

Multimedia Physik: Astronomie

[D][E] Lange Liste von Links zu Websites und -seiten rund um das Universum
http://webwise.de/1600.htm

Atomphysik

Das Teilchen-Abenteuer

[D] Die Grundlagen der Materie und der Kräfte: Eine interaktive Reise zu Quarks,
Neutrinos, Antimaterie, höheren Dimensionen, dunkler Materie, Teilchenbe-
schleunigern und Detektoren:
http://webwise.de/1597.htm

Elektrodynamik

Elektrische Felder

[D] Illustriertes Skript: Das elektrische Feld – Die elektrische Spannung – Die
Flächendichte der Ladung und die elektrische Feldkonstante – Kondensator und
Kapazität – Isolatoren im elektrischen Feld – Aufladen und Entladen eines Kon-
densators – Schaltung von Kondensatoren – Das Potential
http://webwise.de/1596.htm

Elektromagnetische Schwingungen und Wellen

[D] Illustriertes Skript: Der Hertzsche Dipol – Elektromagnetische Wellen – Ausbrei-
tung elektromagnetischer Wellen.
http://webwise.de/1595.htm

Magnetische Felder

[D] Illustriertes Skript: Die magnetische Flussdichte – Der Hall-Effekt – Das Magnet-
feld von Spulen:
http://webwise.de/1594.htm

Geophysik

The Aurora Page

[E] Phänomen Nordlicht: Informationen, Bilder und Links.
http://webwise.de/1593.htm/

Mechanik

Die allgemeine Relativitätstheorie

[D] Eine kleine Einführung in die Ideen Albert Einsteins, leicht verständlich als Bil-
dergeschichte erzählt – wobei der Wert „leicht" eine relative Größe ist.
http://www.kornelius.de/arth

Mechanische Schwingungen

▣ Illustriertes Skript: Gedämpfte Schwingungen – Harmonische Schwingungen – Fadenpendel – Feder-Schwere-Pendel – Resonanz – Energiesatz bei Schwingungen – Mathematische Ergänzungen: Differentialgleichungen
http://webwise.de/1592.htm

Mechanische Wellen

▣ Illustriertes Skript: Querwellen, transversale Eigenschwingungen, Längswellen, Schallwellen, Dopplereffekt
http://webwise.de/1591.htm

Optik

Optik in der Mittelstufe

▣ Illustrierte Schülerarbeiten: Beleuchtete Körper – Schatten im Haus – Sonnen- und Mondfinsternis – Lichtbrechung – Totalreflexion – Glasfaserkabel und Lichtwellenleiter. Außerdem findest du hier ein Lernprogramm zum Thema Farbe, das du dir herunterladen kannst (2 gezippte Dateien mit 2,5 und 2,8 MB).
http://webwise.de/0134.htm

Quantenphysik

Kworkquark

▣ „Teilchenphysik für alle!" – Ausführliche und verständliche Antworten auf Fragen wie „Woraus besteht das Universum?" Die Site ist seit unserem letzten Recherchebesuch erheblich erweitert und aufpoliert worden. Es bietet nun neben den Antworten auf „letzte Fragen" auch ein Lexikon, ein Forum, Thementouren, Nachrichten und einiges mehr.
http://kworkquark.net

Die dunkle Materie

▣ Magnetismus ist kein Zug- sondern ein Druckphänomen – Einführung, Theorie und Experimente
http://www.dunkle-materie.de

Einführung in die Quantenmechanik

▣ Kurze populärwissenschaftliche Darstellung, ergänzt durch Literaturverweise.
http://webwise.de/1590.htm

Lehr- und Lernsystem zur Teilchenphysik

▣ Die virtuelle Tour durch die Teilchenphysik führt in die Grundlagen ein und erklärt, was die Welt zusammen hält. Illustrationen erleichtern das Verständnis.
http://webwise.de/0135.htm

Thermodynamik und Statistische Physik

Ⓓ Umfangreiches Online-Skript mit praktischer Volltextsuche
http://webwise.de/1589.htm

Animationen zu Motoren

Ⓓ Vier Applets zeigen anschaulich, wie Otto- und Dieselmotoren arbeiten. Zwei weitere werfen einen Blick in den Stirling-Motor und eine Kolben-Dampfmaschine. Neu auf der Seite: eine wachsende Sammlung interaktiver Animationen zur Physik.
http://www.k-wz.de

Wörterbücher und Nachschlagewerke

Gerade kein Lexikon zur Hand? Im Web gibt es Nachschlagewerke satt!

Physikon

Ⓓ Online-Nachschlagewerk, dessen Inhalt – in neun Hauptgebiete aufgeteilt – auf das Physikstudium in Deutschland abgestimmt, aber auch für Nichtstudenten nützlich und verständlich ist. Die Einträge sind kurz und bündig und untereinander vernetzt. Das Angebot ist seit unserem letzten Recherchebesuch unübersehbar gewachsen, und es wächst weiter. Bereits mit Inhalten gefüllt sind die Bereiche: Experimentalphysik 1-4, Elektrodynamik, Quantenmechanik, Festkörperphysik, Elementarteilchenphysik und die Schulphysik. Weitere Rubriken sind in Vorbereitung. Hinzu gekommen sind außerdem Links, ein rege besuchtes

INTERNET QUIZ

Was hatten Edison, Einstein, Newton und Pasteur schon früh im Leben gemein?

Alle vier waren lausige Schüler, Edison musste die Schule deshalb sogar vorzeitig verlassen. Seine Noten waren so miserabel, dass sich seine Mutter (eine Lehrerin) für ihren Sohn schämte. Sie nahm ihn von der Schule und unterrichtete ihn zu Hause selbst. Diese und jede Menge andere Fakten findest du bei Coolquiz.com in der Trivia-Datenbank: *http://www.coolquiz.com/trivia*

Um Missverständnissen vorzubeugen: Schlechte Noten in der Schule stellen keine Garantie für eine spätere Karriere als Genie dar.

Forum, ein Lernbereich und einiges mehr. Ein Teil des komplexen Angebotes ist mittlerweile kostenpflichtig. Die Gebühren halten sich aber erfreulicherweise in akzeptablen Grenzen. Weiterhin empfehlenswert!
http://webwise.de/1588.htm

Eric Weisstein's World of Physics

E Umfangreiche, allgemeinverständliche Online-Enzyklopädie der Physik mit rund 2.700 Einträgen, 14.000 Querverweisen und zahlreichen, teils teilweise animierten Grafiken
http://scienceworld.wolfram.com/physics

Physikalische Größen, Konstanten, Einheiten

D Naturkonstanten, SI-Einheiten, Umrechnung von physikalischen Einheiten online; ergänzt durch Links zu verwandten Sites
http://webwise.de/1587.htm

The Net Advance of Physics

E Umfangreiche Online-Enzyklopädie der Physik für Fortgeschrittene
http://webwise.de/1586.htm

Berühmte Physiker(innen) im Web

Viele Köpfe haben zu dem beigetragen, was wir heute unter dem Überbegriff Physik kennen. Aus Platzgründen können wir exemplarisch nur einige davon vorstellen; die Adressen am Ende dieser Rubrik helfen dir dabei, auch andere aufzuspüren.

Archimedes - Syrakus/Sizilien [heute] Italien (etwa 285-212 v. Chr.)

E Archimedes Home Page – Leben, Ideen und Weltbild. Das umfangreiche Angebot wird laufend ergänzt und lässt kaum Fragen offen.
http://webwise.de/1554.htm

Niels Bohr - Kopenhagen/Dänemark (1885-1962)

E Biographie und Links
http://webwise.de/1555.htm

M. u. P. Curie - Warschau/Pl. bzw. Paris/Fr. (1867/59-1934/06)

D Marie and Pierre Curie – Leben und Werk im Überblick, ergänzt durch weiterführende Links
http://webwise.de/1567.htm

Albert Einstein - Ulm (1879-1955)

D E Selbst hat Albert Einstein das Internet nicht mehr erlebt. Sicher hätte es ihm Spaß gemacht. Doch sein Werk ist im World Wide Web präsent. Wir haben einige Links zu Einsteins Leben und Werk zusammengestellt.
http://webwise.de/1570.htm

Eratosthenes - Kyrene/Griechenland (etwa 276-194 v. Chr.)

🇪 Leben und Werk im Überblick, ergänzt durch weiterführende Links
http://webwise.de/1568.htm

Galileo Galilei - Pisa/Italien (1564-1642)

🇪 Ausgewählte Links zu Leben und Werk
http://webwise.de/1569.htm

Stephen Hawking - Oxford/England (geb. 1942)

🇩🇪 Ausgewählte Links zu Leben und Werk
http://webwise.de/1566.htm

Werner Heisenberg - Würzburg (1901-1976)

🇪 Werner Heisenberg and the Uncertainty Principle – Leben und Werk eines der
wichtigsten Physiker des 20. Jahrhunderts, der als Mitbegründer der Quantenmechanik gilt und die Unschärferelation einführte.
http://webwise.de/1565.htm

Heinrich Hertz - Hamburg (1857-1894)

🇩 Leben und Werk in Kürze, ergänzt durch einige Link
http://webwise.de/0137.htm

Edwin Hubble - Marshfield/USA (1889-1953)

🇪 Leben und Werk im Überblick, ergänzt durch weiterführende Links
http://webwise.de/1564.htm

Johannes Kepler - Weil der Stadt (1571-1630)

🇪 Leben und Werk im Überblick, ergänzt durch weiterführende Links
http://webwise.de/1563.htm

Nikolaus Kopernikus - Thorn/Polen (1473-1543)

🇪 Leben und Werk im Überblick, ergänzt durch weiterführende Links
http://webwise.de/1562.htm

Sir Isaac Newton - Woolsthorpe/England (1642-1727)

🇪 Leben und Werk im Überblick, ergänzt durch weiterführende Links
http://webwise.de/0087.htm

Georg Simon Ohm - Erlangen (1789-1854)

🇪 Ausführliche vernetzte Biographie
http://webwise.de/1561.htm

Max Planck - Kiel (1858-1947)

🇩 Leben und Werk
http://webwise.de/1556.htm

KURZ & FÜNDIG

Puzzlers Page
Knifflig: „Kopfnüsse" aus der Physik
http://webwise.de/1551.htm

International Space Station
Die Site zur International Space Station (ISS) liefert News, Bilder, Fakten und vieles mehr.
http://www.spaceflight.nasa.gov/station

Abitur-Wiederholung
Abiturwissen für den Physik-Leistungskurs – kurz und bündig
http://webwise.de/0138.htm

Geschichte der Physik
Links, Links, Links – von Lao Tse und Moses bis zum ausklingenden 20. Jahrhundert
http://schulphysik.de/historic.html

Streichholzraketen
So baust du Raketen im Miniformat: illustrierte Schritt-für-Schritt-Bauanleitung
http://webwise.de/1550.htm

Kernenergie Interaktiv
Interaktive Module zum Thema Kernenergie
http://webwise.de/1549.htm

Claudius Ptolemäus - Ptolemais/Griechenland (etwa 100-170)

E Cosmological Stars: Ptolemäus – Leben und Werk im Überblick
   http://webwise.de/0086.htm

Wilhelm Conrad Röntgen - Remscheid-Lennep (1845-1923)

D Ausgewählte Links zu Leben und Wirken
   http://webwise.de/1560.htm

Ernest Rutherford - Nelson/Neuseeland (1871-1937)

E Cosmological Stars: Ernest Rutherford – Leben und Werk im Überblick
   http://webwise.de/1559.htm

Weitere Webquellen für Physiker-Biographien

D E Ausgewählte Links
   http://webwise.de/1558.htm

Software

Auch bei der Software beschränken wir uns auf Links zu Sammlungen, um der Fülle einigermaßen gerecht werden zu können.

Java-Applets zur Physik

Ⓓ Was theoretisch nicht immer leicht zu verstehen ist, wird durch Walter Fendts Java-Applets augenfällig. Die umfangreiche Sammlung hält Applets zu folgenden Teilbereichen bereit: Mechanik, Schwingungen und Wellen, Elektrodynamik, Optik, Thermodynamik, Relativitätstheorie, Atomphysik und Kernphysik.
http://www.walter-fendt.de/ph14d

Physik mit Java

ⒹⒺ Riesensammlung von Java-Applets zur Physik, nach Teilbereichen sortiert
http://webwise.de/1553.htm

Multimedia Physik: Software

Ⓓ Große Sammlung von Software zu verschiedenen Teilbereichen der Physik zum Herunterladen. Öfter vorbeischauen lohnt, das Angebot wächst.
http://schulphysik.de/programm.html

Physik: Applets, Programme, Materialien

Ⓓ Interessante Sammlung zu Physik und Astronomie
http://www.jgiesen.de

Und sonst

Nachfolgend findest du Links auf Sites und Seiten, die sich zwar mit Physik befassen, unter den übrigen Rubriken aber nicht korrekt einzuordnen waren.

Deutsches Museum München

Ⓓ Im größten technischen Museum Deutschlands ist auch online eine Menge geboten.
http://www.deutsches-museum.de

Zaubertricks entschlüsselt

Ⓓ Eine große Rolle spielen physikalische Prinzipien bei den Illusionen bekannter Zauberkünstler. Ein Informatiker hat es sich zur Aufgabe gemacht, Magiern unter den Zauberrock zu gucken und ihre Tricks zu entschlüsseln. Auf seiner Site erfährst du, was er dabei herausgefunden hat.
http://webwise.de/1548.htm

Physik-Quiz

Ⓓ Aufgaben und Probleme aus der Physik als Online-Quiz. Du kannst deine Antworten auf die Fragen abschicken und bekommst daraufhin die richtigen Lösungen.
http://webwise.de/1547.htm

Religion/Ethik allgemein

Unter dieser Rubrik findest du Links zu Sites, die sich umfassend mit dem Themenkomplex beschäftigen.

Andere Religionen

ⒹⒺ heißt diese Seite deshalb, weil sie Teil einer Buddhismus-Site ist. Hier findest du übersichtlich sortiert eine Vielzahl von Links zu Informationen über die anderen großen Weltreligionen. Der Buddhismus wird unter *http://www.buddhanetz.org* präsentiert.
http://webwise.de/1716.htm

EGOs Webkatalog: Kirche und Religion im WWW

Ⓓ Umfangreiche Linksammlung: alle Weltreligionen und kleinere Glaubensgemeinschaften
http://webwise.de/1717.htm

EduNet – Facets of Religion

Ⓔ Die rubrizierte Linksammlung weist dir den Weg zu den großen und kleineren Religionsgemeinschaften unserer Welt im Web.
http://webwise.de/1718.htm

Webwise.de: Religion, Ethik und Philosophie

Ⓓ Interaktive, nach Stichwörtern durchsuchbare Linklisten, die von den Nutzer(inne)n erweitert werden.
Religion und Ethik: *http://webwise.de/1719.htm*
Philosophie: *http://webwise.de/1722.htm*

Referate und Schülerarbeiten

Bei der Webrecherche für eine Arbeit lohnt es sich, bei dem einen oder anderen Referate-Server vorbeizuschauen und nachzusehen, was andere zu ähnlichen Themen bereits verfasst haben. Um Anregungen zu erhalten, versteht sich.

ReferateFundus: Religion/Philosophie

ⒹⒺ Sammlung von über 300 Referaten und Schülerarbeiten aus dem Religionsunterricht und über 200 Texten zum Thema Philosophie. Die Arbeiten stehen wahlweise im PDF-Format und als gezippte RTF-Dateien zum Herunterladen zur Verfügung. Die Archive können über die „Erweiterte Suche" nach Stichwörtern durchstöbert werden.
Religion: *http://webwise.de/1720.htm*
Philosophie: *http://webwise.de/1721.htm*

Hausarbeiten.de: Theologie/Religion/Ethik/Philosophie

Ⓓ Riesensammlung mit Hunderten von Schülerarbeiten aus dem Themenbereich Theologie/Religion, knapp 100 Texten zur Ethik und weit über 500 zur Philosophie. Über eine Suchmaske lässt sich der Bestand bequem nach Stichwörtern

durchforsten. Die Texte liegen im HTML-Format vor. Alternativ werden sie auch als PDF-Dokumente angeboten, die allerdings bezahlt werden müssen. Apropos bezahlen: Bei Hausarbeit.de sind längst nicht mehr alle Texte kostenlos verfügbar. Viele, vor allem umfangreichere Arbeiten gibt es nur noch gegen Gebühr.
Theologie/Religion: *http://webwise.de/1723.htm*
Ethik: *http://webwise.de/1724.htm*
Philosophie: *http://webwise.de/1725.htm*

Weitere Referate Religion/Ethik/Philosophie

[D] Links zu weiteren Anbietern von Schülerarbeiten, Referaten und Aufsätzen findest du unter:
http://webwise.de/1726.htm

Religion/Ethik interaktiv

Du hast Fragen rund um Religion und Ethik oder möchtest dich mit anderen darüber unterhalten? Im Web findest du Diskussionspartner.

Hotbox – Religion

[D] Fragen zum Thema Religion und keine Antworten? Dann kannst du dich an die Hotbox – Religion wenden. Hier leisten Schüler und Studenten per E-Mail unentgeltlich Hilfestellung.
http://webwise.de/1713.htm

TeensMag-Forum

[D] Forum der Online-Ausgabe des christlich orientierten „TeensMag". Hier parlieren Jugendlichen über Gut und Böse – und notfalls auch mal über Tod und Teufel.
http://webwise.de/1714.htm

IBJC-Forum – Mailingliste

[D] Forum auf Mailinglist-Basis, das in erster Linie dem Gedankenaustausch über christliche Themen dienen soll. Die Teilnahme daran ist allerdings konfessionsunabhängig. Sobald du dich angemeldet hast, kannst du zum einen E-Mails an den Server schicken, die daraufhin jedem Teilnehmer der Liste zugestellt werden. Zum anderen erhältst du sämtliche Mails, die andere an den Listserver senden.
http://webwise.de/1715.htm

Religion/Ethik im Usenet

Religiöse und ethische Themen werden in einer Unzahl von Newsgroups diskutiert. Einen kleinen Querschnitt aus dem vielfältigen Angebot stellen wir nachfolgend vor:

[D] Religion allgemein: z-netz.forum.religion - *http://webwise.de/1655.htm*
[D] Theologie: de.sci.theologie - *http://webwise.de/1656.htm*
[E] Christentum: alt.religion.christian - *http://webwise.de/1657.htm*
- uk.religion.christian - *http://webwise.de/0151.htm*
- aus.religion.christian - *http://webwise.de/1658.htm*
[E] Katholizismus, röm.: alt.religion.christian.roman-catholic -
http://webwise.de/1659.htm

INTERNET QUIZ

Die Bibel wiederholt sich. Welche beiden Textpassagen sind annähernd gleich?

Erstaunlich: Zwei Kapitel der Bibel sind nahezu identisch – der Text des 19. Kapitels im Zweiten Buch der Könige deckt sich (mit geringen Abweichungen) mit dem des 37. Kapitels im Buch des Propheten Jesaja. Falls du selbst vergleichen möchtest:

Das Zweite Buch der Könige, Kapitel 19: *http://webwise.de/1711.htm*
Der Prophet Jesaja, Kapitel 37: *http://webwise.de/1712.htm*

- Ⅾ Christliche Weltanschauung: de.soc.weltanschauung.christentum - *http://webwise.de/1660.htm*
- Ⅾ Weltanschauung allgemein: de.soc.weltanschauung.misc - *http://webwise.de/1661.htm*
- Ⅼ Baptisten: alt.religion.christian.baptist - *http://webwise.de/1662.htm*
- Ⅼ Lutheraner: alt.religion.christian.lutheran - *http://webwise.de/1663.htm*
- Ⅼ Presbyterianer: alt.religion.christian.presbyterian - *http://webwise.de/1664.htm*
- Ⅼ Buddhismus: talk.religion.buddhism - *http://webwise.de/1665.htm*
- Ⅼ Tibetanischer Buddhismus: alt.religion.buddhism.tibetan - *http://webwise.de/1666.htm*
- Ⅼ Druiden: alt.religion.druid - *http://webwise.de/0152.htm*
- Ⅼ Hinduismus: uk.religion.hindu - *http://webwise.de/1667.htm*
- Ⅼ Islam: alt.religion.islam - *http://webwise.de/1668.htm*
  soc.religion.islam - *http://webwise.de/1669.htm*
- Ⅼ Judentum: uk.religion.jewish - *http://webwise.de/1670.htm*
- Ⅼ Mormonen: alt.religion.mormon - *http://webwise.de/1671.htm*
- Ⅼ Schamanismus: alt.religion.shamanism - *http://webwise.de/1672.htm*

Weltreligionen

Die großen Religionen sind alle längst im Web präsent, die meisten kleineren auch. Ob du mehr über deine eigene Religionsgemeinschaft wissen oder einen Blick über den konfessionellen Zaun werfen möchtest – die gesuchten Informationen sind nie weiter als ein paar Mausklicks entfernt.

Christentum

EKD – Evangelische Kirche in Deutschland

Ⓓ Auf ihrer offiziellen Website präsentiert sich die Evangelische Kirche in Deutschland mit Informationen zur EKD von A bis Z, aktuellen News, Adressen und einem Wer ist wer? Du erfährst, wie die Evangelische Kirche strukturiert und organisiert ist und kannst Beschlüsse und Entscheidungen der Synode sowie andere offizielle Texte nachlesen. Datenbanken halten Gebete, Vorträge, Predigten und Martin Luthers Thesen bereit. Mit dem Psalterquiz, dem Lutherquiz und dem Paulus-Online-Spiel ist auch für Spaß gesorgt. Und der ganze reichhaltige Informationsbestand lässt sich per integrierter Suchmaschine nach Stichwörtern durchsuchen.
http://www.ekd.de

Katholische Kirche im Internet

Ⓓ Hier finden sich aktuelle News aus der Welt der Katholischen Kirche, ergänzt durch offizielle Dokumente zum Download. Diverse Mailinglisten ermöglichen die breite Diskussion katholischer Themen. Es gibt eine ausführliche Antwort auf die Frage „Was ist katholisch?", und ein kleiner Webkatalog mit Suchmaschine weist den Weg zu weiteren katholischen Ressourcen im Web.
http://katholische-kirche.de

Die Kreuzzüge

ⒹⒺ Im November des Jahres 1095 ruft Papst Urban II. in Clermont (Frankreich) die Christenheit zur „Befreiung" des Heiligen Landes auf. Sein Appell verhallt nicht ungehört. Im Gegenteil: Zehntausende machen sich auf den langen beschwerlichen Weg ins Morgenland. 1099 steht schließlich ein christliches Ritterheer vor Jerusalem, um die Stadt zu erobern. Das Gemetzel, das im Anschluss folgt, ist alles andere als „christlich".
Eine umfangreiche Linkliste zeigt dir, wo du im Web (in Deutsch und Englisch) zum Thema Kreuzzüge fündig wirst.
http://webwise.de/1702.htm

Yahoo.de: Christentum

Ⓓ *http://webwise.de/1703.htm*

Buddhismus

Engagierter Buddhismus

Ⓓ

Der deutsche Server im „Internationalen Netzwerk engagierter Buddhisten" liefert Informationen zu der zweieinhalbtausend Jahre alten Religion, die sich eher still und unaufdringlich gibt und weit gehend auf Missionieren verzichtet. Ebenso bescheiden wirkt diese Website auf den ersten Blick, bietet eine Ebene tiefer aber eine Fülle von Informationen. Und da sie Teil eines weltweiten Netzwerkes ist, liefert die Site außerdem Links zu verwandten Sites rings um den Planeten.
http://buddhanetz.org

Yahoo.de: Buddhismus

D *http://webwise.de/1704.htm*

Hinduismus

Hinduismus

D Kurze Einführung in die alte indische Lehre.
http://webwise.de/1705.htm

Materialien zur Religionswissenschaft: Hindureligionen

D Gründliche Einführung in die Lehren der Hindureligionen mit weiterführenden
Links.
http://webwise.de/1706.htm

The Hindu Universe

E Portal zur Welt des Hinduismus mit Linkkatalog und Suchmaschine, Foren und
Chaträumen, zu Hindu-Webressourcen, News und Infos.
http://hindunet.org

Yahoo.de: Hinduismus

D *http://webwise.de/1707.htm*

Islam

Islam Online

D Die Website des Zentralrats der Muslime in Deutschland ist als Kommunikations-
plattform für die Glaubensgemeinde in Deutschland gedacht. Hier können Muslime und ihre Organisationen Informationen und Stellungnahmen veröffentlichen.
Gleichzeitig dient sie aber auch dem Dialog zwischen Muslimen und Nichtmusli-
men. Entsprechend finden sich hier nicht nur News, Infos, Termine und Adressen, sondern auch Selbstdarstellungen moslemischer Organisationen, eine gründliche Einführung in Mohammeds Lehre und eine Online-Ausgabe des Korans in
deutscher Sprache.
http://www.islam.de

Materialien zur Religionswissenschaft: Islam

D Profunde Einführung in die fünf Grundpfeiler des Islam
http://webwise.de/1708.htm

Yahoo.de: Islam

D *http://webwise.de/1709.htm*

HaGalil onLine

⊡ Das Deutsch-jüdische Internetportal zur Bekämpfung des Antisemitismus lässt kaum Fragen zu Judentum, jüdischem Leben und Glauben offen. Hier findest du Infos, News, Texte, Presseberichte, Termine, Veranstaltungshinweise, Musik, Literaturempfehlungen, Reisetipps für Israel, Diskussionsforen und einen Chatraum.
http://www.hagalil.com

Yahoo.de: Judentum

⊡ *http://webwise.de/1710.htm*

Religiöse Texte im Web

Egal, ob du das Bedürfnis hast, mal im „Buch der Bücher" etwas nachzulesen, oder ob du zur Abwechslung im Heiligen Buch des Islams schmökern willst: Im Netz findest du die Bibel, den Koran, aber auch viele andere religiöse Quellen.

Luther-Bibel

⊡ Online und nach Stichworten durchsuchbar: die Bibel nach der Übersetzung Martin Luthers in der revidierten Fassung von 1984.
http://bibel-online.net

Biblia Sacra Vulgata

⊡⊡ Die Bibel in lateinischer Sprache. Die Übersetzung von Hieronymus wurde im Jahr 405 fertiggestellt und gilt als die offizielle Version der katholischen Kirche.
http://webwise.de/1336.htm

Bibelausgaben

⊡ Die Bibel in verschiedenen Versionen und diversen Sprachen online
http://webwise.de/1699.htm

Der kleine Katechismus

⊡ Im PDF-Format: *http://webwise.de/1700.htm*
Im HTML-Format: *http://webwise.de/1701.htm*

Das Apostolische Glaubensbekenntnis

⊡ *http://webwise.de/1727.htm*

Der Koran

⊡ Das Heilige Buch der Muslime in deutscher Sprache
http://webwise.de/1728.htm
http://webwise.de/1729.htm

Christliche Medien online

Auf der Suche nach möglichst aktuellen Informationen kann es sich lohnen, die Online-Angebote einschlägiger Medien abzuklappern. Neben News findet man auf solchen Sites meist auch weiterführende Links.

idea

☑ Die evangelische Nachrichtenagentur präsentiert auf ihrer Website News und Meinungen aus der evangelischen Welt.
http://www.idea.de

PUR magazin

☑ Online-Ausgabe des katholischen Nachrichtenmagazins mit aktuellen News
http://pur-magazin.de

ERF – Evangeliums-Rundfunk Deutschland e. V.

☑ Online-Magazin des ERF. Vorausgesetzt, du hast das RealAudio-Plugin installiert, kannst du dir das Radioprogramm live übers Internet anhören. Und wenn du Sorgen oder Probleme hast, findest du hier per E-Mail (*seelsorge@erf.de*) oder Telefon ein offenes Ohr und Rat.
http://erf.de

TeensMag

☑ Online-Version der christlichen Jugendzeitschrift mit Foren und Chaträumen, einem Downloadbereich, einer Lyrik-Ecke, CD- und Buchempfehlungen, Texten mit Tiefgang und vielem mehr. Außerdem erhältst du Einblicke in die aktuelle Printausgabe.
http://teens-mag.de

jesus-online – Das Magazin zum Leben.

☑ Christliches Online-Magazin mit Nachrichten, Meinungen, Literaturempfehlungen, Foren, Chaträumen und allem, was sonst noch dazugehört.
http://jesus-online.de

Wörterbücher und Nachschlagewerke

Wenn es um religiöse oder kirchliche Begriffe geht, sind Standardlexika schnell überfragt. Zum Glück gibt es im Web spezialisierte Nachschlagewerke, die in religiösen Dingen Bescheid wissen.

Lexikon der Daten-Autobahnkirche

☑ Die Daten-Autobahnkirche (*http://www.autobahnkirche.de*) stellt neben anderen Informationen auch ein Lexikon zur Verfügung, in dem katholische und kirchliche Begriffe von A wie „Abendmahl" bis Z wie „Zölibat" erklärt werden. Praktisch: Die Lexikoneinträge sind untereinander verlinkt.
http://webwise.de/1693.htm

Lexikon der christlichen Moral

Ⓓ Online-Version des Lexikons von Prof. Dr. Karl Hörmann. Der Zugriff auf die Artikel erfolgt über den alphabetischen Index oder mittels Stichworteingabe in die Suchmaske. Das komplette Lexikon steht als gezippte Datei zum Download bereit.
http://webwise.de/1694.htm

Bible Study Tools: Smith's Bible Dictionary

Ⓔ Englisches Wörterbuch zur Bibel. Die Suche darin ist nach Stichwörtern oder anhand einer alphabetisch sortierten Liste möglich.
http://webwise.de/1695.htm

Bible Study Tools: Easton's Bible Dictionary

Ⓔ Englisches Wörterbuch zur Bibel. Gesucht werden kann per Stichwort über die Suchmaschine oder anhand einer alphabetischen Liste der vorhandenen Begriffe.
http://webwise.de/1696.htm

Bible Study Tools: Hitchcock's Bible Names Dictionary

Ⓔ Englisches Lexikon der Personen in der Bibel. Suche via integrierter Suchmaschine oder anhand einer alphabetischen Namensliste.
http://webwise.de/1697.htm

Bible Study Tools: Fox's Book of Martyrs

Ⓔ Die Geschichte der christlichen Märtyrer in 22 Kapiteln. Eine integrierte Suchmaschine hilft beim Finden.
http://webwise.de/1698.htm

Berühmte Persönlichkeiten im Web

Biographien von berühmten Persönlichkeiten aus der religiösen Welt sind – zumindest in deutscher Sprache – verhältnismäßig rar im Web. Trotzdem lassen sich Infos zu jedem bekannten Namen aufspüren – von Abraham, dem Stammvater, bis Zwingli, dem Schweizer Reformator.

Abraham - Ur/[heute] Irak (um 2000 v. Chr.)

Ⓔ Kurzbiographie des biblischen „Stammvaters"
http://webwise.de/1673.htm

Dietrich Bonhoeffer - Breslau/[heute] Polen (1906-1945)

Ⓓ Die Internationale Bonhoeffer-Gesellschaft liefert eine Biografie, Bildmaterial sowie Nachrichten und listet Links zu weiteren Bonhoeffer-Seiten im Web.
http://ekir.de/esz/ibg

Buddha (Siddartha Gautama) - Kapilawastu/Nepal (560-480 v. Chr.)

Ⓔ Kurzbiographie des Begründers des Buddhismus
http://webwise.de/1674.htm

KURZ & FÜNDIG

ChrisNet – Christliche Suchmaschine
Webkatalog und Suchmaschine zu christlichen
Inhalten im Web
http://chrisnet.de

Jesus.de
Christliches Portal mit Webkatalog und Community
http://www.jesus.de

Feuerflamme
Christliche Suchmaschine
http://feuerflamme.de

Buddhismus und Ethik
Links zu Webressourcen
http://webwise.de/1686.htm

Konfuzius 2001
Website zu Konfuzius und dem Konfuzianismus mit einer Biografie, Texten und Links
http://bambushain.de

ReligionToday
News aus christlicher Perspektive
http://crosswalk.com/news

Crosswalk.com
Christliches Portal mit integrierter Suchmaschine in englischer Sprache
http://crosswalk.com

Der Heilige Stuhl
Offizielle Website des Vatikans
http://www.vatican.va/phome_ge.htm

P@ulus-Online-Spiel
Virtuell auf den Fersen des Apostels
http://webwise.de/1687.htm

Atheismus
Unter der Domain Atheismus.de
vertritt ein überzeugter Atheist
seine Weltanschauung. Ein guter
Recherchestartpunkt mit Fakten,
News und Links
http://atheismus.de

Religion bei Yahoo.de
http://webwise.de/1688.htm

Johannes Calvin (Jean Cauvin) - Noyon/Frankreich (1509-1564)

Ⓔ   Kurzbiographie des französisch-schweizerischen Reformators
http://webwise.de/1675.htm

Jesus Christus - Nazareth/Galiläa (etwa 4 v. Chr. – 30 n. Chr.)

Ⓓ   Wikipedia: Vernetztes Porträt des historischen Christus: *http://webwise.de/1676.htm*
Ⓓ   Rascass, Lebenslauf: *http://webwise.de/1677.htm*

Dalai Lama Tenzin Gyatso - Taktser/China (geb. 1935)

Ⓔ   Biographie des 14. Dalai Lama, von der Exil-Regierung Tibets ins Web gestellt.
http://webwise.de/1678.htm

Johannes Paul II. - Wadowice/Polen (geb. 1920)

ⒹⒺ   Lebenslauf von Karol Jósef Wojtyla, seit 1978 Papst Johannes Paul II., mit Verweisen zu Apostolischen Schreiben, Enzykliken, Predigten, Reisen etc.
http://webwise.de/1679.htm

Immanuel Kant - Königsberg/[heute] Russland (1724-1804)

Ⓓ Immanuel-Kant-Information Online: umfangreiches Material zu Leben, Wirken und Werk
http://webwise.de/1680.htm

Martin Luther - Eisleben (1483-1546)

Ⓓ Links zu Leben und Wirken des Reformators
http://webwise.de/1681.htm

Philipp Melanchthon - Bretten (1497-1560)

Ⓓ 500 Jahre Philipp Melanchthon: sein Leben, seine Zeit und seine Rolle bei der Reformation
http://www.melanchthon.de

Mohammed - Mekka/Saudi-Arabien (etwa 570-632 n. Chr.)

Ⓔ Kurzbiographie
http://webwise.de/1682.htm

Moses - Geburtsort unbekannt/Ägypten (um 1250 v. Chr.)

Ⓔ Kurzbiographie
http://webwise.de/1683.htm

Albert Schweitzer - Kayserberg b. Colmar/Frankreich (1875-1965)

Ⓔ Leben und Werk in Kürze.
http://webwise.de/1684.htm

Huldreich (Ulrich) Zwingli – Wildhaus/Schweiz (1484-1531)

Ⓓ Neben einem ausführlichen Lebenslauf des Schweizer Reformators erwarten dich hier ein Zwingli-Lexikon, ein Diskussionsforum und unter dem Motto Auf Zwinglis Spuren ein virtueller Stadtrundgang durch Zürich.
http://www.zwingli.ch

Heiligenkalender

Ⓓ Datenbank mit zahlreichen Kurzbiographien von Heiligen, die via Suchmaske nach dem Namen, dem Datum, dem Monat, dem Stand und dem Land abgefragt werden können.
http://webwise.de/1685.htm

Software

Fakten für den Religionsunterricht auswendig zu lernen, ist eine trockene Angelegenheit. Doch mit geeigneter Software aus dem Web macht das Pauken Spaß.

The Holy Bible – German Luther 1912

DE Die Bibel (Luthertext in der Fassung von 1912) zum Downloaden. Das Programm ist in Englisch, der Bibeltext in Deutsch. Die Software ist Freeware und läuft unter Windows 95/98/NT. Gezippte Download-Datei (5,1 MB).
http://webwise.de/1692.htm

Pastor 3D

D Deine Aufgabe ist es, die in der Pfarrkirche verstreut herum liegenden Gebetbücher einzusammeln. Wenn du die Bibel (auf)liest, erhältst du wieder neuen Glauben. Und den hast du bitter nötig, um gegen alle Anfechtungen, die sich dir in den Weg stellen, gefeit zu sein und deine Mission erfolgreich zu Ende bringen zu können. Freeware für Windows, gezippte Download-Datei (1,3 MB).
http://webwise.de/1691.htm

Captain Bible Special Edition

DE Als Spieler schlüpfst du in die Rolle des Superhelden Captain Bible, der eine Stadt von den Lügen der Cyberdämonen befreien soll. Dazu musst du dir den Weg durch ein Labyrinth bahnen. Deine Waffen sind Bibelsprüche, die man nachtanken kann, und Gebete. Also bitte, wenn das nicht mal etwas ganz anderes ist?! Das Programm ist ein Auszug aus der kommerziellen Vollversion und läuft unter Windows. Gezippte Download-Datei (1,1 MB).
http://webwise.de/1690.htm

Jeremia – Auf der Jagd nach dem verschollenen Propheten

D Du bist der Geheimagent des Königs von Babylon, und deine Aufgabe ist es, den verschollenen Seher Jeremia aufzuspüren. Unterwegs gibt es eine Reihe kniffliger Rätsel zu lösen. Das Adventure-Spiel aus biblischer Zeit ist Freeware und läuft unter DOS. Zum Download liegen drei Dateien bereit: ein Installationsprogramm (9 KB), das Hauptmodul (1,2 MB) sowie ein Sound-Modul (1,3 MB).
http://pokorra.de/jeremia

Weisses Wort

D Wortratespiel, bei dem ein christlicher Begriff oder Satz Buchstabe für Buchstabe erraten werden muss. Das Programm ist Freeware und läuft unter DOS. Gezippte Download-Datei (386 KB). Klick zum Downloaden auf Downloads --> Weisses Wort.
http://halleluja-soft.de/downloads

Bible Concentration

E Gedächtnisspiel im Stil von Memory mit einfachen biblischen Animationen. Das Programm ist Freeware und läuft unter DOS. Gezippte Download-Datei (1 MB).
http://webwise.de/1689.htm

Weitere christliche Software

D - steht bei „Halleluja-Soft", einem kleinen deutschen Software-Vertrieb, zum kostenlosen Download bereit.
http://www.halleluja-soft.de/

- Auch St. Peters Net bietet diverse christliche Computerspiele (Freeware, Shareware und Demos) in deutscher und englischer Sprache zum Download an.
http://www.stpetersnet.de

D - Jesus Rulez: Christliche Software – Links zu Freeware-, Shareware und Demoprogrammen:
http://webwise.de/1654.htm

Und sonst

Nachfolgend findest du zwei Links, die sich zwar mit Religion befassen, unter die übrigen Rubriken aber nicht so recht gepasst haben.

Gott.de – Ein Wegweiser zu Gott

D **Gott.de** kann es ja wohl nicht geben, haben wir uns gedacht. Das wäre doch irgendwie anmaßend oder gar blasphemisch. Überprüft haben wir es trotzdem. Mehr so aus Jux. Und siehe da, da hat sich doch tatsächlich jemand die Domain Gott.de geschnappt. Schon irgendwie seltsam, wo Gott doch für alle da und Mittelpunkt diverser Religionen ist. Bis vor einiger Zeit führten die Adressen **http://www.JesusChristus.de** und **http://www.JesusChristus.com** übrigens auf dieselbe Seite, mittlerweile sind sie aber abgeschaltet. Um auf die Site zu gelangen, muss man neuerdings erst ein Mal am Seelenretter (der sich, ganz am Puls der Zeit, „SoulSaver" nennt) vorbei. Lässt man den mit einem beherzten Mausklick hinter sich, ist man drin. Wer nun wahrhaft Großes unter Gott.de erwartet, wird enttäuscht. Der Betreiber, der Gott im Web für sich gepachtet hat, wird dem himmelhohen Anspruch nicht gerecht. Präsentiert werden einige Informationen über okkulte Phänomene, eine Ausführung darüber, dass das Leben kein Zufall ist, eine Anleitung dazu, „wie man den Himmel am besten verpasst" und die Bibel. Fehlt nur noch Einer zur Dreifaltigkeit. Der ist mit **http://www.HeiligerGeist.de** ebenfalls im Web vertreten. Lange Zeit war diese Domäne eine leere Baustelle, inzwischen gibt es Inhalt: einen Besucherzähler und drei Verse aus der Bibel. Das hätte man sich jetzt aber irgendwie ein bisschen geistreicher vorgestellt, oder?
http://www.gott.de

Religio

D Auf den ersten Blick wirkt die Site unscheinbar und wenig attraktiv. Trotzdem, nicht weiterklicken, wenn du Informationen zu Sekten suchst! Das elektronische Informationssystem über Sekten, neue religiöse und ideologische Gemeinschaften und Psychogruppen in Deutschland, das bereits seit 1994 online ist, bietet eine gigantische Sammlung (etwas 50 MB Texte) von Informationsmaterial. Es gibt ein komplettes Online-Handbuch, aktuelle News, die Bibliothek mit einer umfangreichen Liste von Links zu verwandten Webressourcen und die Rubrik „Weg zu den Quellen" mit Presse- und Literaturverweisen. Der gesamte Informationsbestand kann mittels Volltextsuche nach Stichwörtern durchstöbert werden. Und falls du selbst oder jemand aus deinem Umfeld in die Fänge einer Sekte geraten sind, findest du hier Hilfe, Adressen von Beratungsstellen und praktische Verhaltensratschläge.
http://www.religio.de

Sozialkunde allgemein

Unter dieser Rubrik findest du Links zu Sites, die sich umfassend sozialen Themen oder dem Sozialkundeunterricht widmen.

Norberts Bookmarks für engagierte Leute

 ▣ „Viele kleine Leute an vielen kleinen Orten, die viele kleine Schritte tun, können das Gesicht der Welt verändern!", ist das Motto dieser Site, einer privaten Initiative, in der ganz offensichtlich eine Menge Engagement steckt. Über 50.000 gut sortierte Links führen zu Webressourcen zu sozialen Themen wie Frieden, Abrüstung, Gewaltfreiheit, Menschenrechte, Umwelt, Dritte Welt, Soziale Gerechtigkeit, Religionen, Wirtschaft, Nachrichten und Politik. Eine integrierte Suchmaschine hilft beim Finden.
http://bessereweltlinks.de

Grundkurs Sozialkunde/Politische Bildung

▣ Umfangreiche Text-, Link- und Materialsammlung für den Politik- und Gemeinschaftskundeunterricht, die von Schülerinnen und Schülern des Grundkurses Sozialkunde 98/99 am Richard-Wagner-Gymnasium in Bayreuth zusammengestellt wurden. Leider wird der Katalog seit einiger Zeit nicht mehr gepflegt, aber noch halten sich die toten Links in akzeptablen Grenzen.
http://www.rwg-bayreuth.de/sozialk/

Webwise.de: Sozialkunde & Politik

▣ Interaktive, nach Stichwörtern durchsuchbare Listen mit Hunderten von Links, die von den Nutzer(inne)n erweitert werden. Wenn du interessante Webadressen kennst, die in den Listen fehlen, trag sie ein – so können auch andere davon profitieren.
Sozialkunde: *http://webwise.de/1734.htm*
Politik: *http://webwise.de/1733.ht*

Referate und Schülerarbeiten

Zum Sozialkundeunterricht herrscht auf den diversen Referate-Servern ein Riesenangebot. Wie lange mag es wohl noch dauern, bis jedes einschlägige Thema abgehandelt ist?

Hausarbeiten.de: Sozialkunde

▣ Rund 4.500 (!) Referate, Schülerarbeiten und andere Textvorlagen, die für den Sozialkundeunterricht interessant sind, stehen hier im HTML-Format zur Verfügung. Viele, vor allem umfangreichere Arbeiten gibt es leider nur noch gegen Bezahlung. Alternativ zum HTML-Format steht von jedem Text auch ein PDF-Dokument zur Verfügung. Dafür wird allerdings in jedem Fall eine Gebühr fällig.
- Gemeinschaftskunde/Sozialkunde: *http://webwise.de/1774.htm*
- Sozialpädagogik: *http://webwise.de/1775.htm*
- Politologie/Politik: *http://webwise.de/1776.htm*
- Soziologie: *http://webwise.de/1777.htm*
- Sozialarbeit: *http://webwise.de/1778.htm*

Young.de: Gemeinschaftskunde/Politik

▣ In zahlreichen Rubriken und Unterrubriken übersichtlich sortiert, hat Young.de eine ansehnliche Sammlung von Schülerarbeiten aus Politik und Sozialkunde im Angebot. Eine Maske für die Stichwortsuche hilft beim Fündigwerden. Auf der Site umsehen kann sich jeder. Zugriff auf Texte haben jedoch nur angemeldete Mitglieder, wobei die Basis-Mitgliedschaft kostenlos ist. Achtung: nicht alle Texte sind gratis; die so genannten Profi-Materialien kosten Geld.
Gemeinschaftskunde: *http://webwise.de/1780.htm*
Politik: *http://webwise.de/1779.htm*

Fundus.org: Politik

▣ Gut 200 Referate und andere Schülertexte zum Thema Politik stehen bei Fundus.org wahlweise als PDF- und als gezippte RTF-Dateien zum Download bereit. Zur Stichwortsuche führt dich ein Klick auf „Erweiterte Suche".
http://webwise.de/1781.htm

Weitere Referate Sozialkunde/Politik

▣ Links zu weiteren Schülerarbeiten, Referaten, Aufsätzen und Unterrichtsmitschriften in verschiedenen Formaten findest du unter:
http://webwise.de/1782.htm

Sozialkunde direkt/interaktiv

Latein mag man am besten im stillen Kämmerlein zu Hause büffeln. Soziale und politische Themen wollen dagegen mit anderen diskutiertwerden. Foren dafür gibt es genug.

Online-Foren des Deutschen Bundestags

▣ In unregelmäßigen Abständen werden hier verschiedene Themen zur Diskussion gestellt. Zu Beginn nehmen die fachpolitischen Sprecher der Fraktionen Stellung, dann kommen die Bürger zu Wort. Wenn du schon längst einmal mitreden wolltest – hier hast du die Möglichkeit. Ganz geheuer scheint den Verantwortlichen die freie Meinungsäußerung allerdings nicht zu sein. Bis zu zwei Arbeitstagen kann es dauern, bis die Beiträge nach dem Abschicken online verfügbar sind – vorausgesetzt, sie sind den Moderatoren genehm ...
http://webwise.de/1739.htm

Diskussionsforen der Bundestagsfraktion Bündnis 90/Die Grünen

▣ Auch hier darf rund um die Politik diskutiert werden – allerdings erst nach vorheriger Anmeldung als Teilnehmer. Beiträge lesen kann man aber ganz unbürokratisch, auch ohne sich registrieren zu lassen. Zwei Foren stehen zur Verfügung. Im ersten gibt die Partei in unregelmäßigen Abständen das Thema vor, im zweiten, dem offenen Forum, kann jeder Besucher selbst ein Thema seiner Wahl einbringen. Abgeschlossene Diskussionen aus dem ersten Forum wandern ins Archiv, wo sie noch eine Zeit lang eingesehen werden können. Übrigens: Was in den Foren gesagt wird, ist oft interessanter als die offiziellen Verlautbarungen.
http://webwise.de/0140.htm

Politik und Soziales im Usenet

⬜ Politik ist eine Sache, die jeden persönlich betrifft. Entsprechend emotional und mitunter verbissen wird sie diskutiert. Wenn du politische Newsgroups besuchst, solltest du dir darüber im Klaren sein, dass es keine Moderation gibt und dass jeder sagen kann, was er will, auch wenn er anderen damit kräftig auf den Schlips tritt. „Political correctness" erwartest du hier vergeblich, dafür kannst du dir ein Bild davon machen, wie und was die Leute wirklich denken.

Politik allgemein: de.soc.politik.misc - *http://webwise.de/1741.htm*

maus.politik - *http://webwise.de/1745.htm*

z-netz.forum.diskussion.politik - *http://webwise.de/1751.htm*

Politik in Österreich: at.gesellschaft.politik - *http://webwise.de/1752.htm*

Politik und Organisation der SPD: de.org.politik.spd -
http://webwise.de/1742.htm

Politische Organisationen ohne eigene Newsgroup:
de.org.politik.misc - *http://webwise.de/1740.htm*

Soziales - Arbeit: de.soc.arbeit - *http://webwise.de/1746.htm*

Soziales – Familie: de.soc.familie - *http://webwise.de/1747.htm*

Soziales – Pflichtdienste: de.soc.pflichtdienste - *http://webwise.de/1749.htm*

Soziales – Politik: maus.soziales.politik - *http://webwise.de/1743.htm*

Soziales – Umwelt: de.soc.umwelt - *http://webwise.de/1748.htm*

Soziales – Verkehr: de.soc.verkehr - *http://webwise.de/1750.htm*

IQ INTERNET QUIZ

WIR FORDERN EIN RECHT AUF RECHTE

Wie alt sind die Menschenrechte?

Im Grunde sollte es Menschenrechte geben, seit es Menschen gibt. Doch natürlich ist dem nicht so. Die Menschheit hat Jahrtausende gebraucht, bis sie sich auf grundlegende Rechte geeinigt hat, die jedem Menschen unabhängig von Rasse, Religion, Geschlecht, Alter und anderen Unterscheidungsmerkmalen zugebilligt werden. Erst am 10. Dezember 1948 wurde die Allgemeine Erklärung der Menschenrechte (Universal Declaration of Human Rights) von der UNO-Generalversammlung angenommen und verkündet (*http://webwise.de/0141.htm*). Wer nun allerdings denkt, die Menschenrechte würden damit weltweit und für jeden Menschen gelten, der täuscht sich gewaltig. Die Konvention ist so jung, dass sie bis heute leider noch immer nicht überall auf unserem Planeten geachtet wird. Erschreckend: Missachtet wird sie selbst in Ländern, von denen man das eigentlich nicht vermuten möchte, wie zum Beispiel in den USA (*http://webwise.de/1753.htm*).

Über das erschütternde Kapitel Menschenrechtsverletzungen in aller Welt informiert die Organisation Amnesty International unter: *http://www.amnesty.de*.

Weitere Links zum Thema Menschenrechte hat Yahoo.de zusammengestellt: *http://webwise.de/1754.htm*

E-Mail vom Deutschen Bundestag

Ⓓ Der Bundestag möchte dich als Bürger gerne auf dem Laufenden halten. Dazu hat er drei Newsletter geschaffen, die du abonnieren kannst. Der erste informiert über Aktivitäten im Rahmen der Öffentlichkeitsarbeit, der zweite über die inhaltliche Arbeit des Deutschen Bundestags, der dritte liefert Reden und Mitteilungen über aktuelle Ereignisse. Na dann: anmelden und Bescheid wissen.
http://webwise.de/1744.htm

Deutschland – das politische System

In dieser Rubrik findest du Links zum Grundgesetz sowie zu offiziellen Websites von Bund und Ländern, ergänzt durch eine kleine Auswahl von Online-Angeboten diverser Medien. Auf Kommentare haben wir weitgehend verzichtet – die meisten Adressen sprechen für sich selbst.

Die Verfassung der Bundesrepublik Deutschland

GG – Das Grundgesetz

Ⓓ Wir haben gelernt, es als Selbstverständlichkeit hinzunehmen. Doch ein Blick in andere Regionen der Welt zeigt, dass unter anderen Vorzügen die Rechte, die es dem Individuum dem Staat gegenüber einräumt, so selbstverständlich gar nicht sind. Falls du es noch nie gelesen hast und das nachholen willst oder falls du einen bestimmten Artikel nachschlagen möchtest: Das Grundgesetz der Bundesrepublik Deutschland steht im Web zur Verfügung.
http://webwise.de/1755.htm

Der Bund

Der Bundespräsident

Ⓓ *http://www.bundespraesident.de*

Der Bundeskanzler

Ⓓ *http://www.bundeskanzler.de*

Das Kanzleramt

Ⓓ *http://webwise.de/1756.htm*

Die Bundesregierung

Ⓓ *http://www.bundesregierung.de*

Deutscher Bundestag

Ⓓ *http://www.bundestag.de/*

Die Bundestagsabgeordneten

Ⓓ   Kennst du deine(n) Bundestagsabgeordnete(n)? Hier kannst du sie oder ihn kennen lernen. Du weißt nicht, wie sie oder er heißt? Auch kein Problem. Eine klickbare Karte führt dich zur Seite der richtigen Person, die einige Basisinfos liefert. Und wenn der oder die Betreffende auf der Höhe der Zeit ist, findest du dort auch einen Link zu seiner bzw. ihrer persönlichen Website mit weiteren Informationen. Noch Fragen? Dann schreib deinem/r Abgeordneten doch einfach mal.
http://webwise.de/1757.htm

Der Bundesrat

Ⓓ   *http://www.bundesrat.de*

Statistisches Bundesamt Deutschland

Ⓓ   Deutschland in Zahlen und Fakten.
http://www.destatis.de

Bundesministerien

Ⓓ
- Auswärtiges Amt: *http://www.auswaertiges-amt.de*
- Bundesministerium der Finanzen: *http://www.bundesfinanzministerium.de*
- Bundesm. für Gesundheit und Soziale Sicherung: *http://www.bmgs.bund.de*
- Bundesministerium für Bildung und Forschung: *www.bmbf.de*
- Bundesministerium für Verbraucherschutz, Ernährung und Landwirtschaft: *http://verbraucherministerium.de*
- Bundesm. für Familie, Senioren, Frauen und Jugend: *http://www.bmfsfj.de*
- Bundesministerium des Inneren: *http://www.bmi.bund.de*
- Bundesministerium der Justiz: *http://www.bmj.bund.de*
- Bundesm. für Umwelt, Naturschutz und Reaktorsicherheit: *http://www.bmu.de*
- Bundesm. für Verkehr, Bau- und Wohnungswesen: *http://www.bmvbw.de/*
- Bundesministerium für Verteidigung: *http://www.bmvg.de*
- Bundesministerium für Wirtschaft und Arbeit: *http://www.bmwi.de*
- Bundesm. für wirtsch. Zusammenarbeit und Entwicklung: *http://www.bmz.de*

Deutsche Bundesbank

Ⓓ   Die Bundesbank in Frankfurt (Main) ist als Zentralbank der Bundesrepublik Deutschland integraler Bestandteil des Europäischen Systems der Zentralbanken (ESZB). Auf ihrer Website informiert sie über ihre Aufgaben und Aktivitäten. Im Online-Geldmuseum erhältst du u. a. Antworten auf die Fragen: Welche Geldarten gibt es? Wie wäre das Leben ohne Geld? Warum ist Geldwertstabilität so wichtig? Wie funktioniert Geldpolitik?
http://www.bundesbank.de

Die Länder

Baden-Württemberg

Ⓓ
- Landtag von Baden-Württemberg: *http://www.landtag-bw.de*
- Landesregierung: *http://webwise.de/1758.htm*

Bayern

▣ - Bayrischer Landtag: *http://www.landtag-bayern.de*
  - Bayrische Staatskanzlei: *http://www.bayern.de*

Berlin

▣ - Abgeordnetenhaus Berlin: *http://www.parlament-berlin.de*
  - Senat von Berlin: *http://webwise.de/1759.htm*

Brandenburg

▣ - Landtag Brandenburg: *http://brandenburg.de/landtag*
  - Staatskanzlei: *http://www.stk.brandenburg.de*

Bremen

▣ - Bremische Bürgerschaft: *http://www.bremische-buergerschaft.de*
  - Senatskanzlei Bremen: *http://bremen.de/info/rathaus*

Hamburg

▣ - Hamburgische Bürgerschaft: *http://webwise.de/1760.htm*
  - Hamburger Senat: *http://webwise.de/1761.htm*

Hessen

▣ - Hessischer Landtag: *http://www.hessischer-landtag.de*
  - Hessische Landesregierung: *http://webwise.de/0681.htm*
  - Hessische Staatskanzlei: *http://www.hessen.de/stk*

Mecklenburg-Vorpommern

▣ - Landtag Mecklenburg-Vorpommern: *http://www.m-v.de/politik/landtag.html*
  - Landesregierung Mecklenburg-Vorpommern: *http://www.mv-regierung.de*
  - Staatskanzlei: *http://www.mv-regierung.de/stk*

Niedersachsen

▣ - Landtag Niedersachsen: *http://www.landtag-niedersachsen.de*
  - Niedersächsische Landesregierung: *http://www.niedersachsen.de*

Nordrhein-Westfalen

▣ - Landtag Nordrhein-Westfalen: *http://www.landtag.nrw.de*
  - Landesregierung Nordrhein-Westfalen: *http://www.nrw.de*

Rheinland-Pfalz

▣ - Landtag Rheinland-Pfalz: *http://www.landtag.rlp.de*
  - Staatskanzlei Rheinland-Pfalz: *http://www.stk.rpl.de*

Saarland

▣ - Landtag des Saarlandes: *http://www.landtag-saar.de*
  - Saarländische Landesregierung: *http://www.saarland.de*

Sachsen

☐ - Sächsischer Landtag: *http://www.landtag.sachsen.de*
  - Sächsische Landesregierung: *http://webwise.de/1762.htm*

Sachsen-Anhalt

☐ - Landtag von Sachsen-Anhalt: *http://www.landtag.sachsen-anhalt.de*
  - Staatskanzlei: *http://www.stk.sachsen-anhalt.de*

Schleswig-Holstein

☐ - Landtag Schleswig-Holstein: *http://www.sh-landtag.de*
  - Landesreg. Schleswig-Holstein: *http://landesregierung.schleswig-holstein.de*

Thüringen

☐ - Thüringer Landtag: *http://www.landtag.thueringen.de*
  - Thüringer Landesregierung: *http://webwise.de/1763.htm*

Statistische Landesämter

☐ Auf einen Blick: die Landesämter für Statistik aller Bundesländer
  http://webwise.de/1764.htm

Parteien und Medien online

Parteien

☐ - Bündnis 90/Die Grünen: *http://www.gruene.de*
  - CDU – Christlich Demokratische Union Deutschlands: *http://www.cdu.de*
  - CSU – Christlich-Soziale Union in Bayern: *http://www.csu.de*
  - FDP – Freie Demokratische Partei Deutschlands: *http://www.liberale.de*
  - PDS – Partei des Demokratischen Sozialismus: *http://www.pds-online.de*
  - SPD – Sozialdemokratische Partei Deutschlands: *http://www.spd.de*

Weitere Parteien

☐ *http://webwise.de/1771.htm*

Zeitungen

☐ - Frankfurter Allgemeine Zeitung: *http://faz.de*
  - Frankfurter Rundschau: *http://fr-aktuell.de*
  - Süddeutsche Zeitung: *http://sueddeutsche.de*
  - taz - die tageszeitung: *http://taz.de*
  - Die Welt: *http://welt.de*
  - Die Zeit: *http://www.zeit.de*
  - Weitere Zeitungen im Web: *http://webwise.de/0142.htm*

Zeitschriften

☐ - Familie & Co: *http://familie.de*
  - Focus: *http://focus.de*
  - Spiegel: *http://spiegel.de*

- Stern: *http://stern.de*
- Weitere Zeitschriften im Web: *http://webwise.de/0143.htm*

Fernsehsender

Ⓓ - ARD: *http://ard.de*
- ZDF: *http://zdf.de*
- Weitere Sender im Web: *http://webwise.de/0144.htm*

Zentralen für politische Bildung

Ⓓ Der Bund und ein Teil der Länder stellen vielfältiges Material für politische Bildung zu Verfügung – Angebote, die man nutzen sollte, bevor sie womöglich auch noch dem Rotstift zum Opfer fallen.
- Bundeszentrale für politische Bildung: *http://www.bpb.de*
- Landeszentralen: *http://webwise.de/1772.htm*

Europa

Alle Websites unter dieser Rubrik sind gute Startpunkte für die eigene Webrecherche zum Thema Europa. Neben umfangreichen Informationen liefern sie alle eine Vielzahl von weiterführenden Links.

Europa

Ⓓ Auf „Europa", dem offiziellen Server der Europäischen Union, kannst du dich in insgesamt 11 Sprachen über Europäisches Recht und die verschiedensten Belange der Gemeinschaft informieren. Außerdem findest du hier allgemeine Informationen über die EU-Einrichtungen sowie Links zu den Websites von Parlament, Rat, Kommission, Gerichtshof, Rechnungshof, Wirtschafts- und Sozialausschuss, Ausschuss der Regionen, Europäischer Investitionsbank, Europäischer Zentralbank, Agenturen und sonstigen Institutionen.
http://europa.eu.int

Europarl

Ⓓ Auf diesem Webserver präsentiert sich das Europäische Parlament, stellt Aufgaben, Aktivitäten und Abgeordnete vor, veröffentlicht News, Infos, und Adressen und hält ausgewählte Dokumente aus verschiedenen Bereichen bereit. Eine integrierte Suchmaschine hilft beim Auffinden von Informationen.
http://www.europarl.eu.int

Die Europäische Kommission

Ⓓ Die Europäische Kommission informiert über ihre Aufgaben, berichtet über ihre Aktivitäten, stellt die 20 EU-Kommissare vor und hält online Reden, Pressemitteilungen und offizielle Dokumente zum Abruf bereit.
http://europa.eu.int/comm

Europäische Union

Ⓓ Von der Brandenburgischen Landeszentrale für Politische Bildung zusammengestellt: überschaubare Sammlung kommentierter Links zum Thema Europa
http://webwise.de/0145.htm

Europäische Zentralbank

`DE` Was die Bundesbank erfolgreich für die D-Mark getan hat, soll die in Frankfurt am Main ansässige Europäische Zentralbank für den Euro erledigen. Unter nachfolgender Adresse kannst du dich in deutscher Sprache über die Aufgaben und Aktivitäten der Einrichtung informieren. Allerdings wird hier nur ein Teil des Gesamtangebotes präsentiert. Für Informationen, die (noch) nicht übersetzt sind, wirst du deshalb auf die englischsprachigen Seiten der European Central Bank *(http://www.ecb.int)* weitergeleitet.
http://webwise.de/1773.htm

Im Gespräch

Wer kompetent über soziale und politische Themen diskutieren will, muss über das nötige Hintergrundwissen verfügt. Das Web hält zu den meisten aktuellen Fragen Fakten, Meinungen und Daten bereit.

9/11

Die Terror-Anschläge auf das World Trade Center in New York haben die Welt nachhaltig schockiert. Doch auch über zwei Jahre nach dem Desaster ist Osama bin Laden, den die US-Regierung als Drahtzieher verdächtigt, noch nicht gefasst. Im Gegenteil: die USA haben die Suche nach ihm bereits vor geraumer Zeit ganz offiziell aufgegeben. Die Version der US-Regierung zu Tätern Tathergang war von Anfang an umstritten. Wegen zahlreicher Ungereimtheiten und nicht beantworteter Fragen hat sich weltweit Skepsis breit gemacht.
Zahlreiche Quellen im Internet liefern Fakten und Erklärungen, die die verheerenden Anschläge des 11. September 2001 möglicherweise in einem anderen Licht erscheinen lassen.
http://webwise.de/0911.htm

Hilfen für Arbeitslose – Index

`D` Für viele Arbeitslose und alle, die sich sonst für die Problematik interessieren, liefert dieses Portal eine Vielzahl relevanter Infos und Links. Von Bewerbungstipps bis zu psychologischem Rat finden Betroffene hier Hilfe.
http://www.erwerbslose.de

Die Mathematik der Ungerechtigkeit

`D` Ausführliches Referat zum Thema Geldverteilung zwischen Arm und Reich
http://poorcity.richcity.org/e.htm

Themen unserer Zeit – Linklisten

`D` - Alles klar - Politische Fragen: *http://webwise.de/1766.htm*
- Alles klar - Gesellschaftskritik: *http://webwise.de/1767.htm*
- Alles klar - Gesellschaftliche Fragen: *http://webwise.de/1768.htm*
- Alles klar - Alternatives Leben: *http://webwise.de/1769.htm*
- Alles klar - Terroranschläge New York: *http://webwise.de/1770.htm*

Politische Denker und Staatstheoretiker

Über das Miteinander von Menschen haben sich im Lauf der Jahrhunderte viele Denker und Visionäre den Kopf zerbrochen und die Welt, in der wir heute leben, entscheidend mitgeprägt. Einige davon stellen wir nachfolgend vor, weitere findest du über die Adressen am Ende der Rubrik.

Theodor Wiesengrund Adorno - Frankfurt (Main) (1903-1969)

Ⓓ   - Leben und Werke im Überblick:
http://www.murfit.de/adorno.html

Ⓔ   - Links zu Adorno-Quellen im Web:
http://webwise.de/1730.htm

Ralf Dahrendorf - Hamburg (geb. 1929)

Ⓓ   Links zu Leben und Werk
http://webwise.de/1731.htm

Jürgen Habermas - Düsseldorf (geb. 1929)

Ⓓ   Links zu Leben und Werk
http://webwise.de/1732.htm

Georg Wilhem Friedrich Hegel - Stuttgart (1770-1831)

Ⓓ   Links zu Leben und Werk
http://webwise.de/1735.htm

Thomas Hobbes - Westport/England (1588-1679)

Ⓓ   Links zu Leben und Werk
http://webwise.de/0132.htm

Max Horkheimer - Stuttgart (1895-1973)

Ⓓ   Links zu Leben und Werk
http://webwise.de/1736.htm

Immanuel Kant - Königsberg/ [heute]Russland (1724-1804)

Ⓓ   Links zu Leben und Werk
http://webwise.de/1737.htm

John Locke - Wrington/England (1632-1704)

Ⓓ   Links zu Leben und Werk
http://webwise.de/0156.htm

Niccolò Machiavelli - Florenz/Italien (1469-1527)

Ⓓ   Kurzbiographie
http://webwise.de/1738.htm

Karl Marx - Trier (1818-1883)

🔟 Links zu Leben und Werk
http://webwise.de/1612.htm

Charles de Second. Montesquieu - La Brède/Frankr. (1689-1755)

🔟 Links zu Leben und Werk
http://webwise.de/0139.htm

Jean-Jacques Rousseau - Genf/Schweiz (1712-1778)

🔟 Links zu Leben, Werk und Philosophie
http://webwise.de/0148.htm

Carlo Schmid - Perpignan/Frankreich (1896-1979)

🔟 Links zu Leben und Werk
http://webwise.de/0147.htm

Max Weber - Erfurt (1864-1920)

🔟 Links zu Leben und Werk
http://webwise.de/0149.htm

Weitere Biographien

findest du unter:

🔟 *http://webwise.de/bios.htm*

🔟 *http://www.rasscass.com*

🔟 *http://www.philosophenlexikon.de*

🇪 *http://www.biography.com*

Und sonst

Nachfolgend findest du Links auf Sites und Seiten, die sich zwar mit sozialen oder politischen Themen befassen, unter die übrigen Rubriken aber nicht so recht gepasst haben.

Kinder- und Jugendparlamente

🔟 Politik machen nur Erwachsene? Schon lange nicht mehr. In den letzten Jahren haben sich in Deutschland zahlreiche Kinder- und Jugendparlamente etabliert. Auch in anderen Ländern gibt es solche Einrichtungen, die Kindern und Jugendlichen die Möglichkeit geben, bei manchen politischen Entscheidungen ein Wörtchen mitzureden. Einen Überblick über die deutschen Kipas und Jupas gibt es auf dieser Seite. Dazu eine Menge Informationen, Links und Adressen für junge Menschen, die sich für Politik, ihre Rechte und deren Durchsetzung interessieren.
http://www.kinderparlamente.de

Entwicklungspolitik online

 Plattform für entwicklungspolitische Recherchen im Internet. Hier findest du ein breit gefächertes Informationsangebot zu Entwicklungsländern und zur Entwicklungspolitik. Eine Sucheinrichtung ermöglicht die Volltextsuche. Links ergänzen das hervorragende Angebot.

http://www.epo.de

Treffpunkt Sozialarbeit

Diskussions- und Informationsforum zum Thema Sozialarbeit mit Links zu relevanten Sites und einem Download-Bereich mit Diplomarbeiten und anderen Dokumenten zur Thematik.

http://www.sozialarbeit.de

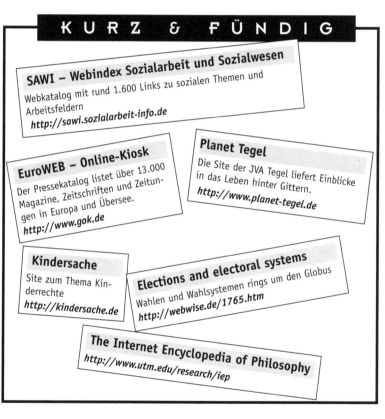

KURZ & FÜNDIG

SAWI – Webindex Sozialarbeit und Sozialwesen

Webkatalog mit rund 1.600 Links zu sozialen Themen und Arbeitsfeldern

http://sawi.sozialarbeit-info.de

EuroWEB – Online-Kiosk

Der Pressekatalog listet über 13.000 Magazine, Zeitschriften und Zeitungen in Europa und Übersee.

http://www.gok.de

Planet Tegel

Die Site der JVA Tegel liefert Einblicke in das Leben hinter Gittern.

http://www.planet-tegel.de

Kindersache

Site zum Thema Kinderrechte

http://kindersache.de

Elections and electoral systems

Wahlen und Wahlsystemen rings um den Globus

http://webwise.de/1765.htm

The Internet Encyclopedia of Philosophy

http://www.utm.edu/research/iep

Sport allgemein

Unter dieser Rubrik sind Sites gelistet, die sich umfassend mit Themen rund um Sport und Fitness beschäftigen.

sport.de

D Seit RTL vor einiger Zeit das Sportportal Sport.de übernommen hat, wurde es inhaltlich kräftig abgespeckt. Von den ursprünglich rund 150 vertretenen Sportarten, sind nur die populärsten übrig geblieben: Fußball, Formel 1, Basketball, Boxen, Eishockey, einige Funsport-Disziplinen, Handball, Leichtathletik, Motorsport, Radsport, Tennis, US-Sport und diverse Wintersportarten. Zu allen liefert die Site News, Ergebnisse, Veranstaltungshinweise und Termine. 18 Foren, vereinzelte Links, einige Spiele und ein Shop runden das Angebot ab.
http://www.sport.de

Sport1

D Das Online-Angebot des DSF (Deutsches SportFernsehen) präsentiert News und Infos zu den populärsten Sportarten (Fußball, Motorsport, Basketball, Tennis, Radsport, Golf, Handball, Boxen, Wintersport, Leichtathletik, American Football, Schwimmen, Pferdesport, etc.) und berichtet topaktuell über wichtige sportliche Ereignisse. Dazu gibt es Links, diverse Services, Videos, Shops und eine Community mit Foren und Chaträumen.
http://www.sport1.de

Deutscher Sportbund

D Auf der Website des Dachverbandes der deutschen Sportverbände, die hier alle gelistet sind, gibt es ein Porträt der Institution sowie News, Links und einen Downloadbereich. Wenn du automatisch über „Events, Strategien und Visionen" auf dem Laufenden gehalten werden willst, kannst du den kostenlosen Newsletter abonnieren.
http://www.dsb.de

Fit for Fun

D Online-Ausgabe des Fitness-Magazins mit News und Infos zu allem, was fit macht.
http://www.fitforfun.de

Yahoo! Sport-Schlagzeilen

D Immer topaktuell: Sport-News bei Yahoo.de
http://de.sports.yahoo.com

ran – SAT1 Fußball

D Die Website zur SAT1-Sportsendung mit den Schwerpunkten Bundesliga und UEFA Champions League liefert News und Infos
http://www.sat1.de/ran

Sportunterricht.de

 Riesige Sammlung von Links und Materialien zum Sportunterricht für Schüler und Lehrer

http://sportunterricht.de

Referate und Schülerarbeiten

Zum Thema Sport fällt das Angebot an Schülerarbeiten im Web mager aus. Wen wundert's? Im Sportunterricht ist schließlich vor allem Körpereinsatz gefragt, und den muss man nun einmal persönlich und ohne fremde Hilfe bringen.

Schuelerweb.de: Sport

In sechs Rubriken sortiert: Links zu weit über 100 Referaten und Schülerarbeiten

http://webwise.de/0163.htm

Hausarbeiten.de: Sport

Rund 350 Texte zum Thema Sport, von denen aber viele, vor allem umfangreichere, gebührenpflichtig sind.

http://webwise.de/1805.htm

Weitere Referate Sport

Weitere Schülerarbeiten, Referate und Aufsätze in verschiedenen Formaten findest du unter:

http://webwise.de/1806.htm

Sport direkt/interaktiv

Rund um den Sport gibt es eine Vielzahl von Foren und Chatrooms. Sie hier zu listen, würde den Rahmen der Rubrik sprengen. Das ist aber auch gar nicht nötig, weil du sowieso ständig auf sie stößt: auf den Homepages der Sportstars, auf Medien-Sites und auf vielen anderen Webseiten rund um den Sport.

Sport im Usenet

Newsgroups zu sportlichen Themen gibt es viele, die meisten davon allerdings in englischer Sprache. In Deutsch fällt das Angebot unerwartet bescheiden aus. Besonders aktiv sind davon folgende Foren:
- Budosport: de.rec.sport.budo - *http://webwise.de/1787.htm*
- Eishockey: de.rec.sport.eishockey - *http://webwise.de/1788.htm*
- Fußball: de.rec.sport.fussball - *http://webwise.de/1789.htm*
- Inline-Skating: de.rec.sport.inlineskating - *http://webwise.de/1790.htm*
- Laufen: de.rec.sport.laufen - *http://webwise.de/1793.htm*
- Segeln: de.rec.sport.segeln - *http://webwise.de/1791.htm*
- Tauchen:de.rec.sport.tauchen - *http://webwise.de/1794.htm*
- Vermischtes: de.rec.sport.misc - *http://webwise.de/1792.htm*

Sportarten

Unter dieser Rubrik haben wir Links zu ausgewählten Sportarten zusammengestellt. Bekannte Sportler und Fachmagazine findest du – soweit hier gelistet –
unter der jeweiligen Sportart. Ans Ende der Rubrik haben wir Linklisten gestellt, mit deren Hilfe du rasch nahezu jede Sportart im Web aufspüren kannst.

Basketball

BBL – Basketball-Bundesliga

☐ Alles zur Basketball-Bundesliga: Neuigkeiten und Geschichten rund um die Liga,
Infos über Teams und Spieler, Hintergrundwissen (Struktur, Spielmodus, Regeln),
Termine, Statistiken und weiterführende Links.
http://www.basketball-bundesliga.de

Fußball

Fußballregeln

☐ Erklärungen, Erläuterungen und Illustrationen zu den Fußballregeln sowie die
Regeln für das Spielen in der Halle auf der Website des DFB
http://webwise.de/1795.htm

DFB – Deutscher Fußball-Bund

☐ Offizielle Website des Deutschen Fußball-Bundes mit jeder Menge News und
Informationen
http://www.dfb.de

kicker online

☐ Kompetent und gründlich: News und Infos zum Fußballsport. Für Diskussionen
rund ums runde Leder stehen ein Forum und ein Chatroom zur Verfügung.
http://www.kicker.de

Die deutsche Nationalmannschaft

☐ Alles über die deutsche Fußballnationalmannschaft: Trainer, Team, Termine,
Europameisterschaften, Weltmeisterschaften, Geschichte und Statistik
http://webwise.de/1796.htm

Handball

Handball-Info

☐ Von Fans für Fans: Informationen und Links rund um den Handballsport
http://www.handball-info.de

Deutscher Handball-Bund (DHB)

☐ Der DHB präsentiert sich selbst sowie News und Infos.
http://www.dhb.de

Inline-Skating

Ⓓ Infos zum Inline-Skaten: Hinweise zur Ausrüstung, Tipps und Tricks, Jargon der Inline-Skater. Dazu gibt es Links zu verwandten Seiten und ein Forum.
http://home.datacomm.ch/resi/iskating/iskating.htm

Yahoo.de: Inline Skating

Ⓓ In 10 Rubriken sortiert listet Yahoo.de weit über 100 Webadressen zum Trendsport Inline Skating.
http://webwise.de/1798.htm

Leichtathletik

DLV – Deutscher Leichtathletik-Verband

Ⓓ Wer sich für Leichtathletik interessiert, wird auf der neu gestalteten Site des Deutschen Leichtathletik-Verbandes gut bedient. Das umfassende Angebot informiert über Zielsetzung und Tätigkeit des Verbandes, liefert News, weist auf Wettkämpfe und andere Events hin und stellt Athleten und Ergebnisse vor. Für Kinder und Jugendliche gibt es einen eigenen Bereich, den du mit einem Klick auf Young Athletics erreichst. Unter dem Menüpunkt Interaktiv stehen gut besuchte Foren sowie ein Chatraum bereit, der jeden Mittwoch ab 20 Uhr zur Live-Diskussion einlädt. Außerdem findest du hier Trainings- und Ernährungstipps sowie jede Menge Links. Die Navigation ist übersichtlich. Die Sitemap und eine Maske für die Stichwortsuche sorgen dafür, dass man sich auf der weitläufigen Site im Handumdrehen zurechtfindet.
http://www.leichtathletik.de

Motorsport/Formel 1

Formel 1

Ⓓ Aufgeräumtes Portal zur Formel 1 mit News, einem Überblick über anstehende und vergangene Rennen (mit Ergebnissen), einer Bildergalerie, Hintergrundinformationen, einem Formel 1-Lexikon und einer Linksammlung
http://www.formel1.de

Juan Pablo Montoya – Bogota/Kolumbien (geb. 1975)

ⒺⓈ Die offizielle Website des kolumbianischen Formel 1-Piloten bietet alles, was ein Fan sich wünscht: Biographisches, News, Fotos, Videos, Online-Spiele, Termine, Bildschirmschoner, Chatraum und Forum sowie einen Fanclub, der bereits über 30.000 Mitglieder zählt.
http://www.jpmontoya.com

Michael Schumacher - Hürth-Hermülheim (geb. 1969)

Ⓓ Früher gab's unter dieser Adresse einmal eine tolle Schumacher-Site. Die wurde mittlerweile durch einen 08/15-Auftritt im Rahmen der RTL-Sport.de-Site ersetzt. Schade. Geboten wird zwar noch immer eine Menge, aber eben nur das Übliche: News, Fakten, Fotos, Interviews, Biographisches, Links zu Fanclubs, Bildschirmschoner und –hintergründe, E-Cards, Interviews und Rennergebnisse.
http://www.michael-schumacher.de

Radsport

BIKE Online

☐ Online-Ausgabe des BIKE-Magazins mit den Rubriken Test & Technik, Race & Termine, Fitness, Dirt Bike, Events und Typen, einem Forum und einer klitzekleinen Fotogalerie. Außerdem gibt es einen Einblick in die aktuelle Ausgabe des Printmagazins und eine Vorschau auf die nächste.
http://bike-magazin.de

rad-net – Radsport goes Internet

☐ Website des Bundes Deutscher Radfahrer e. V., der sich hier mit umfangreichen Informationen zum Verein und zum Radsport vorstellt.
http://www.rad-net.de

Schwimmen

DSV – Deutscher Schwimmverband e. V.

☐ Der DSV informiert über die Disziplinen Schwimmen, Synchronschwimmen, Kunst- und Turmspringen sowie Wasserball. Die Rubriken Breiten-, Freizeit- und Gesundheitssport (BFG) und Schwimmjugend ergänzen das Angebot.
http://www.dsv.de

Franziska von Almsick - Berlin (geb. 1978)

☐ Auf Franzis offizieller Website findet sich das übliche Angebot für Fans: Infos, News, eine Biographie, Berichte, Fotos und ein Fanshop. In der Rubrik „Meine Kolumne" berichtet sie in unregelmäßigen Abständen aus ihrem Leben.
http://www.franzi.de

Skisport

DSV – Deutscher Skiverband

☐ Der DSV informiert umfassend über die eigenen Aktivitäten und rund um den deutschen Skisport. Für aktive Skifahrer besonders interessant: die Schneeberichte und der Lawinendienst.
http://www.ski-online.de

Martin Schmitt - Tannheim b. Villingen (geb. 1978)

☐ Auf der offiziellen Martin-Schmitt-Website erwarten dich News, eine Biographie, Fotos, ein Wettkampfkalender und Einblicke in Martins Privatleben. In der „Fan-Ecke" laden ein Forum und ein Chatraum zum Gespräch mit anderen Schmitt-Fans ein.
http://www.martin-schmitt.de

Tennis

DTB – Deutscher Tennis-Bund

☐ Alles über den DTB und seine Landesverbände, Turniere, die Bundesliga, Ranglisten und Spieler, den Davis Cup und den Fed Cup.
http://www.dtb-tennis.de

Official Site of the Wimbledon Championships

[E] Offizielle Site zum Tennis-Mekka mit Stories, Fotos, Terminen und Ergebnissen.
http://www.wimbledon.org

Yahoo!Sport: Tennis

[D] News, Fotos und Ergebnisse aus Deutschland und aller Welt
http://de.sports.yahoo.com/tennis

Kim Clijsters – Bilzen/Belgien (geb. 1983)

[E][F] Offizielle Website des belgischen Tennisstars mit News, Kalender, Fotos, Fanecke,
[N][L] Forum und Kims Tagebuch
http://www.kimclijsters.be

Andy Roddick – Omaha/Nebraska/USA (geb. 1982)

[D] Andys offizielle Site mit News, Fakten, Fotos, Terminen, Videos und Audiofiles,
Forum, Chat und Shop
http://www.andyroddick.com

INTERNET QUIZ

Welches Ereignis löste 1985 einen Boom im deutschen Tennissport aus?

Am 7. Juli 1985 um 17.26 Uhr Ortszeit kam es in Wimbledon zu zwei Premieren: Zum ersten Mal in der über hundertjährigen Geschichte des Platzes gewann ein Deutscher das Herrenfinale, der mit seinen 17 Jahren gleichzeitig auch der bis dato jüngste Sieger war: Boris Becker. Von Stund an war daraufhin Tennis in Deutschland in aller Munde und Tennisvereine wurden von Kindern und Jugendlichen förmlich gestürmt. Im Jahr darauf sorgte die 16-jährige Steffi Graf für eine neue Tennissensation, als sie Martina Navratilova, die damalige Nummer Eins, vom Champion-Sockel fegte. Spätestens seit diesem Zeitpunkt ist Tennis neben Fußball die populärste Sportart in Deutschland. Mehr dazu unter: **http://webmise.de/0162.htm**

Dieses historische Ereignis liegt mittlerweile lange zurück und aus dem Tennisgoldmädchen Steffi ist Frau Stefanie Graf geworden, die heute neben ihrer Rolle als Mutter und Ehefrau vor allem als Werbeikone und Geschäftsfrau aktiv ist. Was sie ihren (ehemaligen) Fans heute zu sagen und zu zeigen hat, präsentiert sie auf ihrer offiziellen Website in Deutsch, in Englisch und in Bildern: **http://www.steffi-graf.de**. An ihre Zeit als aktive Sportlerin erinnert hier nur noch eine Hand voll Fotos.

Was Boris Becker betrifft, sind wir bei unserer Recherche auf ein seltsames Phänomen gestoßen: Es scheint unter weder eine offizielle Home- noch eine Fanpage zu geben! Die Domains **www.borisbecker.com** und **www.boris-becker.de** sind zwar seit Jahren vergeben, aber bis dato nicht mit Inhalten gefüllt. Gut gefüllt sind hingegen immer wieder die Klatschspalten der Presse. Und was wir da zu lesen bekommen, hat mit Boris, dem strahlenden Sieger, meist nicht mehr viel zu tun. Im Gegenteil ...

SPORT

Heinz Heigels Homepage – Sportarten

Ⓓ Alphabetisch sortierte Linkliste zu rund 100 Sportarten
http://webwise.de/1804.htm

Allesklar.de: Sportarten von A-Z

Ⓓ Alphabetisch sortiert: rund 60.000 Links zu allen möglichen Sportarten
http://webwise.de/0164.htm

Yahoo.de: Sport

Ⓓ Umfangreiche Linksammlung, unter Weitere Kategorien nach Sportarten sortiert
http://de.dir.yahoo.com/Sport

Software

Zum Thema Sport findet sich im Web zweierlei: Anwendungssoftware, z. B. zum
Verwalten und Dokumentieren der Bundesliga oder ähnlicher Ereignisse, und
Sport-Spielprogramme, meist Simulationen von populären Sportarten.

Abpfiff

Ⓓ „Abpfiff" ist ein komfortables Verwaltungsprogramm für die 1. und 2. Fußball-
Bundesliga, das sich von anderen Programmen dieser Art in einem wesentlichen
Punkt unterscheidet: Über die reine Verwaltung aller relevanten Daten einer Sai-
son hinaus kann es nämlich auch Wahrscheinlichkeitsberechnungen für
Titelchancen und Abstiegsgefahr jeder Mannschaft durchführen. Die Software ist
Shareware, läuft unter Windows 95/98/NT/2000/ME/XP und steht als selbstextrahierende Datei zum Download bereit (ca. 5,3 MB). 20 Tage lang kannst das
das Programm kostenlos testen, danach wird eine Registrierungsgebühr (19 Euro
für private Nutzung) fällig.
http://www.guckmal.de/abpfiff.htm

Doppel-K.o.-System

Ⓓ Verwaltungs-Software für Turnier-Wettkämpfe, in denen Spieler bzw. Mannschaf-
ten in verschiedenen Disziplinen gegeneinander antreten (5 bis 256 Teilnehmer).
Sieger ist derjenige, der nicht bzw. nur einmal verliert (wer zweimal verliert,
scheidet aus). Das Programm läuft unter Windows ab Version 3.x. Eine Share-
ware-Prüfversion, mit der sich 33 bis 64 Teilnehmer verwalten lassen, steht zum
Download (173 KB) bereit. Die Vollversion kostet ungefähr 15 Euro.
http://webwise.de/1799.htm

Mini Ice Hockey

Ⓔ Nettes Eishockey-Game für einen oder zwei Spieler mit Sound und gelungener
Animation. Das Programm läuft unter Windows 95/98/2000/NT4 und ist Freeware und steht als gezippte, selbst entpackende Datei (552 KB) zum Download
bereit. Ein Link führt zu weiteren Freeware-Games des Programmierers.
http://webwise.de/1800.htm

KURZ & FÜNDIG

Deutsche Sportjugend
Website der Jugendorganisation im Deutschen Sportbund
http://www.dsj.de

NBA.com
Die offizielle Website der National Basketball Association
http://www.nba.com

ZUM: Sportlinks
Große Sammlung von Links rund um den Schulsport auf dem Server der Zentrale für Unterrichtsmedien (ZUM)
http://webwise.de/1786.htm

SportWeltWeit
Links zur Welt des Sports im Internet
http://www.sportweltweit.de

NHL-Eishockeymagazin
Alles über die National Hockey League
http://www.eishockey.com

Doping im Sport
http://webwise.de/0165.htm

Weitere Sport-Software

Ⓓ - Web.de: Sportspiele: *http://webwise.de/1801.htm*
- Yahoo.de: Ligaverwaltungssoftware: *http://webwise.de/1802.htm*
- Yahoo.de: Vereinsverwaltungssoftware: *http://webwise.de/1803.htm*

Und sonst

Hier findest du Links auf Sites und Seiten, die sich zwar mit Sport befassen, in den übrigen Rubriken aber nicht korrekt unterzubringen waren.

Sporttheorie

Ⓓ Materialsammlung des Wilhelm-Gymnasiums Braunschweig zur Sporttheorie mit den Rubriken Sport und Doping, Sport und Ernährung, Sport und Umwelt, Sport und Training, Aufgaben/Diverses.
http://webwise.de/1783.htm

Fairplay im Sport

ⒹⒺ Umfangreiche Sammlung von Materialien und Links zum Fairplay im Sport
http://webwise.de/1784.htm

Yahoo! Spezial – Doping im Leistungssport

Ⓓ Aktuelle Artikel und News zum Doping im Leistungssport, ergänzt durch Links zu verwandten und weiterführenden Webseiten
http://webwise.de/1785.htm

Wirtschaft/Recht allgemein

Unter dieser Rubrik findest du Links zu Sites, die sich umfassend mit Themen rund um Wirtschaft und Recht beschäftigen.

ZDF WISO

Seit vielen Jahren versorgt die ZDF-Sendung WISO das interessierte Fernsehpublikum kompetent und verständlich mit Informationen aus Wirtschaft und Sozialem. Die Website begleitet die Sendereihe mit aktuellen Infos und stellt ein umfangreiches Archiv zur Verfügung.
http://www.wiso.de

Wirtschaftswissenschaften.de

Infoservice rund um BWL, VWL und Ökonomie in Deutschland. Kernstück ist die „economic knowledge base" mit Veröffentlichungen deutscher und internationaler Lehrstühle im Bereich der Wirtschaftswissenschaften, die nach Stichwort und Verfasser durchsucht werden können. Daneben gibt es Themenforen, einen Newsletter und eine ganze Reihe weiterer Informationen.
http://www.wirtschaftswissenschaften.de

Webwise.de: Recht & Wirtschaft

Nach Stichwörtern durchsuchbare interaktive Listen mit Links zu Internetquellen für die Themengebiete Recht und Wirtschaft, die von den Nutzern erweitert werden.
Recht: *http://webwise.de/1632.htm*
Wirtschaft: *http://webwise.de/1633.htm*

INTERNET QUIZ

Wer waren die Parteien im bisher längsten Prozess in der Geschichte der englischen Justiz?

http://webwise.de/1617.htm

Bereits im Dezember 1995 hatte der Prozess „McDonald's gegen Helen Steel und Dave Morris" jeden vorangegangenen Prozess in England an Länge geschlagen. Zu Ende ging das Verfahren, das McDonald's gegen zwei missliebige Tierschützer angestrengt hatte, nachdem die beiden den Konzern öffentlich kritisiert hatten, allerdings erst im Dezember 1996. Die Urteilsverkündung erfolgte schließlich im Sommer 1997. Mehr dazu findest du unter:

Referate und Schülerarbeiten

Geballtes Schülerwissen auf Abruf: Aus Wirtschaftslehre und Rechtskunde liegen hunderte von Schülerarbeiten bereit.

Hausarbeiten.de – Wirtschaft/Recht

🄳   Mit Abstand das größte Angebot an Schülerarbeiten zu den Themengebieten Wirtschaft und Recht: Zusammengenommen stehen hier rund 1400 Dateien im HTML-Format zur Verfügung.
Wirtschaftswissenschaften: *http://webwise.de/1647.htm*
Jura/Rechtswissenschaften: *http://webwise.de/1648.htm*

Young.de – Wirtschaft

🄳   Umfangreiche, thematisch in zwei Ebenen geordnete Sammlung von Schülerarbeiten für das Fach Wirtschaftslehre. Stöbern kann hier jeder. Zugriff auf Texte erhalten allerdings nur Mitglieder. Die Anmeldung als Mitglied ist erfreulicherweise kostenlos. Achtung: Nicht alle Texte sind gratis zu haben.
http://webwise.de/1649.htm

ReferateFundus: Recht/Wirtschaft

🄳   Gut 300 Referate zum Thema Recht und knapp 600 Schülerarbeiten aus dem Wirtschaftskunde-Unterricht stehen bei ReferateFundus wahlweise im PDF-Format und als gezippte RTF-Dateien zum Download bereit. Nach einem Klick auf Erweiterte Suche kann per Stichworteingabe recherchiert werden.
Betriebswirtschaftslehre: *http://webwise.de/1650.htm*
Recht: *http://webwise.de/1651.htm*
Wirtschaft: *http://webwise.de/1655.htm*

Weitere Referate Wirtschaft/Recht

🄳   Weitere Schülerarbeiten, Referate und Aufsätze findest du unter:
http://webwise.de/1652.htm

Wirtschaft/Recht direkt/interaktiv

Forum Wirtschaftsdeutsch – Sprachberatung

🄳   Fragen zum Thema Wirtschaftsdeutsch? Hier kannst du sie stellen. Die Antworten kommen per E-Mail. Ein praktischer Service, der vom „Forum Wirtschaftsdeutsch" (*http://www.wirtschaftsdeutsch.de*) angeboten wird.
sprachberatung@wirtschaftsdeutsch.de

Wirtschaft/Recht im Usenet

Wirtschaft und Recht tangieren jedermann. Entsprechend rege wird in den verschiedensten Newsgroups rund um beide Themen diskutiert.
Wirtschaft

🄳   - Allgemeines: z-netz.alt.wirtschaft.allgemein *- http://webwise.de/1618.htm*

- ⬚ de.soc.wirtschaft - *http://webwise.de/1619.htm*
- ⬚ - Finanzen: maus.wirtschaft.finanzen - *http://webwise.de/1620.htm*

Recht
- ⬚ - Allgemeines: fido.ger.recht - *http://webwise.de/1621.htm*
- ⬚ z-netz.rechtswesen.diskurs.allgemein - *http://webwise.de/1622.htm*
- ⬚ - Arbeitsrecht: z-netz.rechtswesen.diskurs.arbeitsrecht
  http://webwise.de/1623.htm
- ⬚ - Datennetze: de.soc.recht.datennetze - *http://webwise.de/1624.htm*
- ⬚ - EDV-Recht: z-netz.rechtswesen.diskurs.edvrecht -
  http://webwise.de/1625.htm
- ⬚ - EDV-Recht - Urteile: z-netz.rechtswesen.urteile.edvrecht -
  http://webwise.de/1626.htm
- ⬚ - Menschenrechte: de.soc.menschenrechte - *http://webwise.de/1627.htm*
- ⬚ - Mietrecht: z-netz.rechtswesen.diskurs.mietrecht -
  http://webwise.de/1628.htm
- ⬚ - Verkehrsrecht: z-netz.rechtswesen.diskurs.verkehrsrech -
  http://webwise.de/1629.htm
- ⬚ - Vermischtes: hde.soc.recht.misc - *http://webwise.de/1630.htm*
- ⬚ - Wehrrecht: z-netz.rechtswesen.diskurs.wehrrecht -
  http://webwise.de/1631.htm

Wirtschaft

Betriebswirtschaft und Rechnungswesen

Schuelerfirmen.de

⬚ Kann man sich für die Vorbereitung aufs künftige Berufs-/Geschäftsleben eine bessere Methode vorstellen, als die engagierte Mitarbeit in einer Schülerfirma? Neben einer Einführung in das Konzept und einer Anleitung zur Gründung einer Schülerfirma als Unterrichtsprojekt, findest du hier Tipps für das fiktive Geschäftleben sowie Links zu etwa 250 bereits aktiven Schülerfirmen in ganz Deutschland. Außerdem sind einige Institutionen gelistet, die solche Projekte mit Fördermitteln unterstützen.
http://www.schuelerfirmen.de

Rechtsformen

⬚ Vom Einzelunternehmer bis zur GmbH & Co. KG gibt es in Deutschland eine Reihe verschiedener Rechtsformen für Firmen. Auf dieser Seite werden sie mit ihren Voraussetzungen und Vor- und Nachteilen vorgestellt. Musterverträge und Hilfe bei Entscheidungen auf der Suche nach der passenden Rechtsform runden das kompetente Angebot ab.
http://webwise.de/1603.htm

Existenzgründung

⬚ Ein probates Mittel gegen persönliche Arbeitslosigkeit kann die Gründung einer eigenen Firma sein. Doch vor dem Schritt in die Selbstständigkeit gibt es vieles zu bedenken und abzuwägen. Diverse Websites leisten dabei Hilfestellung mit Tipps und Informationen, die nicht nur für Existenzgründer in spe von Interesse sind.

- Gründerstadt – Die große Plattform für Existenzgründung:
http://www.gruenderstadt.de
- Online-Akademie für Existenzgründer und Jungunternehmer:
http://webwise.de/0157.htm
- Gründung – Tipps und Infos der LfA Förderbank Bayern:
http://www.lfa.de/gruendung

Online-Marketing-Praxis

◻ Lange von der Wirtschaft nicht so recht ernst- oder wahrgenommen, wird das Internet seit wenigen Jahren von Unternehmen umso intensiver als Schnittstelle zum Kunden genutzt. Neueren Untersuchungen zufolge machen kommerzielle Angebote mittlerweile über 80 Prozent des gesamten Webinhalts aus. Doch Erfolg im Internet hat nur, wer es richtig zu nutzen weiß und die möglichen Tücken und Fallstricke genau kennt. Vor jedem neuen Webauftritt steht deshalb dieselbe Frage: Wie nutzt man das neue Medium als Werbeträger? Die praxisorientierte Einführung zeigt, wie Marketing im Internet funktioniert und was es dabei alles zu beachten gilt. Das Magazin Online-Marketing-Praxis liefert in mehreren kostenlosen Online-Tutorials Strategien, Konzepte und Antworten auf rechtliche Fragen.
http://www.online-marketing-praxis.de

Geld und Kapitalmarkt

Der lange Weg zur Euro-Währung

◻ Bereits Ende der sechziger-Jahre des vergangenen Jahrhunderts gab es erste Anläufe zur Schaffung einer europäischen Wirtschafts- und Währungsunion. Über dreißig Jahre später löste der Euro zum Jahresbeginn 2002 in zwölf europäischen Ländern die nationale Währung ab.
http://www.europa4young.de/weg.htm

Die Deutsche Börse

◻ Website der Gruppe Deutsche Börse mit News und Infos zum Börsengeschehen sowie den aktuellen Wertpapierkursen. Unter *http://webwise.de/1653.htm* liefert die „Parkettkamera" einen Einblick ins Innere der Börse (Mo.-Fr. 9.00 bis 20.00 Uhr). Erwarte dir unter der hochtrabenden Bezeichnung aber nicht zu viel: zu sehen gibt's lediglich ein Standfoto, dass alle fünf Minuten erneuert wird. Eine jämmerliche Einrichtung, reden wir doch immerhin von der wichtigsten Börse Deutschlands.
http://deutsche-boerse.com

Das Börsenspiel im Internet

◻ Über 25.000 Wertpapiere und Optionsscheine sind bei dieser langfristigen und realitätsnahen Simulation, die unbegrenzt läuft, „im Spiel". Die Teilnahme an der realistischen Simulation ist kostenlos und frei von Risiko, sieht man einmal davon ab, dass du Spaß und Interesse am Börsengeschehen bekommen und echtes Geld in echte Aktien investieren könntest – und dabei voll danebengreifst
http://www.boersenspiel.de

Yahoo! Finanzen

⊡ News und Analysen aus der Finanz- und Börsenwelt, dazu Kurse und Charts von deutschen und ausländischen Wertpapiermärkten
http://de.finance.yahoo.com

Die 30 DAX-Werte

⊡ Immer aktuell: die Kurse der 30 DAX-Werte im Überblick
http://webwise.de/0153.htm

Volkswirtschaft

Leitfaden Volkswirtschaftslehre

⊡ Ralf Wagner führt in die Grundlagen der VWL ein. Aus dem Inhalt: Der Markt – Analyse der Nachfrage – Elastizität von Nachfrage und Angebot – Angebotsanalyse – Marktformen und Preisbildung – Marktinterventionen – Bruttoinlandsprodukt – Volkswirtschaftlicher Kreislauf – Wachstum, Konjunktur und Gleichgewicht – Wirtschaftspolitik – Arbeitsmarkt – Offene Volkswirtschaften – Europäischer Binnenmarkt – Globale Probleme und Weltmodelle usw.
http://www.wagner-berlin.de/leit.htm

Soziale Marktwirtschaft

⊡ Kurze Einführung in die Grundzüge der Sozialen Marktwirtschaft
http://webwise.de/0158.htm

Die Natürliche Wirtschaftsordnung

⊡ Dass die klaffende Lücke zwischen Arm und Reich immer größer wird, liegt nicht zuletzt am Prinzip der Zinswirtschaft, an die wir uns so gewöhnt haben, dass es schwer fällt, sich etwas anderes vorzustellen. Der so genannte 3. Weg liefert Denkansätze für eine Alternative, die eine gerechtere Verteilung und gleichzeitig eine Verminderung des Abbaus begrenzter Ressourcen zum Ziel hat.
http://www.anjora.de/nwo

Focus Money: Steuern

⊡ Fakten und Informationen zu Steuern und zum Steuerrecht, die jeden Steuerzahler (und das sind wir alle) betreffen: von der Steuerreform bis zur Steuerlüge.
http://webwise.de/0159.htm

Statistisches Bundesamt Deutschland – Öffentliche Finanzen

⊡ Dass dem deutschen Staat die Schulden über den Kopf wachsen, ist kein Geheimnis. Im Jahr 2002 war er beispielsweise mit über 15.000 Euro pro Kopf in den Miesen. Diese und viele andere aktuelle Zahlen zu Einnahmen, Ausgaben und Schuldenstand findest du beim Statistischen Bundesamt Deutschland.
http://webwise.de/1634.htm

Recht

Wo Menschen für längere Zeit zusammenleben, ist Streit nicht weit. Je größer eine Menschengruppe, desto höher die Wahrscheinlichkeit für Konflikte. Um ein Zusammenleben einer ganzen Nation trotz verschiedener Meinungen und Interessen möglich zu machen, setzt der Staat Regeln in Form von Gesetzen und Verordnungen. Dass er dabei des Guten oft zu viel tut, ist eine andere Geschichte.

Rechtsfähigkeit, Geschäftsfähigkeit und Schuldfähigkeit

"Träger von Rechten und Pflichten kann nur sein und Rechtsgeschäfte kann nur vornehmen, wer rechts- und geschäftsfähig ist." Prof. Dr. Dietrich von Stebut führt in die Materie ein. Übrigens: Falls dir der so genannte „Taschengeldparagraph" nicht geläufig ist, kannst du dich hier schlau machen.
http://webwise.de/1635.htm

ARD Ratgeber Recht

Das ARD-Angebot zum Thema Recht ist üppig. In der Datenbank stecken 6.600 Fragen und Antworten aus verschiedenen Rechtsgebieten, die von allgemeinem Interesse sind, und rund 4.300 Urteile. Das Rechtswörterbuch wartet mit 6.100 leicht verständlich erklärten oder übersetzten Fachbegriffen auf. Im Archiv stehen alle Sendebeiträge seit 1999 in Form von Texten und Video-Clips auf Abruf bereit. Auf Wunsch hält dich ein Newsletter, den du kostenlos abonnieren hast, über das stetig wachsende Angebot auf dem Laufenden.
http://www.ratgeberrecht.de

Forum Deutsches Recht

Übersichtliches Portal mit aktuellen Urteilen und Entscheidungen, rund 30 Foren, einer Anwaltsdatenbank und dem juristischen Suchindex, einem umfangreichen, nach Rechtsgebieten rubrizierten Webkatalog.
http://www.recht.de

Recht – was ist das eigentlich?

Tafelbilder für das 8. Schuljahr: Funktionen des Rechts – Stufen der Rechtsordnung – Gerechtigkeit – Der Kaufvertrag – Rechtsfähigkeit und Geschäftsfähigkeit – Deliktsfähigkeit – Schuldfähigkeit.
http://members.aol.com/tgsteam123

BGB-Übung

In 15 Kapiteln führt Prof. Dr. Dietrich von Stebut kompetent und verständlich in das Bürgerliche Gesetzbuch ein. Anhand der Verständnisfragen am Ende jedes Kapitels lässt sich der persönliche Lernerfolg überprüfen.
http://webwise.de/1636.htm

Nachschlagewerke zu Wirtschaft und Recht

Gesetze, Erlasse, Verordnungen – im Web findest du alles, was das Zusammenleben von Menschen in unserem und anderen Ländern regelt. Daneben stehen Lexika und Wörterbücher bereit, die Fachbegriffe verdeutschen.

Gesetzestexte

Das Grundgesetz

▣ Die Verfassung der Bundesrepublik Deutschland
http://webwise.de/1639.htm

BGB – Bürgerliches Gesetzbuch

▣ Es regelt den zivilrechtlichen Aspekt des täglichen Miteinanders in Deutschland: das Bürgerliche Gesetzbuch. Weit über hundert Jahre hat es bereits auf dem Buckel und das merkt man ihm an etlichen Stellen auch an. Verbindlich ist es trotzdem für jeden, und das bereits von Geburt an. In manchen Fällen regelt es sogar bereits Rechte und Pflichten, bevor ein Erdenbürger den ersten Schrei getan hat.
http://webwise.de/1637.htm

StGB – Strafgesetzbuch

▣ „Unwissenheit schützt vor Strafe nicht", lautet ein Rechtsgrundsatz. Wer das Strafgesetzbuch nicht kennt, läuft leicht Gefahr, damit in Konflikt zu geraten, ohne sich darüber bewusst zu sein. Hier kannst du dich schlau machen:
http://webwise.de/1638.htm

Weitere Gesetze

▣ Eine riesige Sammlung von Gesetzestexten aus dem deutschen Recht findest du unter dieser Adresse:
http://www.zurecht.de/xgesetze.htm

Rechtsnormen

▣ Von dieser Seite aus führen Links zu Rechtsnormen und Gesetzestexten aus Deutschland und einer stattlichen Anzahl anderer Länder. Darüber hinaus gibt es Verweise zu weiteren Linklisten mit ähnlicher Funktion.
http://webwise.de/1640.htm

Lexika und Wörterbücher

Finanzpartner.de: Wirtschaftslexikon

▣ Begriffe aus der Finanzwelt von A-Z, kurz und bündig erklärt
http://www.finanzpartner.de/lex.htm

Gabler Wirtschaftslexikon

▣ Die nicht ganz billigen und über 3.600 Seiten dicken Printausgaben des Gabler Wirtschaftslexikons enthalten um die 25.000 Stichwörter. Etwa 500 Einträge sind als Leseprobe kostenlose online abrufbar.
http://webwise.de/1641.htm

KURZ & FÜNDIG

Wirtschafts- und Rechtslehre

Das Portal eines Studiendirektors an einem Gymnasium im bayerischen Moosburg liefert übersichtlich sortiert Unmengen von Links zu Webquellen in Sachen Wirtschaft und Recht.
http://www.wr-unterricht.de

Eurotour II

Computerspiel um die EU von heute und morgen, vom Auswärtigen Amt ins Web gestellt.
http://webwise.de/1642.htm

Verbraucherzentralen

Portal mit Infos, Links und Adressen für Verbraucher
http://www.verbraucherzentrale.de

Börsennotierte Unternehmen

von A bis Z mit Links zu Firmen-Websites
http://webwise.de/0154.htm

Stiftung Warentest

Vergleichende Warentests und Dienstleistungsuntersuchungen
http://www.stiftung-waren-test.de/

Einkommen und Ausgaben der Familie

Computersimulationsspiel, bei dem es darum geht, das Budget einer vierköpfigen Familie zu verwalten.
http://webwise.de/1644.htm

Web.de: Wirtschaft & Finanzen

Rubrizierte Sammlung von Links zu Wirtschaftswebadressen
http://webwise.de/1643.htm

Juristische Informationen

Sammlung von Links zu Organisationen, Materialien, Fachinformationen, juristischen Fakultäten und mehr
http://webwise.de/1645.htm

Bundesverband deutscher Banken – Der Bankenverband online

Ⓓ Online-Service, der unter den Rubriken Geldinfos & Finanztipps, Finanzmärkte & Konjunktur, Politik & Gesellschaft und Schule und Bildung übersichtlich aufbereitet eine Fülle fundierter Informationen liefert.
http://www.bdb.de

FAZ.net: Börsenlexikon

Ⓓ Über 500 Begriffe aus der Welt der Börse, kurz und bündig erklärt
http://www.boersenlexikon.de

Financial Glossary

ⒹⒺ Viersprachiges Onlinelexikon (Deutsch, Englisch, Französisch, Italienisch) mit
ⒻⒾ über 5.000 Begriffen aus der Welt der Finanzjongleure
http://tradition.axone.ch

TVG-Wertpapierlexikon

Ⓓ Die wichtigsten Begriffe kurz und bündig
http://webwise.de/1646.htm

FOCUS Online – Firmenlexikon

☐ Basisdaten zu einer ganzen Anzahl großer deutscher Unternehmen, nach Name, Branche, Region, Umsatz und Mitarbeiterzahl sortierbar.
http://webwise.de/0160.htm

Statistikportal

☐ Das gemeinsame Datenangebot der Statistik-Ämter des Bundes und der Länder liefert aktuelles Zahlenmaterial aus den verschiedensten Lebens- und Wirtschaftsbereichen, z. B.: Außenhandel, Preise, Arbeitskosten, Verdienste, öffentliche Haushalte und volkswirtschaftliche Gesamtrechnungen.
http://www.statistikportal.de

Berühmte Persönlichkeiten

Über das Wesen bzw. Grundfragen des Rechts und der Ökonomie haben sich im Laufe der Jahrhunderte viele kluge Köpfe Gedanken gemacht. Einige von ihnen stellen wir hier vor.

Aristoteles - Stagira/Griechenland (384-322 v. Chr.)

☐ Links zu Leben und Werk
http://webwise.de/0131.htm

Thomas Hobbes - Westport/England (1588-1679)

☐ Links zu Leben und Werk
😀 *http://webwise.de/0132.htm*

Lee Iacocca - Allentown/USA (geb. 1924)

☐Ⓔ Links zu Biographien und Porträts
http://webwise.de/1610.htm

John Locke - Wrington/England (1632-1704)

☐ Links zu Leben und Wirken
http://webwise.de/0156.htm

Thomas Robert Malthus - The Rookery/England (1766-1834)

☐ Links zu Leben und Wirken
http://webwise.de/1611.htm

Karl Marx - Trier (1818-1883)

☐Ⓔ Links zu Leben und Wirken
http://webwise.de/1612.htm

Charles de Secondat Montesquieu - La Brède/Frankr. (1689-1755)

☐ Vernetzte Kurzbiographie
http://philosophenlexikon.de/montesqu.htm

Franz Oppenheimer - Berlin (1864-1943)

[D] Die nach eigenem Bekunden „weltweit größte Informationsseite über Franz Oppenheimer" hat tatsächlich eine Menge zu bieten: Lebenslauf mit Porträtfoto, Online-Bibliothek mit Texten von und über Oppenheimer, Presseartikel und weiterführende Links
http://www.opp.uni-wuppertal.de

Adam Smith - Kirkcaldy/Schottland (1723-1790)

[E] - The Adam Smith Institute offeriert ein umfangreiches Internet-Archive zu Adam Smith: *http://www.adamsmith.org*
- Weitere Smith-Links bei Yahoo.com: *http://webwise.de/1613.htm*

Economists with Web Pages

[E] Umfangreiche Sammlung zu Persönlichkeiten aus dem Bereich Wirtschaft, die mit eigenen Seiten im Web präsent sind.
http://webwise.de/1614.htm

Und sonst

Hier findest du Links auf Sites und Seiten, die sich zwar mit Wirtschaft/Recht befassen, unter den übrigen Rubriken aber nicht korrekt einzuordnen waren.

The McLibel Trial Story

[D][E] 1985 kritisierte die kleine Umweltaktivisten-Gruppe „London Greenpeace" mit einem Flugblatt öffentlich diverse Geschäftspraktiken des multinationalen Konzerns „McDonald's". Der amerikanische Hamburger-Riese dementierte und hielt lautstark dagegen. Nach jahrelangem Hickhack zwischen den beiden Parteien zog McDonald's 1990 schließlich vor Gericht. Eine unkluge Entscheidung, wie sich später herausstellte, denn der Imageschaden im Lauf der Jahre war gewaltig. Ein Teil der Aktivist(inn)en kniff – verständlicherweise. Doch zwei von ihnen, Helen Steel und David Morris, stellten sich trotz des immensen Kostenrisikos der Herausforderung. Der Prozess zog sich und zog sich. Die Verkündung des Urteils erfolgte erst im Sommer 1997.
Die gut dokumentierte Geschichte, eine weitere Variante des David-gegen-Goliath-Motivs, ist spannend wie ein Wirtschaftskrimi und lehrreich obendrein. Zum einen treffen hier Recht und Wirtschaft aufeinander, zum anderen zeigt sie: Auch als Durchschnittsbürger muss man nicht alles schlucken, was einem serviert wird.
Links zu Internetquellen zum McLibel Fall und zu Lebensläufen von Helen Steel und David Morris findest du unter:
http://webwise.de/1617.htm

Denkwege

[D] „Reflexion und Wirklichkeit des Ökonomischen" – Einblick in die Denkweise klassischer Ökonomen von Platon bis Keynes und die Beschreibung neuer Perspektiven zum ökonomischen Prozess. Zur Diskussion steht ein Online-Forum bereit.
http://webwise.de/1616.htm

Wichtige Banken im Web

Banken informieren nicht nur über das eigene Geschäft, sondern liefern darüber hinaus allgemeine Fakten über den Geldmarkt und zum Wirtschaftsleben.

- Ⓓ - Deutsche Bundesbank: *http://www.bundesbank.de*
- Ⓓ - Commerzbank: *http://www.commerzbank.de*
- Ⓓ - Credit Suisse (Schweiz): *http://www.credit-suisse.ch*
- Ⓓ - Deutsche Bank: *http://www.deutsche-bank.de*
- Ⓓ - Dresdner Bank: *http://www.dresdner-bank.de*
- Ⓓ - HypoVereinsbank: *http://www.hypovereinsbank.de*
- Ⓓ - Sparkassen Finanzgruppe: *http://www.sparkasse.de*
- Ⓓ - Sparkassen in Österreich: *http://www.sparkasse.at*
- Ⓔ - European Central Bank - Europäische Zentralbank: *http://www.ecb.de*
- Ⓔ - Weltbank: *http://www.worldbank.org*

Verbraucherinformationen

- Ⓓ Yahoo.de listet Links zu Online-Magazinen mit Verbraucherinformationen.
http://webwise.de/1615.htm

Wirtschaftspresse

- Ⓓ - Börsen-Zeitung: *http://www.boersen-zeitung.com/*
- Ⓓ - Capital: *http://www.capital.de*
- Ⓓ - Financial Times Deutschland: *http://www.ftd.de*
- Ⓔ - Financial Times Europe: *http://www.ft.com*
- Ⓓ - Finanztest: *http://www.finanztest.de*
- Ⓓ - Focus Money online: *http://www.focus-money.de*
- Ⓓ - Handelsblatt.com: *http://www.handelsblatt.com*
- Ⓓ - Impulse: *http://www.impulse.de*
- Ⓓ - manager magazine.de: *http://www.manager-magazin.de/*
- Ⓓ - Trendletter: *http://www.trendletter.de*
- Ⓔ - The Wall Street Journal: *http://wsj.com*
- Ⓓ - Wirtschaftsjournal: *http://www.wirtschaftsjournal.de*
- Ⓓ - Wirtschaftswoche: *http://wiwo.de*

Forum Wirtschaftsdeutsch

- Ⓓ „Lehr- und Lernhilfen für den berufsbezogenen Deutschunterricht" – Hier findest du nicht nur Übungen (z. B. Telefontraining) und Materialien (Handelskorrespondenz etc.), die heruntergeladen und ausgedruckt werden können, sondern auch die „Webliographie Wirtschaftsdeutsch": Unter thematischen Rubriken gelistet, verweisen kommentierte Links zu verwandten Webressourcen
http://www.wirtschaftsdeutsch.de

Norberts Bookmarks für engagierte Leute – Wirtschaft

- Ⓓ Gut sortierte Linksammlung. Die vorgestellten Ressourcen vermitteln ganz unterschiedliche, auch konträre Perspektiven. Guter Startpunkt für Leute, die gerne den Überblick bewahren und bereit sind, auch über Alternativen nachzudenken.
http://bessereweltlinks.de/wirtschaft.htm

Allgemeine Infos, Rat und Hilfe: Wie dir das Internet sonst noch nützen kann

Suchen und Finden im Internet

Wie viele Seiten es insgesamt im World Wide Web gibt, lässt sich nicht bestimmen. 2001 sprachen offizielle Schätzungen von etwa 4 Milliarden. Die genaue Anzahl spielt aber auch keine allzu große Rolle, weil sich der Bestand minütlich ändert. Bei einem so gigantischen Angebot darf man getrost davon ausgehen, dass es wohl kaum ein Thema gibt, zu dem im Web keine Informationen vorhanden sind. So hat jeder Internet-Teilnehmer per Mausklick Zugriff auf einen großen Teil des gesammelten Menschheitswissens. Theoretisch ...

Praktisch steht zwischen dem User und der immensen Informationsfülle jedoch eine Hürde: die Unordnung des Webs. Das Problem, auf die Schnelle das Richtige zu finden, ist bis heute nicht ganz gelöst und wird es wohl auch auf lange Sicht nicht sein. Aber immerhin geben längst ausgereifte Sucheinrichtungen dem Internetnutzer die Möglichkeit, trotz des Chaos fündig zu werden.

Prinzipiell werden zwei Arten von Suchhilfen unterschieden: Suchmaschinen und Webkataloge. Suchmaschinen katalogisieren das Web maschinell mithilfe von so genannten „Robots". Webkataloge listen Links nach Kategorien, in die sie von Menschenhand einsortiert werden. Was anfangs strikt getrennt angeboten wurde, ist in den letzten Jahren zusammengewachsen. Und so sind Suchportale - Kombinationen aus Suchmaschine und Webkatalog - mittlerweile der Standard.

Allerdings leisten diese Sucheinrichtungen viel weniger, als man allgemein annimmt. Eine wissenschaftliche Untersuchung der Zeitschrift „Nature" im Dezember 1999 brachte erstaunliche Fakten ans Licht. Die schlechte Nachricht zuerst: Die 11 populärsten Suchmaschinen erfassten zusammen rund 335 Millionen Webseiten. Das waren lediglich 42 Prozent der geschätzten Gesamtzahl von damals 800 Millionen Seiten. „Northern Light", die Suchmaschine mit der zu diesem Zeitpunkt umfangreichsten Datenbank, hatte gerade einmal etwa 16 Prozent des Gesamtbestandes indiziert. Die gute Nachricht: Bei mittlerweile Milliarden von Seiten dürften auch 42 Prozent der erfassten Seiten reichen, um mit hoher Wahrscheinlichkeit die Infos zu finden, die man braucht und sucht.

Nachdem Sucheinrichtungen einige Jahre lange wie Pilze aus dem Boden geschossen, ist dieser Trend inzwischen rückläufig. Die Marktführer haben sich etabliert und lassen für ernst zu nehmende Konkurrenz wenig Raum. Die wichtigsten Sucheinrichtungen stellen wir nachfolgend vor; Links zu weiteren findest du im Web buchstäblich „an jeder Ecke". Welche du letztendlich am liebsten benützt, hängt von deinen Bedürfnissen ab und ist nicht zuletzt Geschmacksfrage. Alles, was im Web zur Verfügung steht, findet sowieso keine von ihnen.

Suchkataloge

Yahoo!

 Yahoo (zu deutsch „Trüffelschwein") ist die „Mutter aller Webkataloge" im World Wide Web. 1994 kamen zwei Studenten der Stanford University in den USA,

David Filo und Jerry Yang, mangels vorhandener Suchmöglichkeiten auf die simple Idee, eine Liste ihrer persönlichen Lieblingslinks zu erstellen. Um diese ständig wachsende Liste übersichtlich zu halten, packten die beiden sie in eine Datenbank, und stellten diese ins Internet. Damit war der Grundstein für den Webkatalog Yahoo! gelegt.

Den Yahoo! Katalog gibt es heute noch. Allerdings hat sich um ihn herum ein Portal mit allen möglichen Service-Angeboten entwickelt, und eine Suchmaschine gibt es seit langem ebenfalls. Der Suchindex wird allerdings längst nicht mehr von Yahoo! selbst erstellt, sondern von Google! geliefert. Dadurch hast du über das Portal gleichzeitig Zugriff auf den Webkatalog von Yahoo! mit seinen handverlesenen Links und auf die Datenbank von Google!, in der über 3,3 Milliarden Webseiten indiziert sind.

Ⓓ **http://yahoo.de**

Ⓔ **http://yahoo.com**

DINO online

Ⓓ Auch Dino online gehört zum Internet-Urgestein. Der Webkatalog ging 1995 als Deutschlands erster an den Start. Das von Menschenhand erstellte Verzeichnis liefert in 20 Hauptkategorien Hunderttausende, mit Kurzbeschreibungen versehene, Links zu deutschsprachigen Angeboten. Ergänzt wird es durch eine Datenbank, in der rund 4 Milliarden Webseiten indiziert sind, sowie durch News und Specials.

http://dino-online.de

AllesKlar

Ⓓ Während man den Katalog auf der Yahoo!-Startseite zwischen all dem Drumherum förmlich suchen muss, erwartet den Besucher bei AllesKlar eine aufgeräumte Eingangsseite, in deren Mittelpunkt das Webverzeichnis steht. Das macht die Sache angenehm übersichtlich. Besonderer Wert wird bei AllesKlar auf die regionale Ausrichtung gelegt. Deshalb gibt es drei getrennte Verzeichnisse für Deutschland, Österreich und die Schweiz. Über 50 Mitarbeiter sorgen für die kontinuierliche Pflege des Datenbestandes und gewährleisten dadurch, dass tote Links eher selten sind. Zusätzlicher Service: der einmalige Städtekatalog „meinestadt.de".

Deutschland: **http://allesklar.de**
Österreich: **http://allesklar.at**
Schweiz: **http://allesklar.ch**

WEB.DE – Das deutsche Internet-Verzeichnis

Ⓓ Immer bemüht, die Suche im Web komfortabler zu gestalten, hat sich der anfangs eher bescheidene Webkatalog zu einem innovativen Suchportal entwickelt, das im deutschsprachigen Raum seinesgleichen sucht. Der Katalog listet auf knapp 37.000 Themengebiete verteilt Links zu rund 400.000 Webseiten. Recherchiert wird bei Web.de entweder über die hierarchisch geordneten Rubriken oder per Stichworteintrag in die Suchmaske. Zusätzliche Serviceleistungen: das kostenlose E-Mailkonto namens FreeMail, das sich zu einem echten Renner entwickelt hat, News und vieles mehr. War bei Web.de anfangs alles umsonst, gibt es eine Reihe von Services mittlerweile nur noch gegen Gebühr. Für die Beurteilung der Rechercheergebnisse nicht unwichtig zu wissen: Viele der Einträge im Web.de-Katalog sind bezahlt – Objektivität bei der Positionierung ist deshalb eher unwahrscheinlich.

http://web.de

Google

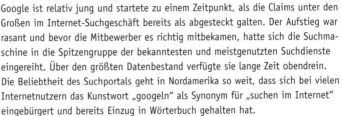

Google ist relativ jung und startete zu einem Zeitpunkt, als die Claims unter den Großen im Internet-Suchgeschäft bereits als abgesteckt galten. Der Aufstieg war rasant und bevor die Mitbewerber es richtig mitbekamen, hatte sich die Suchmaschine in die Spitzengruppe der bekanntesten und meistgenutzten Suchdienste eingereiht. Über den größten Datenbestand verfügte sie lange Zeit obendrein.

Die Beliebtheit des Suchportals geht in Nordamerika so weit, dass sich bei vielen Internetnutzern das Kunstwort „googeln" als Synonym für „suchen im Internet" eingebürgert und bereits Einzug in Wörterbuch gehalten hat.

In der Google-Datenbank, auf die auch andere Suchportale zurückgreifen, sind weit über 3 Milliarden Seiten indiziert. Zusätzlich stellt Google eine spezielle Sucheinrichtung für Bilder im Web mit über 400 Millionen Einträgen zur Verfügung und ermöglicht den Zugriff auf eine Unzahl von Newsgroups zum Lesen und Schreiben per Browser - eine praktische Einrichtung für alle, die sich mit dem Newsreader nicht anfreunden können oder wollen. Im Bereich News liefert das Portal Nachrichten aus Deutschland und aller Welt.

Die ungewöhnlich aufgeräumte Oberfläche des Portals verzichtet auf jeden zusätzlichen Schnickschnack und vor allem auf Werbebanner. Der innovative Ansatz der Relevanzbewertung sorgt für eine hohe Quote sinnvoller Treffer. Für alle, die ein hierarchisches Verzeichnis einer Suchmaske vorziehen, bietet Google seit geraumer Zeit auch übersichtlich geordnete Kataloge zur Suche an.

D	Suchmaschine deutsch:	*http://google.de*
E	Suchmaschine international:	*http://google.com*
D	Webkatalog deutsch:	*http://webwise.de/1809.htm*
E	Webkatalog international:	*http://directory.google.com/*

Open Directory Project

E Die Zielsetzung des Projektes: den umfassendsten Webkatalog der Welt zu schaffen, dabei aber trotzdem auf die Qualität der Links zu achten. Die Macher setzen dazu auf die Mitarbeit möglichst vieler Freiwilliger, die die Katalogeinträge ehrenamtlich bearbeiten und betreuen. Eine Idee, die gut zur Web-Philosophie „Geben und Nehmen" passt. Unter Mithilfe von fast 60.000 Helfern listet der Katalog 3,8 Millionen Links in über 460.000 Kategorien.

http://directory.mozilla.org

AltaVista

Auch AltaVista, eine der ältesten Volltextsuchmaschinen, hat sich in ein Portal verwandelt, das sich aber ohne viel Schnickschnack auf das Wesentliche konzentriert: die Webrecherche. Neben der Volltextsuche und einem lieblos gestalteten Verzeichnis, gibt es spezielle Sucheinrichtungen für Bilder, MP3- und andere Audiofiles, Videos und Nachrichten.

http://www.altavista.de

Excite.com

🇪 Das Portal mit leistungsfähiger Suchmaschine und Katalog bietet u. a. Zugriff auf die „White Pages" (Telefonverzeichnis USA) und die „Yellow Pages". (Branchenverzeichnis USA):*http://excite.com*

Ask Jeeves!

🇪 ist eine ganz besondere Suchmaschine. Statt Suchwörter einzugeben, stellst du eine richtige Frage – ganz so, als ob du einen Menschen fragen würdest, z. B. „Why is the sky blue?" Jeeves versucht daraufhin, Seiten im Web zu finden, die die Antwort liefern. Das klappt zum Teil erstaunlich gut: *http://ask.com*
Für jüngere Surfer gibt es die spezielle Seite „Ask Jeeves for Kids":
http://ajkids.com

Die Blinde Kuh – Die Suchmaschine für Kinder

🇩 Suchportal speziell für Kinder. Neben einer Menge Links im Katalog und einer Suchmaschine bietet das Portal auch eine Vielzahl eigener Seiten zu allen möglichen interessanten Themen. Stöbern lohnt sich!
http://www.blinde-kuh.de

Yahooligans! – The Web Guide for Kids

🇪 Spezielles Suchportal für Kinder und Jugendliche in englischer Sprache
http://yahooligans.com

Weitere allgemeine Sucheinrichtungen

🇩 Suchmaschinen: *HotBot: http://www.hotbot.lycos.de*
Kolibri: http://www.kolibri.de
Suchportal:
🇩 *Mair.net: http://www.mair.net*

Suchfibel

🇩 Hier findest du Infos und Links zu rund 2.700 allgemeinen und speziellen Suchmaschinen, Webkatalogen und Linksammlungen. Außerdem erfährst du, wie Suchmaschinen funktionieren, wie sie bedient werden und wie man Suchstrategien entwickelt, die auf kürzest möglichem Weg zum Ziel führen.
http://suchfibel.de

Metasuche

Metasuchmaschinen spielen eine Sonderrolle im Web. Sie verfügen über keinen eigenen Datenbestand, sondern fragen die Indexe anderer Anbieter ab. Damit bieten sie dem Nutzer die Möglichkeit, in einem Durchgang mehrere Suchmaschinen gleichzeitig abzuklappern. Besonders nützlich ist eine Metasuche, wenn du nach einem Begriff suchst, der im Internet so selten vertreten ist, dass ihn nicht jede Suchmaschine indiziert hat.

MetaGer

🇩 MetaGer bietet die Möglichkeit, in bis zu 29 Sucheinrichtungen in deutscher und englischer Sprache in einem Durchgang zu recherchieren. Die Liste der

Suchdienste, die du in die Abfrage miteinbeziehen möchtest, kannst du individuell zusammenstellen.

http://metager.de

Suchen und finden im Internet

☐ Umfangreiche Sammlung von Links zu Suchmaschinen, Webverzeichnissen, Recherchanleitungen und Tipps rund ums Suchen.
http://webwise.de/1810.htm

Weitere Meta-Suchdienste

☐ - Apollo7: *http://apollo7.de*
☐ - MetaCrawler.de: *http://metacrawler.de/*
☐ - MetaCrawler.com: *http://metacrawler.com*

Spezial-Suchmaschinen

Suche nach MP3-Files

Auf Grund der Berichterstattung der Medien, die den Interessen der gebeutelten Musikkonserven-Industrie gerne durch Einseitigkeit und Entstellen von Fakten entgegenkommen, könnte der Eindruck entstehen: Musik, die im Internet zum Download angeboten wird, ist generell illegal.

Das ist schlicht falsch. Tausende von Künstlern bieten ihre musikalischen Werke heute selbst im Internet an, z. B. um so auf sich aufmerksam zu machen und Fans zu finden. Das ist absolut legal und zwar für Anbieter und Nutzer.

Dass die Entwicklung zum alternativen Musik-Vertrieb übers Internet der Musikkonservenindustrie ein Dorn im Auge ist, ist verständlich. Konnte sie früher darüber entscheiden, welcher Künstler ins Rampenlicht gehievt wurde und welcher in der Versenkung verschwand, treffen im Internet die eigentlichen Protagonisten der Musikwelt aufeinander: Künstler bieten ihre Werke zum Hören und Herunterladen an, Konsumenten machen davon Gebrauch oder lassen es. So gibt es beispielsweise bei MP3.com Musiker, die ganz ohne die Hilfe der Industrie zu „Stars" mit Fangemeinde geworden sind. Mit der Kombination MP3-Format und Internet hat die Demokratie in die Welt der Musik Einzug gehalten. Heute kann jeder, der will, seine eigene Musik veröffentlichen. Das hat zu einer Angebotsvielfalt geführt, die vor dem Internet und MP3 nicht denkbar war.

Richtig ist aber auch, dass im Internet illegale Musikdateien angeboten werden. Das ist immer dann der Fall, wenn Musikdateien ohne Genehmigung des Urhebers bzw. dessen Vertreter ins Web gestellt werden. Dabei ist nicht nur das Anbieten solcher Dateien verboten, sondern auch der Download.

Ein wenig knifflig ist die Frage, wie man legale von illegalen Audio-Dateien unterscheiden kann. Der so genannte „gesunde Menschenverstand" hilft bei der Beantwortung. Wenn du im Web auf einen Song stößt, der gerade noch im Radio lief, riecht es nach illegalem Angebot. Wer mit seiner Musik außerhalb des Internets Geld verdient, wird sie kaum online kostenlos anbieten. Lädst du dir dagegen Musik von der Site eines seriösen MP3-Anbieters (z.B. MP3.com, MP3.de, etc.) herunter, bist du auf der sicheren Seite.

Übrigens bietet die Musikkonservenindustrie zunehmend selbst Musik zum legalen Download im Internet an. Allerdings kostet die Nutzung solcher Angebote in der Regel Geld.

Wenn du dich nicht strafbar machen willst, ist es beim MP3-Download wichtig, mitzudenken und abzuwägen. Und du solltest dich über die Entwicklung der Gesetzgebung und der Rechtssprechung, die derzeit im Umbruch sind, auf dem Laufenden halten. Das nervt? Ich weiß, kann's aber nicht ändern. Jedenfalls gilt auch in diesem Rechtsbereich: Unwissenheit schützt vor Strafe nicht.

▣ Meta-MP3: *http://webwise.de/1811.htm*
Ⓔ Lycos Music: *http://music.lycos.com*

Suche nach Nachrichten

▣ Paperball: *Paperball: http://paperball.de*
▣ Paperazzi: *http://paperazzi.de*

Suche nach Newsgroups und Mailinglisten

▣ - Google Groups: *http://groups.google.de*
▣ - Yahoo! Groups: *http://yahoogroups.de*
▣ - Newsmail.de: *http://newsmail.de*
▣ - Newsletters.de – Das große deutsche Newsletter-Verzeichnis: *http://newsletters.de*
▣ - Domeus – Community für Newsletter und Mailinglisten: *http://domeus.de*

Suche nach E-Mail-Adressen und Telefonnummern

▣ Teleauskunft.de: Online-Zugriff auf „Das Örtliche", die „Gelben Seiten" und „Das Telefonbuch" der Telekom: *http://www.teleauskunft.de*
Auslandsvorwahlen: *http://auslandsvorwahlen.de*
▣ World Telephone Directories: Telefon- und Faxnummern aus über 180 Ländern: *http://telefonnummer.com*
Ⓔ Yahoo! People Search: *http://people.yahoo.com*

Rat und Hilfe

Egal, welches Problem dich bedrückt, im Internet findest du Rat und Hilfe – zumindest jedoch Adressen von Ansprechpartnern, an die du dich wenden kannst. Das gilt nicht nur für den Fall persönlicher Schwierigkeiten, sondern auch für technische Probleme, wie zum Beispiel, dass dich dein Computer mal wieder nicht versteht.

Schüler-Notruf

▣ Du bist das Opfer einer Gewalttat? Du wurdest misshandelt, du wirst missbraucht? Dir wachsen die Schulden über den Kopf und du weißt nicht mehr ein und aus? Du hast Probleme in der Schule? Du wirst von Mitschülern gemobbt? Du leidest unter Ängsten oder Depressionen? Der Internet-Notruf Deutschland e. V. nutzt das Internet konsequent als Plattform für Hilfe in allen Lebenslagen. Ein separates Programm spricht Leute im Schulalter an: der „Schüler-Notruf". Hier kannst du dich – auf Wunsch anonym – an kompetente Mitarbeiter wenden, die dir unentgeltlich dabei helfen, Lösungen für die verschiedensten Probleme wie Sucht (Alkohol, Drogen, Kaufsucht, Spielsucht, Onlinesucht, etc.), Gewaltanwendungen, sexuelle Belästigung, Vergewaltigung, Misshandlung und Missbrauch, Ängste aller Art, Erpressung und mehr zu finden.

Außerdem liefert der Schüler-Notruf ausführliche Informationen, die dir dabei helfen, dich in allen Lebenslagen zurechtzufinden, sowie zahlreiche Adressen von Beratungsstellen.

http://internet-notruf.de

Barmer: Kummerkasten

Ⓓ Gut besuchter Kummerkasten für Teenager: Hier kannst du ohne Scheu Fragen stellen, die dir auf den Nägeln brennen. Eine Diplompsychologin weiß Rat und gibt offen und kompetent Antwort. Bereits gestellte Fragen und die Antworten darauf sind online nachzulesen. Wenn du sie durchsiehst, stellst du womöglich fest, dass andere Leute ähnliche Probleme haben wie du. Bevor du selbst eine Frage stellst, guckst du am besten erst einmal nach, ob die Antwort darauf nicht bereits vorhanden ist.

http://webwise.de/1812.htm

Trendmagazin Talkforen

Ⓓ Liebeskummer? Stress mit Eltern, Freunden, Lehrern? Du würdest gerne mit jemandem darüber reden, weißt aber nicht mit wem? Dann kannst du deine Sorgen im Kummerforum des „Trendmagazins" loswerden, das (mittlerweile leider nur noch sporadisch) von Mitarbeiterinnen der Sorgenredaktion des Magazins betreut wird. Aber vielleicht bist du mit guten Ratschlägen von Gleichaltrigen ja genauso gut oder sogar besser bedient?

http://webwise.de/0166.htm

wer-weiß-was

Ⓓ In dieser Datenbank, die 1996 an den Start ging, sind bereits über 96.000 Spezialisten gelistet, die kostenlos Fragen zu mittlerweile über 350.000 Sachthemen beantworten. Die Antworten erfolgen per E-Mail. Die Wahrscheinlichkeit, dass du auf deine Fragen tatsächlich kompetente Antworten erhältst, ist hier ausgesprochen hoch. Über eines musst du dir dabei allerdings im Klaren sein: Spezialist ist in dieser Datenbank, wer sich als Spezialist einträgt – kein Mensch überprüft diese Angaben. Dadurch finden sich neben wirklichen Fachleuten beinahe zwangsläufig auch Möchtegerns und Wichtigtuer in der Datenbank. Antworten sind deshalb mit etwas Vorsicht zu genießen, aber deinen gesunden Menschenverstand solltest du sowieso immer einsetzen. Und noch etwas gibt es zu beachten: wer-weiß-was hält das Prinzip „Geben und Nehmen" aus den Anfangstagen des Internets noch immer hoch und bietet Hilfe auf Gegenseitigkeit. Deshalb wird erwartet, dass, wer Fragen stellen will, auch bereit ist, selbst Fragen anderer zu beantworten. Da wäre es natürlich von Vorteil, wenn du auch auf irgendeinem Gebiet „Experte" wärst. Fragen können übrigens nicht nur per E-Mail gestellt werden, um auf dem gleichen Weg beantwortet zu werden. Auch in den zahlreichen themenbezogenen Foren kann gefragt werden. Der Vorteil der Foren: Aus deiner Frage kann sich eine interessante Diskussion entwickeln. Übrigens ist es gut möglich, dass die Antwort auf deine Frage schon vorhanden ist, weil vor dir jemand etwas Ähnliches wissen wollte. Im Archiv sind immerhin bereits über 1,2 Millionen Forenbeiträge archiviert. Und es wächst und wächst ...

http://wer-weiss-was.de

TeensMag - HeLp!

[D] Kummerkasten des christlichen Jugendmagazins „TeensMag", an den du dich online mit Problemen und Sorgen wenden kannst. Vielleicht nicht jedermanns Sache: Ratschläge werden mit starkem Bezug zur Bibel erteilt. Bei unserem Recherchebesuch lautete die aktuelle Frage beispielsweise: „Darf ich als Christ Rockmusik spielen?". Falls dich ein ähnliches Problem drückt, verraten wir dir gerne die Antwort: „Du darfst!"
http://webwise.de/1813.htm

Kinder- und Jugendtelefon

[D] Hier findest du die „Nummer gegen Kummer" der BundesArbeitsGemeinschaft Kinder- und Jugendtelefon e.V. für den Fall, dass du bei Sorgen und Problemen lieber zum Telefon greifst, als eine E-Mail zu schreiben. Die Beratung erfolgt anonym und kostenlos. Anders als die Hotline für - sagen wir mal - dein Handy, ist die Kummernummer allerdings nicht rund um die Uhr besetzt. Du erreichst sie montags bis freitags zwischen 15 und 19 Uhr. Trotz dieser Einschränkung wird der Service gerne genutzt; im Jahr 2002 gingen über 4 Millionen Anrufe ein.
http://webwise.de/1814.htm

Dein Körper und du

[D] Antworten zu Fragen, die rund um die Benützung von Tampons immer wieder gestellt werden, hat das „Trendmagazin" in Zusammenarbeit mit der Firma „o.b." auf dieser Seite zusammengestellt. Wenn die Antwort auf deine Frage nicht dabei ist, kannst du per E-Mail oder telefonisch nachfragen und bekommst dann persönlichen Rat.
http://webwise.de/1815.htm

LoveLine

[D] Auf diesen Aufklärungsseiten für Jugendliche präsentiert die Bundeszentrale für gesundheitliche Aufklärung Infos zum Thema. Unter „faqs" gibt es kompetente Antworten auf Fragen Jugendlicher zur eigenen Sexualität und zu der des anderen Geschlechts. Im „Liebeslexikon" werden über 350 Begriffe, zum Teil mit Bild und Ton aufgepeppt, erklärt. Für Online-Gespräche gibt es einen Chat-Raum. Im Info-Shop werden Informationsbroschüren angeboten, die du kostenlos zur Lieferung per Post bestellen oder in Form von PDF-Dokumenten herunterladen kannst. Weitere Rubriken: Liebesworte und Liebesspiel.
http://www.loveline.de

All About Sex – Kids Speak Out!

[E] Offene Antworten auf Fragen zum Thema Liebe und Sex gibt es in diesem US-amerikanischen Forum für Jugendliche. Auch wenn sich die Lebensumstände der Jugendlichen in den USA in manchen Dingen erheblich von denen hierzulande unterscheiden, sind die Fragen, die Heranwachsenden auf den Nägeln brennen, diesseits und jenseits des „großen Teichs" doch mehr oder weniger dieselben.
http://webwise.de/1816.htm

Hausfrauenseite: Helft-Forum

Ⓓ   Wenn du dich mit einem Problem herumquälst, zu dem du gerne Rat aus Frauen-
     mund hättest, solltest du dir diese Seite einmal ansehen: Du schilderst deinen
     Kummer oder stellst deine Frage am „Schwarzen Brett". Wer Rat weiß, kann sich
     dann per E-Mail direkt an dich wenden. Hausfrauen sind meist Mütter, und Müt-
     ter haben oft die besten Lösungen parat.
     http://webwise.de/1817.htm

Zivildienst

Ⓓ   Über alles, was man als Kriegsdienstverweigerer und (zukünftiger) Zivildienstlei-
     stender wissen will oder sollte, informieren mehrere Sites kompetent und aus-
     führlich:
     Zivi: *http://www.zivildienstportal.de*
     Zivildienst und KDV: *http://webwise.de/1818.htm*
     Zivildienst-Seite: *http://zivildienst-seite.de*
     Zivi.Net: *http://zivi.net*

Schulen und Hochschulen im Internet

Hochschulen und Universitäten gehörten zu den Ersten, die im Internet mitge-
mischt haben. Die Schulen haben mittlerweile nachgezogen – die meisten sind
bereits online.

Schulen ans Netz (SaN)

Ⓓ   Schulen ans Netz ist eine gemeinsame Initiative des Bundesministeriums für Bil-
     dung und Forschung und der Deutschen Telekom AG, deren Startschuss am 18.
     April 1996 fiel. Erklärtes Ziel war zu Beginn, innerhalb von drei Jahren 10.000
     Schulen ans weltweite Netz Internet anzuschließen. Die Initiative fand von
     Anfang an großen Anklang, bei Schüler(inne)n, Lehrer(inne)n, Schulen und der
     Presse. Schulen ans Netz bietet Schulen Hilfestellung auf dem Weg ins Web und
     informiert ausführlich über Zweck, Zielsetzung, Fortgang und Arbeit der Initiati-
     ve. Außerdem liefert die Projekt-Site für Schüler, Eltern und Lehrer Informatio-
     nen rund um das Thema Schule und Internet, sowie Links zu neu geschaffenen
     eigenen Webangeboten und zu verwandten Ressourcen im Internet.
     http://www.san-ev.de

learn:line – Bildungsserver NRW

Ⓓ   In erster Linie wurde der Bildungsserver NRW für Lehrer(innen) ins Web gestellt.
     Doch das braucht dich als Schüler(in) nicht davon abzuhalten, hier ausgiebig zu
     stöbern. Neben reinem Stoff für den Lehrkörper stehen hier reichlich Informatio-
     nen zur Verfügung, die du für deine Zwecke nutzen kannst. Den Mittelpunkt der
     Startseite bilden News, die täglich aktualisiert werden. Ein Klick auf „Sekundar-
     stufen" im Menü öffnet ein Untermenü, über das du zu separaten Portalseiten
     für alle gängigen Schulfächer gelangst. Dort angekommen findest du jeweils
     Materialien, die vom learn:line-Server angeboten werden, sowie jede Menge
     kommentierte Links.
     http://www.learn-line.nrw.de

WebWise: Universitäten und Hochschulen in Deutschland

☐ Links zu einer Vielzahl von Universitäten und Hochschulen, die im Web präsent sind: *http://webwise.de/hochschulen.htm*

Weitere Links zu Schulen im Web

☐ Nach Schulart und Land (Deutschland, Österreich, Schweiz) sortiert, listet Yahoo.de: *http://webwise.de/0167.htm*

Jobs – Suche, Bewerbung, Berufsbilder

Irgendwann beginnt für jeden „der Ernst des Lebens". Ein Job muss her, entweder um das Taschengeld aufzubessern oder weil der Eintritt ins Berufsleben steht bevor. Im Web findest du nicht nur Stellenangebote, sondern auch Infos rund ums Bewerben, Arbeiten und Geldverdienen.

Bundesanstalt für Arbeit: Berufe von A-Z

☐ Viele interessante Berufe lernt man oft erst dann kennen, wenn man sich längst für einen anderen entschieden hat und bis über beide Ohren drinsteckt. Dann kann ein Wechsel problematisch werden. Da ist es schon besser, man informiert sich rechtzeitig vorher über Möglichkeiten und Perspektiven. Die Bundesanstalt für Arbeit hilft dir bei der Orientierung mit berufskundlichen Kurzbeschreibungen zu über Tausend Berufen von A bis Z: *http://webwise.de/1819.htm*

Barmer: Bewerben und Werden

☐ Auch die Barmer Ersatzkasse macht sich für Berufsanfänger stark. Neben Infos und Links zum Thema Berufswahl und zur Jobsuche liegen hier zwei praktische Vorlagen zum Download bereit: Lebenslauf und Bewerbung. Du brauchst lediglich die Musterdaten gegen deine persönlichen auszutauschen und schon hast du Bewerbungsunterlagen, mit denen du dich bei Personalchefs sehen lassen kannst. Mit deinem Zeugnis hoffentlich auch.
http://webwise.de/1820.htm

Bundesanstalt für Arbeit: Beratung

☐ Ein breit gefächertes Angebot rund um Berufswahl, Ausbildung, Jobsuche, Weiterbildung und Förderungen bietet die Bundesanstalt für Arbeit unter:
http://webwise.de/1821.htm

Mach's Richtig Online

☐ Die Wahl des Berufes ist eine schwerwiegende Entscheidung. Schließlich stellt man damit die Weichen für Jahre, wenn nicht fürs Leben. „Mach's richtig", empfiehlt die Bundesanstalt für Arbeit deshalb und stellt im Web ein fundiertes Angebot bereit, das dir die Berufswahl erleichtern soll. Dazu gehören die „Info-Base" mit Informationen über rund 500 Berufe, die „virtuellen Betriebsbesuche", bei denen du in Comicform mehr über eine Reihe von Berufen erfährst, ein Modul, mit dessen Hilfe du deine Interessen feststellen kannst und das daraufhin geeignete Berufe für dich auswählt, sowie weitere Infos, News und Links.
http://www.machs-richtig.de/

Ungewöhnliche Berufe

⧉ Auf der Suche nach dem Traumberuf? Wie wär's mit Fotomodell, Astronaut, Pilot, Webdesigner oder Spezialtaucher? Informationen zu diesen und anderen nicht alltäglichen Berufen findest du unter:
http://webwise.de/1822.htm

Geschenkt!

Im Lauf seiner relativ kurzen Geschichte hat das Internet mit manchen Traditionen gebrochen, zum Beispiel mit der alten Unsitte, dass man für alles und jedes bezahlen muss. Im Web gibt es vieles geschenkt und umsonst, wofür im Leben außerhalb Geld verlangt wird.

Kostenlos.de – Alles, was es im Internet umsonst gibt!

⧉ Unter verschiedenen Rubriken sortiert, findest du hier eine Unzahl von Links zu aktuellen kostenlosen Angeboten im Web. Du möchtest deine eigene Homepage einrichten? Hier findest du Provider, die dir gratis Serverplatz dafür zur Verfügung stellen. Du suchst kostenlose Software? Hier steht ein großes Angebot zum Download bereit. Außerdem weist dir eine Fülle von Links den Weg zu Gewinnspielen im Internet. Und wenn du über das Angebot immer auf dem Laufenden gehalten werden willst, kannst du einen Newsletter abonnieren.
http://kostenlos.de

Geizkragen.de

⧉ Genau genommen dürfte es den „Geizkragen" im Internet gar nicht geben, denn ein echter Geizkragen würde wohl kaum einer Telefonfirma und einem Internetprovider sein Geld in den Rachen schmeißen, um anderen einen Gefallen zu tun. Wie auch immer – er ist trotzdem da und listet pausenlos aktualisierte Links zu Seiten im Web, auf denen es etwas umsonst oder zumindest sehr billig gibt. Auch der Geizkragen schickt dir auf Wunsch Woche für Woche einen Newsletter, der dich darüber auf dem Laufenden hält, wo es wieder was zu sparen oder abzustauben gibt.
http://geizkragen.de

Weitere Sparangebote im Web

⧉ Auch unter folgenden URLs findest du Schnäppchen, Gratis- und Billigangebote:
- GratisWorld: *http://gratisworld.de/*
- KostNixx: *http://kostnixx.de/*
- Nulltarif.de: *http://nulltarif.de*

Gratis-E-Mail-Accounts

Dein Provider stellt dir keinen E-Mail-Account zur Verfügung, oder die Adresse besteht aus einer endlos langen Zeichenkette, die sich kein Mensch merken kann, oder du hättest gerne eine zweite oder dritte? Dann leg dir doch einfach eine neue zu. Das geht schnell, kostet nichts und du hast die Auswahl.
„dein.name" muss übrigens nicht unbedingt dein Name sein, fast immer sind auch Abkürzungen oder Phantasiebezeichnungen möglich:

▣	dein.name@sternpost.de	bei *http://www.sternpost.de*
▣	dein.name@firemail.de	bei *http://mail.firemail.de*
▣	dein.name@gmx.net	bei *http://webwise.de/1823.htm*
▣	dein.name@epost.de	bei *http://www.epost.de*
		Achtung: Nur das Starter-Paket ist gratis!
▣	dein.name@web.de	bei *http://freemail.de*
▣	dein.name@my-ip.de	bei *http://my-ip.de*
▣	dein.name@unicum.de	bei *http://unicum.de/mail*
▣	dein.name@webwise.znn.com	bei *http://webwise.zzn.com*
▣	dein.name@you.ch	bei *http://freemail.you.ch*
▣	dein.name@muuli.de	bei *http://muuli.de*
▣	dein.name@hiphopmail.de	bei *http://worldofgraffiti.de/mail*
Ⓔ	Hunderte von Mail-Anhängen bietet *http://bigmailbox.com*	
▣	Kostenlos.de listet zahlreiche weitere Angebote für kostenlose E-Mail-Accounts: *http://webwise.de/0168.htm*	

Jugend- und Schülerpresse online

Jugendmagazine gibt es im Web mehr als am Kiosk, und auch die Redaktionen der Schülerzeitungen haben längst herausgefunden, dass sie via Web mehr Leser erreichen als lediglich über eine Printausgabe. Kein Wunder also, dass sie nach und nach alle online gehen.

Schülerpresse im Web

▣ Schülerzeitungen im Web gibt es Hunderte – viel zu viele, als dass wir sie hier alle auflisten könnten. Über die nachstehenden Links wirst du trotzdem rasch fündig.
- Der deutsche Katalog Web.de listet über 150 Links zu Schülerzeitungen: *http://webwise.de/0161.htm*
- Auch auf dem ZUM-Server gibt es eine lange Liste von Links zur Schülerpresse: *http://webwise.de/1807.htm*
- Bei Dino online steht ebenfalls eine umfangreiche Sammlung von Links zu Schülerzeitungen, aber auch zu Herstellung, Zensur und weiteren verwandten Themen zur Verfügung: *http://webwise.de/0169.htm*

sowieso – Die Online-Zeitung für junge Leser

▣ Die erste Online-Zeitung für Kinder und Jugendliche von etwa 8 bis 16 Jahren, die 1998 an den Start ging, berichtet über Politik und Gesellschaft, Kultur und Sport. Besonderen Wert legen die Webmaster(innen) bei ihrem Angebot darauf, dass die Nachrichten und Informationen leicht zu verstehen sind. Damit kommen sie einer Forderung der UN-Kinderrechtskonvention nach, die da lautet: „Alle Nachrichten, Meldungen und Berichte sollen so ausgedrückt werden, dass ein Kind sie verstehen kann." (§17 der UN-Kinderrechtskonvention: Das Recht auf Information) Sowieso will keine Einbahnstraße sein, deshalb freut man sich über eigene Beiträge von Leserinnen und Lesern und über Kommentare zum Inhalt. *http://www.sowieso.de*

Juckreiz – Die Jugendumweltzeitung aus Berlin

Ⓓ Von Jugendlichen (nicht nur) für Jugendliche: die Jugendumweltzeitung Juckreiz aus Berlin. Kritisch, unabhängig, nicht kommerziell. Die Printausgabe erscheint viermal im Jahr – die Online-Version steht jederzeit zur Verfügung.
http://www.jugendumwelt.de/juckreiz

JUMA – Das Jugendmagazin

Ⓓ Magazin für junge Deutschlerner in aller Welt mit Artikeln über das Leben Jugendlicher in Deutschland sowie Arbeitsvorschlägen und Hilfen für Lehrer. Neu ist die Möglichkeit, Brieffreunde zu finden und Kontakte zu knüpfen.
http://juma.de

dot.ter – das gelbe vom ei

Ⓓ Anlass, dieses Online-Jugendmagazin ins Leben zu rufen, war 1997 ein Wettbewerb der Hamburger Illustrierten „Stern" in Zusammenarbeit mit dem Verein „Schulen ans Netz". Im Januar 1998 war die erste Ausgabe online. Mittlerweile macht das preisgekrönte Magazin einen professionellen Eindruck. Das Konzept: eine Zeitung von jungen Leuten für junge Leute im Netz der Netze zu machen.
http://dotter.wtal.de/HOME.htm

Unicum Online

Ⓓ Kommerzielles Magazin für Schüler, Studenten und Berufseinsteiger mit Nachhilfebörse, Praktikumsbörse, Hausaufgabenarchiv, Schülertipps und mehr.
http://unicum.de

Bravo

Ⓓ Ob du's glaubst oder nicht: Die Bravo haben deine Eltern schon gelesen. Deine Großeltern möglicherweise auch. Immerhin geht Deutschlands ältestes Jugendmagazin mit großen Schritten auf die Fünfzig zu. Mittlerweile ist sie gemeinsam mit ihren wesentlich jüngeren Geschwistern Bravo Girl!, Bravo Screen Fun und Bravo Sport mit reichlich Inhalt auch im Internet vertreten.
http://www.bravo.de

Weitere Kinder- und Jugendmagazine

Ⓓ - C6 Magazin - Online-Magazin mit gesellschaftspolitischem Anspruch:
http://www.c6-magazin.de

Ⓓ - Jetzt - Das junge Magazin lag früher der Süddeutschen Zeitung bei; aus Kostengründen ist es heute nur noch online vertreten:
http://jetzt.sueddeutsche.de

Ⓓ - KLÄX – das Magazin für Kinder: *http://bundes-verlag.de/klaex*
- S-TRIP – Das junge Magazin von Stuttgarter Zeitung und Stuttgarter Nachrichten: *http://www.s-trip.de/*

ⓄⒺ - Pop-up - Europäisches Online-Magazin für Jugendliche: Trends, Politik, Beruf
http://www.pop-up.org

Ⓓ - Spiesser – Sächsisches Magazin von Jugendlichen für Jugendliche
http://spiesser.de

Ⓓ - Nomag.de – Junges Onlinemagazin mit den Rubriken Games, Kultur, Kino.TV, Technik und Musik: *http://nomag.de*

🅳 - Come-in – Das trashige Jugendmagazin gibt's nur im Internet; naja, am Kiosk
würde es wahrscheinlich hängen bleiben ...:
http://www.come-in-jugendmagazin.de

🅳 - Google.de: Zeitschriften und Online-Magazine für Kinder und Jugendliche:
http://webwise.de/0372.htm

Kontakte knüpfen

Es wird oft behauptet, Menschen, die viel Zeit im Internet verbringen, wären
kontaktarme Einzelgänger. Das mag manchmal tatsächlich zutreffen, doch der
Großteil der Surfer ist ausgesprochen kontaktfreudig, und gute Freunde übers
Internet zu finden, ist wirklich möglich!

ePALs.com – Classroom Exchange

🅳🅴
🅵🅂

Über 4,5 Millionen Schüler/innen und Lehrer/innen in knapp 200 Ländern sind
bereits bei der „weltweit größten Online-Klassengemeinschaft" registriert, die
Schulklassen rings um den Erdball per E-Mail-Kontakt in verschiedenen Sprachen
miteinander verbindet. Die Nutzung des wachsenden Netzwerkes, das 1996 an
den Start ging und seinen Sitz in Ottawa (Kanada) hat, ist kostenlos.
http://www.epals.com

ZUM – Schülerforum

🅳 Im Schülerforum der Zentrale für Unterrichtsmedien wird über alles Mögliche
geplaudert.
http://webwise.de/0170.htm

Café WebWise

🅳 In dieser virtuellen Plauderecke für Schülerinnen und Schüler kannst du dich mit
anderen „über Gott und die Welt" unterhalten, sprich: über so gut wie alles.
http://webwise.de/cafe.htm

Schuelerdiskussion Network

🅳 Zehn themenbezogenen Foren, in denen du Leute kennen lernen und deine Meinung zu allem Möglichen loswerden kannst, stehen hier zur Auswahl: Allgemeines – Gesellschaft – Kino & TV – Liebe & Sex – Lifestyle – Musik – PC & Web –
Religion – Schule – Sport. Daneben gibt es ein Tagebuch, in das jeder Besucher
schreiben kann, einen Kummerkasten, ein Schülerlexikon und einiges mehr. Vorbeischauen lohnt sich!
http://www.schuelerdiskussion.de

E - Penpal Pinboard

🅳 Du hättest gerne einen Brieffreund in Australien oder eine Freundin auf Hawaii?
Dann könnte das Penpal Pinboard die richtige Antwort für dich sein. Hier tragen
sich hauptsächlich Kinder und Jugendliche - aber auch einige Erwachsene - aus
aller Welt ein, die keypals (E-Mail-Freunde) suchen. Der kostenlose Service wird
rege genutzt; im Durchschnitt gibt es rund 500 neue Einträge pro Woche. Die
Chancen fündig zu werden stehen also gut: ***http://penpal-pinboard.de***

Nach getaner Arbeit:
Ein bisschen Spaß
muss sein!

Spaß und Unterhaltung allgemein

Auf diesen Websites findest du vielseitige Angebote, die in der Hauptsache eines wollen: unterhalten und Spaß vermitteln.

Trendmagazin.de

 Das junge Online-Magazin liefert News und Storys aus den Abteilungen Film, Video und Musik, Software-Download-Tipps, Lifestyle-Geplauder und Netztipps aber leider auch Werbung und Hinweise auf Einkaufsmöglichkeiten bis zum Abwinken.
Interaktiv geht's in der Community zu. Hier wird in Foren und Chaträumen diskutiert und geplauscht. Außerdem erwarten dich ein kostenloser Kleinanzeigenmarkt, Witze, Online-Games, Fun Cards und einiges mehr. Leute mit Problemen und Sorgen erhalten über den Kummerkasten Rat und Hilfe. Ein Newsletter informiert dich auf Wunsch automatisch über neue Inhalte.
http://trendmagazin.de

Webwise: Spaß und Unterhaltung

Interaktive Liste mit Links zu Spaß und Unterhaltung im Web
http://webwise.de/0171.htm

KidsClick.de – Tina's fantastische KinderWelt

Kunterbunte Website für jüngere Surfer mit breit gefächertem Angebot, einem gut besuchtem Forum zum Quatschen und Freunde-Finden, sowie Links zu jeder Menge Sites von und für Kids rings um den Globus.
http://kidsclick.de

Seifenopern

Fernseh-Seifenopern laufen täglich oder wenigstens wöchentlich. Für alle, denen das noch nicht oft genug ist, bieten die begleitenden Websites die Möglichkeit, sich die Lieblings-TV-Familie oder -Clique rund um die Uhr auf den Bildschirm zu holen.

Gute Zeiten, schlechte Zeiten

Die offizielle Website zur Daily Soap hält für Fans eine Menge bereit: Porträts der Stars und der Nebendarsteller, Fakten und Infos, Vorschau und Rückblick, Spiele und mehr rund um die Serie. Die gern gestellte Frage „Wer mit wem?" beantwortet die Beziehungskiste mit einem Organigramm. Außerdem erwarten dich auf der GZSZ Lifestyle-Infos, ein Chatraum, News, Tests und Hausaufgabenhilfen.
http://www.gzsz.de

Lindenstraße

 Bereits seit April 1996 online (da haben andere noch lange geschlafen), ist die offizielle Website zur Uralt-Soap so kultig wie die Serie selbst. Hier gibt es Vorschauen und Rückblicke, Zahlen, Daten und Fakten, Hintergrundinformationen und aktuelle Themen rund um die Serie, Berichte über die Menschen vor und hinter der Kamera und einen Chatraum. Für ganz Neugierige liefern zwei Spycams Bilder live aus der Kulisse. Neu hinzugekommen ist die „Virtuelle Lindenstraße", in der du dich per Mausklick durch die wichtigsten Örtlichkeiten der Serie „bewegen" kannst.
http://www.lindenstrasse.de

Marienhof

ⅅ 14 Hochzeiten, 28 Tote (davon 6 Ermordete), 9 neue Erdenbürger - im *Marienhof* ist allerhand geboten. Auf der Website zur Daily Soap auch: die Stars in Wort und Bild, aktuelle Vorschauen auf die nächsten Episoden, ein Diskussionsforum und ein Chatraum für kommunikative Fans, News, Zahlen und Fakten und eine Chronik: *http://marienhof.de*

Unter uns

ⅅ Die Webseiten zu *Unter uns*, Teil der RTL-Site, bieten das Übliche: Porträts einiger Darsteller, eine Vorschau auf die nächsten Folgen, einen Backstagebereich mit Zahlen, Fakten, Klatsch und Interna, ein Forum und einen Chatraum, sowie einige Gimmicks, wie E-Cards, Spiele, etc.
http://www.unteruns.de

Verbotene Liebe

ⅅ Das Webangebot zu *Verbotene Liebe* ähnelt den Marienhof-Seiten wie ein Ei dem anderen. Kein Wunder, laufen doch beide auf demselben Sender. Folgende Rubriken stehen zur Verfügung: Vorschau, Folgenarchiv, Darsteller, FAQ, Fancorner, Spaß, Chat und Forum.
http://daserste.de/liebe

Weitere Seifenopern im Web

ⅅ Tausendmal um Vergebung, falls deine Lieblingssoap oben nicht mit aufgeführt ist. Falls es eine Website dazu gibt, findest du diese höchstwahrscheinlich unter:
http://webwise.de/0172.htm

Spiele im Web

Was immer du gerne spielst, im Internet wirst du fündig. Action, Ballerspiele, Simulationen, Adventures – alles reichlich vorhanden, zum Downloaden oder zum Online-Spielen. Der besondere Clou im Web: Du kannst mit oder gegen andere spielen, auch wenn du mutterseelenalleine zu Hause sitzt.

Film Maker Millenium

☐ In diesem Simulationsspiel übernimmst du die Rolle eines Studio-Managers in Hollywood. Ziel ist es, das große Geld zu machen und Preise abzustauben. Freeware – Windows 9.x und höher – 0,68 MB
http://webwise.de/0173.htm

Mänick Mänschion

☐ Witzige Parodie auf ein bekanntes Adventure-Game mit kiffligen Rätseln. Das Programm läuft unter DOS und ist Freeware. Download der gezippten Datei (710 KB) unter:
http://thomasholz.de/manick.htm

Frontier 2400

☐ Strategiespiel für 1 bis 4 Spieler: Es gilt, ein eigenes Weltraumimperium zu schaffen. Das funktioniert nur, wenn der Handel floriert. Den in Schwung zu bringen, ist schon nicht einfach. Doch dass auch noch ständig Piraten hinter den Transporten her sind, macht die Sache richtig knifflig. Windows 95/98/NT, Freeware, Download (gezippte Datei, 3,13 MB) unter:
http://webwise.de/1825.htm

Betrayal at Krondor

Ⓔ Hervorragendes Fantasy-Abenteuer, das 1994 zum Spiel des Jahres gewählt wurde. Damals hat das Teil richtig Geld gekostet, heute wird es als Freeware verschenkt. Obwohl bereits etwas betagt, ist das Spiel immer noch ein Hit. Die Software läuft unter DOS. Download (10 MB) unter:
http://webwise.de/1826.htm

Money Fuctory

☐ Witziges Börsenspiel für 1 bis 2 Spieler. Es gilt dabei, das Startkapital durch den Handel mit Aktien zu vermehren. Doch Politik, Wirtschaft und Sabotage machen dem Aktionär das Leben schwer. Windows 3.x/95/98/NT, Freeware, Download (680 KB) unter:
http://webwise.de/1827.htm

Turbo Risk

Ⓔ An das Brettspiel Risiko™ angelehntes Strategiespiel. Es kann allein (dann gegen den Computer) oder mit mehreren Spielern gespielt werden. Ziel des Spiels: die Weltherrschaft. Na, wenn's weiter nichts ist ... Windows 95/98/NT/2000, Freeware, Download (gezippte Datei, 464 KB) unter:
http://webwise.de/1828.htm

Head over Heels

Ⓓ Grafisch toll gemachtes Remake des Klassikers mit kniffligen Rätseln. Freeware für Windows 9.x und höher (15 MB).
http://webwise.de/1830.htm

Winload.de: Computerspiele

Ⓓ Nach Kategorien sortiert stehen hier jede Menge Computerspiele zum Download bereit: Freeware, Shareware und Demoversionen kommerzieller Software.
http://webwise.de/1829.htm

Kostenlos.de: Spiele

Ⓓ Nach Kategorien geordnet, findest du hier eine Unzahl von Links zu Demoversionen kommerzieller Spiele, die auf diversen Servern zum Download bereit liegen.
http://webwise.de/0174.htm

Online

Kostenlos.de – Gewinnspiele

Ⓓ Irgendwo gibt es immer etwas zu gewinnen: mal eine Eintrittskarte, mal eine CD, mal eine Traumreise oder gar ein Grundstück auf dem Mond. Hier findest du Links zu Hunderten von aktuellen Gewinnspielen. Du brauchst dir nur auszusuchen, was du gerne hättest, den Link anklicken, mitmachen und ... Glück haben.
http://webwise.de/0175.htm

Yahoo! Spiele

Ⓓ Über 30 Online-Spiele, bei denen du gegen den Computer oder menschliche Spieler im Web antreten kannst: Backgammon, Reversi, Black Jack, Billard, etc. Daneben stehen aber auch Solo-Spiele zur Auswahl. Und wenn du schon mal da bist, kannst du dir auch gleich noch ein paar Games zum offline Spielen herunterladen.
http://de.games.yahoo.com

SpielPfadFinder

Ⓓ Genug alleine gespielt? Dann wird es Zeit, gegen andere anzutreten. Kein Problem, wenn im Freundeskreis gerade niemand Zeit oder Lust hat. Denn im Web findest du Tag und Nacht Leute, die Lust auf ein Online-Spiel haben. Dabei ist es unerheblich, ob dein Gegenüber in Honolulu, Stockholm oder im Nachbarhaus sitzt. Das Internet verbindet Spieler auf der ganzen Welt miteinander. Weil das Prozedere je nach Spiel und Spielarena anders funktioniert, wirst du, bevor du das erste Mal loslegen kannst, allerdings etwas Zeit investieren müssen, um dich mit dem Wie, Was und Wo vertraut zu machen. Der SpielePfadFinder, ein auf Onlinespiele spezialisierter Katalog, hilft dir dabei, ein Spiel nach deinem Geschmack und Mitspieler zu finden.
http://webwise.de/1831.htm

Diplomaten und Fürsten anno 1600

Zwei Multiplayer-Strategiespiele und eine große Spielergemeinschaft erwarten dich auf dieser Site. Die Teilnahme ist generell kostenlos. Wer will, kann sich für 5 Euro pro Jahr und Spiel einige Extras erkaufen.
http://topinfo.de/webgames

Brettspielwelt

In dieser Online-Community werden Brettspiele übers Internet gespielt. Zur Auswahl stehen unter anderem: die Siedler von Catan, Bluff, Manitou, TopRace, Meuterer, Verräter, Yinsh und viele mehr. Damit dir der Spaß nicht an der Kasse vergeht, gibt's gar keine: der Service ist kostenlos. Wenn du dich revanchieren möchtest, kannst du dich an der weiteren Entwicklung beteiligen.
http://www.brettspielwelt.de

Und sonst

Hier findest du Webadressen, die Spaß und Unterhaltung versprechen, unter die übrigen Rubriken aber nicht korrekt einzuordnen waren.

Die W-Akten

Bildung, die keiner braucht: Abgelegte Informationen, vergessene Fakten, Unglaubliches und Unglaubwürdiges aus den Akten der geheimen und nicht ganz so geheimen Dienste
http://w-akten.de

Goldene Regeln für schlechte E-Mails

Ein (nicht ganz ernst gemeinter) Ratgeber zum Thema: Wie kann ich mit elektronischer Post am besten meine Mitmenschen ärgern?
http://www.kasper-online.de/goldmail

Your weight on other worlds

Möchtest du wissen, wie schwer du auf dem Mond, dem Mars, einem anderen Planeten oder gar auf einem Weißen Zwerg wärst? Hier findest du es heraus. Gib dein irdisches Gewicht ein und schon spuckt das Programm 16 interstellare Gewichtsangaben für dich aus. Wetten, dass du auf einem Neutronenstern ein echt schwerer Brocken wärst?
http://webwise.de/1824.htm

Vorsicht E-Mail!

Familie Kn@rr (Hubert, Inge, Martin, Christine und Friedrich) hatte eine Zeitlang ein skurriles Hobby. Sie schickte Firmen und Prominenten E-Mails mit schrulligen Anfragen. Diese und die Antworten, die sie darauf bekamen, veröffentlichte sie – mit dem Einverständnis der Betroffenen – zu unser aller Erheiterung im Web. Alles echt, betont Familie Kn@rr. Warum auch nicht? Schreibt das Leben nicht oft die verrücktesten Geschichten?

Mittlerweile hat Familie Kn@rr ihr Hobby wegen Zeitmangels leider aufgegeben, das Archiv ist aber noch immer online und lädt zum Stöbern ein. Und zum Lachen: *http://knarr.germany.net*

Gibt es den Weihnachtsmann?

Ⓓ Im Grunde ist die Frage müßig, denn schließlich weiß doch jedes Kind, dass es ihn gibt. Mal ganz abgesehen davon, dass man ihn jahrein, jahraus und nicht nur zur Weihnachtszeit im Kino und im Fernsehen sehen kann. Trotzdem entflammt die Diskussion immer wieder aufs Neue: Gibt es den Weihnachtsmann? Dieser wissenschaftliche Beitrag spricht dagegen. Doch was beweist das schon? Waren Wissenschaftler nicht irgendwann einmal der festen Überzeugung, die Sonne würde sich um die Erde drehen und ein Flug zum Mond wäre das Hirngespinst eines schrulligen Phantasten?
http://webwise.de/0176.htm

snowman's home

Ⓓ Drollige Site zur kalten Jahreszeit: Sobald du deinen Beitrag (z. B. ein Gedicht) zum Thema Winter abgeliefert hast, kannst du dir ein Schneemannspiel herunterladen. Aber nur dann. Originell: das Hauptmenü ist ein Kühlschrank.
http://www.khm.de/~oblaum/snowman

Namen- und Schlagwortverzeichnis